Discours De La Religion Des Anciens Romains--

Du Choul, Guillaume, 16e siècle

Nabu Public Domain Reprints:

You are holding a reproduction of an original work published before 1923 that is in the public domain in the United States of America, and possibly other countries. You may freely copy and distribute this work as no entity (individual or corporate) has a copyright on the body of the work. This book may contain prior copyright references, and library stamps (as most of these works were scanned from library copies). These have been scanned and retained as part of the historical artifact.

This book may have occasional imperfections such as missing or blurred pages, poor pictures, errant marks, etc. that were either part of the original artifact, or were introduced by the scanning process. We believe this work is culturally important, and despite the imperfections, have elected to bring it back into print as part of our continuing commitment to the preservation of printed works worldwide. We appreciate your understanding of the imperfections in the preservation process, and hope you enjoy this valuable book.

DISCOVRS
DE LA RELIGION
DES ANCIENS
ROMAINS,

De la Castrametation & discipline militaire d'iceux.
Des Bains & Antiques exercitations
Grecques & Romaines,

Escript par Noble S. Guillaume du Choul, Conseiller du Roy,
& Bailly des montaignes du Daulphiné.

Illustré de Medailles & figures retirées des marbres Antiques,
qui se treuuent à Rome, & par nostre Gaule.

A LYON,
PAR GVILLAVME ROVILLE,
A' L'ESCV DE VENIZE.

M. D. LXXXI.
Auec Priuilege du Roy.

Armoiries dudict S. Guillaume du Choul.

HONOR SINE HONORE BEATVS.

A MONSIEVR
D'VRFE', CHEVALIER
DE L'ORDRE, GOVVER-
NEVR DE MONSEI-
gneur le Daulphin.

I'Auoye deliberé long temps y a, Illustrissime Seigneur, de vous faire congnoistre l'affection que i'ay tousiours euë de vous faire seruice, pour recongnoissance de l'honneur qu'il vous a pleu me faire & aux miens, vous estant Ambassadeur pour le Roy à Rome: accompagné de l'amitié que de long temps vous m'auez portée, sans l'auoir merité enuers vous. Et n'ayant trouué meilleur moyen, pour ceste heure, que de vous enuoyer ce petit discours, que i'ay faict de la religion des anciens Romains, i'ay consideré que ce vous seroit chose agreable de le veoir, pour vous desennuier, apres estre lassé d'vne infinité d'affaires: & mefmement que c'eſt choſe qui ſort des mains de celuy que vous tenez voſtre: qui vous fera veoir par ce petit traicté, les temples des Dieux, les enſeignes de leur religion, & des ſacerdotes les cerimonies & ſacrifices: vous ſuppliant le receuoir d'auſſi bon cueur, que ie le vous enuoye: conſiderant que les Dieux au temps paſſé prirent en gré le petit agneau, que preſentoit ſur l'autel le pauure berger, d'vne voulonté auſſi bonne, que le ſacrifice de cent beufs d'vn grand Empereur: en ſuppliant le Createur, Monſeigneur, de vous donner telle felicité, que ie la vous deſire. A Lyon, de voſtre maiſon de la Magdelene, ce quinziéme iour du moys de Feburier. M. D. LVI.

    Voſtre treshumble ſeruiteur & amy,
     DV CHOVL.

DISCOVRS DE LA RELIGION
DES ANCIENS
ROMAINS.

A COMMVNE opinion des anciens Historiographes nous seruira de tesmoignage, Tresillustre Seigneur, que Ianus Roy des Latins tresantique cómença le premier à edifier téples à l'hóneur des Dieux immortels: les autres remettent la religion à ceux de Crete, à Phoroneus & à Dionysius. Et depuis toutes les Republicques, Princes, & Empereurs, qui eurent la volonté bonne à l'endroit de la pieté, mirét toutes leurs forces aux ornemens magnifiques de leurs téples: mais de tous ló tiét pour asseuré, que les Romains garderent & obseruerent la pieté de la religion, ayants mis grand cure & sollicitude à la magnificence & grandeur des maisons sacrées, & dediées à leurs Dieux & Deesses. Entre lesquels se treuue le plus entier de tous le renommé temple de Pantheon (que feit edifier par grade somptuosité M. Agrippe, gendre de Cesar Auguste) qui se voit tout entier à Rome de forme ronde, &

Ianus premier edificateur des temples.

Les Romains sur tous garderent la Religion.

Temple de Pantheon, maintenāt la Roiēde.

a 3

pour sa rondeur nommé de chascun la Rotonde : faict de brique par le dehors, & par le dedans orné & enrichy de marbres de diuerses couleurs : & à l'enuiron sont petites chappelles, où anciennement estoyent colloquées les statues des Dieux, & principalement celle de Minerue faicte d'yuoire par Phidias, sculpteur entre tous ceux de la Grece renommé, & celle de Venus, aux oreilles de laquelle pendoit la perle tant celebrée de Cleopatra Royne d'Ægypte, qu'Auguste Cesar auoit faict fendre en deux moitiez, pour les mettre aux oreilles de la Déesse : pource que la pareille ne se pouuoit trouuer en tout le monde. La semblable, qui auoit esté fondue par ladicte Royne au banquet de M. Antoine, pesoit demie once, qui sont quatre vingts quaratz, estimez cent fois sesterces, qui sont deux cents cinquante mil escus. Pline dit au huitiéme liure de l'histoire naturelle, quand il parle des perles, qu'elle estoit de si grande perfection & excellence, que c'estoit le singulier & vnique ouurage de Nature. Les portes de ce temple sont de bronze de merueilleuse grandeur, & les colonnes de son antipantheon (qui est vn bellissime portal) se voyét de grosseur inestimable. Autrefois il s'en trouuoit seize, auiourdhuy elles sont reduites à treze : deux ont esté gastées par le feu, & l'autre lon ne sçait qu'elle est deuenue. Les poustres de ce couuert sont de bronze doré. Ledict temple fut dedié à Iupiter Vlteur, ou Végeur, combien que Dion recite, que Marcus Agrippa le feit faire à l'hóneur d'Auguste. Sa couuerture estoit anciennement de lames d'argent (comme l'ont escript plusieurs Historiens) lesquelles feit leuer & emporter Constantin Empereur

Phidias sculpteur renommé entre ceux de Grece
Perle de Cleopatra.

Deux cens sesterces sont deux cens cinquante mil escus.
Singulier ouurage de nature.

Pantheon dedié à Iupiter Vengeur.
Couuerture du Pantheon d'argent.

pereur troisième de ce nom, nepueu d'Heraclius, auecques vn grand nombre de statues de bronze & de marbre, qui seruoyent pour la decoration de la cité de Rome: & autres choses belles & antiques, qu'il fait charger sur mer, pour les conduire en Constantinoble. Mais ce sacrilege ne demeura pas impuni: car la fortune luy fut si contraire, qu'à son retour il mourut en Sicile, en la cité de Syracuse: & furent toutes ces choses depuis pillées par les Barbares, qui suruindrent auec vne grosse armée de mer, qui les porterent iusques en Ægypte. Et en sept iours, que demeura ce prince à Rome, il feit trop plus de dommage, que n'auoyent faicts les Goths & estrangeres nations en deux cens ans. Ie puis dire que ce temple est autant bien architecté, qu'autre que lon puisse trouuer, du demeurant, & des reliques de tous les parfaicts edifices, qui furent oncques faicts par tout le monde: auiourdhuy consacré pour la celebration des choses diuines, qui se voit aussi entier, que la medaille de M. Agrippe le represente.

Vengeance du sacrilege commis par Constātin.

MARC AGRIPPE.
BRONZE.

DE LA RELIGION

Temple de Adrian cōmun à tous les Dieux.

Vn temple quafi femblable cōmun à tous les Dieux feit faire, paffant par Athenes, Hadrian l'Empereur, à l'imitation du Pantheon de Marc Agrippe, enrichy de cent & vingt colonnes de marbre Phrygien : & autour portiques, ou galeries pour fe pourmener : comme lon faict encores auiourdhuy aux cloiftres de noz religiōs.

Gymnafe & bibliotheque au tēple d'Hadrian. Paufanias.

En ce temple feit dreffer Hadrian vne bibliotheque, & de fon nom vn gymnafe, où il feit mettre cent colonnes de marbre, qu'il auoit faict venir de Libye, cōme recite aux Attiques Paufanias : qui dit en vn autre paffage, que le nom d'Hadrian fe trouuoit au temple commun, qu'il auoit faict en Athenes à tous les Dieux. Ce que nous monftrent les medailles frappées en Grece, pour la memoire de ce triomphāt edifice, où le προϛώπος (qui eft le portal ainfi nommé des Grecs) fe voit accompagné de characteres qui difent, ΚΟΙΝΟΝ, & ΙΣΤΟΥΝΙΑΣ, ne fignifians autre chofe, que la communauté de ce temple à tous les Dieux.

HADRIAN GREC.
BRONZE.

Laiffons

DES ANCIENS ROMAINS.

Laiſſons à part les temples dediez à tous ces Dieux & Demonés pleins de ſuperſtitions : & regardons la grandeur & magnificence du ſainct temple de Hieruſalem, qui a paſſé & ſurmonté d'opulence & de richeſſe tous ceux, deſquels nous ayons eu la congnoiſſance iuſques à ce iour : là ou eſtoit l'arche couuerte de lames d'or fort eſpeſſes, qui eſtoit vn vaſe deſtiné pour les loix où eſtoyent ſerrez les Commandemens, qui auoyent eſté donnez de Dieu. Là ſe trouuoit la table d'or, & vne infinité de vaſes ſacrez, d'or & d'argent, calices, fioles, & autres choſes qui ſeruoyent pour la ceremonie des ſacrifices. Là eſtoit encores le Candelabre, de la tige duquel ſortoyent de chaſcun coſté trois rameaux, à la ſommité deſquels ſe monſtroyent ſix petites lucernes, repreſentans les ſept planettes, & la tige du milieu portoit la plus grande, par laquelle eſtoit figuré le Soleil. Toutes ces choſes furent portees en la pompe du triomphe de Veſpaſian & de Titus ſon fils, apres la prinſe de la Iudée, qu'ils commanderēt eſtre miſes au temple de Paix, auecques tous les vaſes & ornements que Titus auoit apportez des deſpouilles du temple de Hieruſalem : & depuis inſculpées en l'arc de marbre blanc, qui fut dreſſé à Tite Veſpaſian par le Senat & le peuple de Rome : lequel ſe voit encores tout entier auecques pluſieurs ſacrifices appartenants à la religion.

Temple de Hieruſalē.

Arche couuerte de lames d'or.

Table d'or.

Deſcriptiō du Candelabre, qui eſtoit au tēple de Salomon.

Arc triomphant de Titus Veſpaſian.

b

FIGVRE RETIREE DE L'ARC
*triomphal de Tite Vespasian, qui se voit
tout entier à Rome.*

Temple de Paix entre les œuures magnifiques de la cité de Rome.

Ce que dit Herodian, du temple de Paix.

Le temple de Paix magnifique (que Pline au liure trentesixiéme de l'Histoire naturelle a mis entre les œuures admirables de la cité de Rome) brusla du temps de Commode, comme nous lisons en Herodian : qui dit, que c'estoit de toutes les œuures de Rome la plus grande, la plus belle, & mieux decorée d'or, d'argent, & d'vn grand nombre de statues & images, tant dedās le temple que dehors : comme lon voit encores par leurs medailles.

VESPA

DES ANCIENS ROMAINS.

VESPASIAN.   TITVS.
BRONZE.   *BRONZE.*

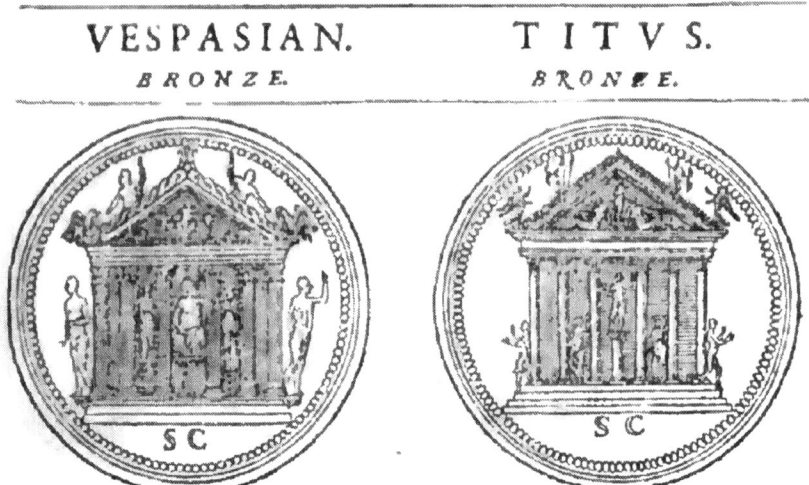

Ce sont ces bons Princes Vespasian le pere & le fils, qui prinrent & triompherent tous deux de la Iudée, & qui la remirent en l'obeyssance du peuple de Rome: come bien au long l'a mis par escrit Iosephe au liure qu'il a faict de la guerre des Iuifs, où pourra veoir le Lecteur le miserable feu du saint temple de Ierusalem.

Vespasian & Tite son fils triompherent de la Iudée.

VESPASIAN.   TITVS.
ARGENT.   *BRONZE.*

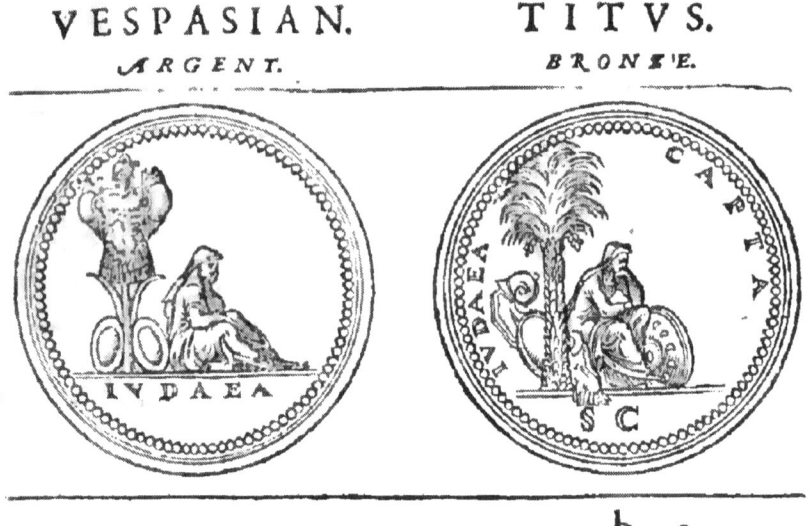

b 2

DE LA RELIGION

VESPASIAN.
BRONZE.

TITVS.
ARGENT.

VESPASIAN.
BRONZE. *ARGENT.*

AMATI

DES ANCIENS ROMAINS.

AMATISTE ANTIQVE,
qui est entre les mains de l'Auteur.

Nous auons veu cy dessus, comme Vespasian print grand plaisir à bien edifier le temple de Paix, comme celuy qui l'auoit mise par tout le monde apres la prinse de la Iudée. Ce qu'il a monstré par ses monnoyes d'or, d'argent, & de bronze, où il a figuré aux vnes le simulacre de la Paix, accompagné des lettres qui disent, PACI ORBIS TERRARVM. Et aux autres il a faict insculper la Paix qui tient vne torche allumée d'vne main, de laquelle elle met le feu à vn tas de flesches, arcs, morriós, cuyrasses, escus, & autres instruments de guerre : & de l'autre main elle tient vne branche d'oliue, deuise de la Paix asses congneue, & lettres, qui monstrent la Paix d'Auguste par ces motz, PAX AVGVSTI.

Paix vniuerselle, du temps de Vespasian.

Simulacre de la paix.

L'oliue deuise de la paix.

DE LA RELIGION

VESPASIAN. BRONZE.   DOMICIAN. BRONZE.

Le caducée symbole de la paix.

Er tout ainsi que Vespesian a figuré la Paix auec vne branche d'oliuier, & le caducée de Mercure, symbole de la Paix, Titus son fils, depuis son successeur, a representé la Deesse auec le rameau de la palme, qu'elle tient de la main droite, & de l'autre son sceptre, auec l'inscription de PAX ÆTERNA.

VESPASIAN. BRONZE.   TITVS. BRONZE.

C'est la

DES ANCIENS ROMAINS.

C'est la figure de la paix tant desirée, qui nourrit la felicité publicque, en laquelle profite le peuple, & l'vtilité de tout le mōde est gardée. La paix multiplie la succession de l'humain lignage, multiplie les richesses: par la paix sont honnorées les vertus. A la fin elle contient en soy tant de bié, qu'il n'est chose en terre que lō puisse demāder, ny desirer plus gratieuse. Et qu'il soit ainsi, lon voir fleurir, quand la paix regne, les bonnes lettres, fauoriser les bons esprits, les disciplines sont prisées, & la recompense est donnée à ceux qui la meritent. C'est vne grand louange à vn Prince de porter faueur aux gens de lettres, & d'entretenir professeurs publicques, & d'auoir esgard aux Gymnases. Les lettres rendent le nom des Princes immortels, & seruent de trompette aux oreilles de nos successeurs. Et sans les histoires escrites, seroyent mortes & du tout esteintes les gestes & louanges de Philippe Roy de Macedoine, d'Alexandre le Grād, de Cesar, de Pompee, de Cyrus, des Grecs, & des Perses. Et seroit perdue la renommée & memoire des Romains, & la gloire d'vne infinité de gens de bien. Parquoy Monsieur, puis que vous auez esté esleu par le Roy au gouuernement de Monseigneur le Daulphin, & que vous estes celuy qui congnoissez que les bonnes lettres se nourrissent d'hōneur, & que le sauoir a fait fleurir les Royaumes & Republiques, & que là ou le Prince porte faueur aux lettres & honnore les vertus, se monstrent les bons esprits: comme ce premier fils de France est de nature humain, vous acquerrez louange immortelle de l'entretenir en la recommandation des lettres humaines, & des bonnes lettres.

La paix nourrit la felicité publicque.

La paix nourrice des bonnes lettres.

Ce qui rēd le nom des Princes immortel.

Digression à Mōsieur Durfé, où l'Auteur l'incite à nourrir Monseigneur le Dauphin aux bonnes lettres.

Pour

DE LA RELIGION

L'autel de Paix.

Pour retourner au propos de la paix, dont nous sommes saillis, Auguste Cesar feit faire l'autel de Paix à Rome, depuis augmenté par Marc Agrippe, & duquel a parlé Ouide en ses Fastes, quand il a dit,

Ipsum nos carmen deduxit Pacis ad aram.
Hæc erit à mensis fine secunda dies.

La façon de ceste are se voit par les monnoyes de Tibere, frappees en l'honneur d'Auguste Cesar, à peu pres cōme celle qui a esté coignee aux medailles de Nero, où sont lettres qui disent, c'est assauoir à la premiere, PACE AVGVSTI PERPETVA: & à l'autre, ARA PACIS.

TIBERE.   NERO.
BRONZE.   BRONZE.

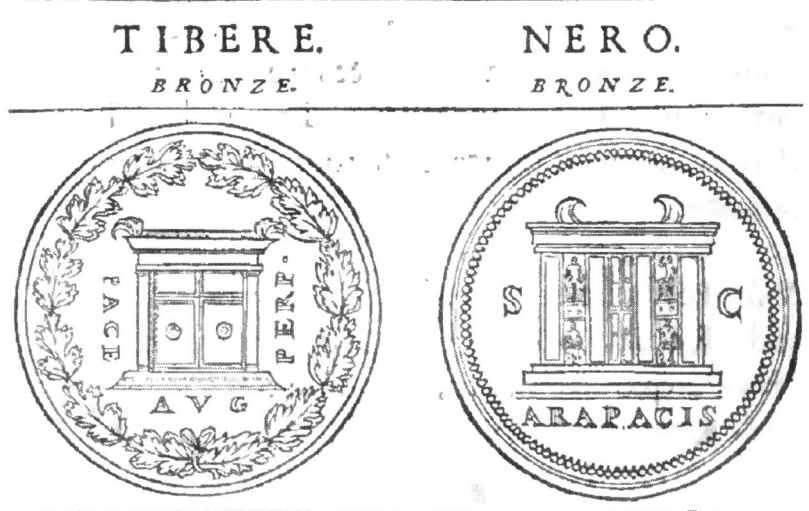

Temple de Ianus de forme quarrée.

Pour la Paix fut fermé anciennement le temple de Ianus, faict par Numa, de la grandeur d'vne chapelle (comme recite Procopius) dressée de forme quarree, & tout de bronze, capable pour receuoir la statue de cuyure de Ianus, qui ne passoit point cinq pieds d'hauteur: laquelle fut faite à deux visages, l'vn qui regardoit l'Orient,

DES ANCIENS ROMAINS.

rient, & l'autre, l'Occident : & pour telle raison nommé Geminus, duquel à fait mention Pline au trétecinquiéme liure de l'histoire naturelle, quand il escrit, *Ianus Geminus à Numa Rege dicatus, qui pacis, bellíque argumento colitur.* Et de telle forme a esté representé son simulacre aux medailles d'Auguste Cesar.

Ianus Geminus.

AVGVSTE.
BRONZE.

Ce temple de Ianus auòit deux portes faictes de bronze, qui se fermoyent au temps de la paix, & s'ouuroyent quand la guerre estoit ouuerte contre les ennemis : qui a fait dire à Virgile,

Portes du temple de Ianus, faictes de brõze.

Sunt geminæ belli portæ.

De ce temple les portes furent fermées du temps des anciens Romains par trois fois. La premiere du temps de Numa, l'autre par T. Manlius Consul, & la derniere fois soubs Auguste, alors que le Seigneur, auteur de la paix, lumiere des hommes, & de tout le monde fut né.

Portes du temple de Ianus, fermées par trois fois.

Ce que monstra son successeur, apres que Cesar eut esté deifié & receu au nombre des Dieux immortels,

18 DE LA RELIGION

Le caducée enseigne de paix.

faisant frapper medailles, où sont veuës deux dextres iointes ensemble, du milieu desquelles sort vn caducée, enseigne de paix, accompagné de chacun costé de deux cors d'abondance, auec ce mot vnique, PAX: pour monstrer que de la paix & de la concorde vient l'abondance de tous biens.

AVGVSTE.
ARGENT.

Tite Liue auoit veu fermer les portes du temple de Ianus.

Tite Liue recite qu'apres la guerre Actiaque, ayant acquis Cesar la paix par mer & par terre, que les Dieux luy auoyent donné la grace d'auoir veu fermer les portes de Ianus en son temps. Depuis Nero, sans auoir esgard à la paix, monstra par l'inscription de ses medailles & par la figure du temple de Ianus, qu'il l'auoit fermé, apres auoir acquis la paix au peuple de Rome par mer & par terre, faisant mettre à l'enuiron de ses medailles, lettres qui disent tout au long, PACE POPVLO ROMANO TERRA MARIQVE PARTA IANVM CLVSIT.

NERO

DES ANCIENS ROMAINS.

NERO.

OR.   BRONZE.

A Rome se trouue vn marbre blanc de forme spherique, où sont veus caracteres insculpez autour de la pierre, qui sont en bien petite chose differents des lettres representées cy dessus en la medaille de Nero : lesquels toutesfois disent ainsi, IANVM CLVSIT PACE PRIVS POPVLO ROMANO VBIQVE PARTA.

Pline au liure vingt troisiéme de l'histoire naturelle recite, que les Romains firent frapper à la premiere guerre Punique medailles de bronze, où l'vn des costez representoit la teste de Ianus Geminus (c'est à dire, auec deux visages) & de l'autre la proë d'vn nauire, & l'escripture de, ROMA. Il se trouue encores medailles dudict Ianus, où sont representez par leurs reuers nauires & trophées : la description desquelles se verra plus amplement en plusieurs passages des douze liures que i'ay faict des Antiquitez de Rome. Et cela me gardera (pour ceste heure) d'en faire plus longue mention, esperant, que bien tost sera contenté le lecteur par la veuë de mes premiers liures.

IANVS.

Ianus Geminus.

MEDAILLE DE IANVS.
BRONZE.

Ianus Remit les hommes sauuages, à toute humanité & douceur.

La raison pour laquelle les antiques medailles auoyét la teste de Ianus auec deux visages, Plutarque l'a mis en ses Problemes: qui recite, que Ianus reduisant les hommes sauuages à toute humanité & douceur, en leur donnant bónes loix & coustumes pour leur necessaire commodité, entre les autres choses il monstra, que l'abondance de tous biens, autant des champs que des lieux circonuoisins & des loingtaines regions, se conduisoyent par les fleuues, & par la mer: & par ce moyé rien ne se pouuoit desirer qui seruist à nostre vsage. Depuis la medaille de Ianus fut ainsi coignée, c'est assauoir, qu'elle monstreroit d'vn costé le visage double du Legislateur, qui signifioit le changement & forme de leur vie. Aucuns rendent vne autre raison, que Ianus pour rendre la memoire immortelle de Saturne, qui estoit arriué en Italie dedans vn nauire, lequel il auoit associé en son royaume, pource qu'il luy auoit enseigné l'agriculture, & qu'il auoit esté auteur de meilleure vie, il feit mettre en sa monnoye l'effigie de sa teste, qui estoit double, & le nauire qui auoit amené Saturne en Italie. Ce que Ouide a dit par ces vers,

DES ANCIENS ROMAINS.

At bona posteritas Ianum formauit in ære,
Hospitis aduentum testificata Dei.

Ie seroye toutefois de l'opinion de Macrobe, qui nous a laissé par escript, que Ianus estoit vn Roy tressage, qui cognoissoit les choses passées, & par sa prudence regardoit à celles qui debuoyent aduenir: & pour ceste cause les Anciens le paignirent à deux visaiges, regardants à la prudence, qui passe toute les autres vertus, pour ce que c'est la droite raison de nos actions. Et les choses que nous faisons, sont variables & de plusieurs formes, estants ordonnées à la ciuilité, à la religion, ou pour la nourriture de nostre vie : & pour ceste cause la forme, institution, & maniere de viure se peut dire la figure de Ianus tresbelle, & sa nature tressimple & prudente, qui fut conuertie en forme de bien viure: & pour cela iustement figuré à deux visages pour sa prudence, qui regardoit (comme nous auons dit) les choses passées, & celles qui debuoyent aduenir. Berose dit que Ianus fut nommé Dieu de la Paix & de Concorde, depuis que Romulus & Tatius eurent traicté la paix ensemble : & pour l'accord que ces deux peuples auoyent fait, fut paincte son image à deux visages : & la matiere de laquelle elle fut premierement faicte soubs Romulus : estoit de bois, à la maniere accoustumée des Anciens, pour signifier que les Dieux aimoyent la pouureté, en laquelle se trouue l'honesteté, à ce que dit Tibulle, parlant aux Dieux soubs ces parolles,

Ne pudeat prisco vos esse è stipite factos,
Sic veteris sedes incoluistis aui.
Tunc melius tenuere fidem, cùm paupere cultu
Stabat in exigua ligneus æde Deus.

Marginalia:
- Ianus Roy tressage.
- Ianus painct à deux visages.
- Belle descriptiō de Prudence.
- Ianus dieu de la paix.
- Les anciēs en leur premier commencemēt firent leurs images de bois.

22 DE LA RELIGION

Numa feit faire le simulacre de Ianus de brōze.

Numa depuis la feit faire de Bronze par Mamurius Oscus (c'est à dire Padouan, qui estoit homme tresexpert en l'art de fusile) lequel il auoit fait venir à Rome pour fondre les douze anciles, qui depuis furent portés par les Salies, comme nous verrons cy apres, en parlant de noz Sacerdotes.

Ianus quadriforme.

Ianus estoit encores painct & nommé des Anciens Quadriforme, ou bien à quatre visages, quasi qu'il eust embrassé tous les climats. Et de telle figure l'a representé Hadrian l'Empereur par ses medailles.

HADRIAN.
BRONZE.

I'ay encores vn temple de Ianus Quadrifrons, retiré de la medaille d'Auguste, que me donna autresfois le Seigneur Iacquomo Strada Antiquaire Mantuan, diligent perscrutateur de l'antiquité: auquel demeureront obligez tous les amateurs d'icelle, pour les tresbeaux liures des medailles qu'il faict faire, tant des Consuls, que des Empereurs, qu'il a recueillies, & amassées non sans grossissime despence, & grand labeur: ce que ie puis asseurément escrire pour l'auoir veu.

LE

DES ANCIENS ROMAINS.

*LE TEMPLE DE IANVS QVADRIFORME
retiré de la medaille d'Auguste.*

DE LA RELIGION

Concorde.

Apres auoir longuement escrit des temples de Paix & de Ianus, nous parlerons de celuy de la Deesse de Concorde, à laquelle les Anciens en firent vn si grand nombre, qu'il seroit chose hors de nostre propos de les reciter. Et me suffira de dire, que Tibere Cesar luy dedia vn temple à Rome, que sa mere Liuia, femme d'Auguste Cesar, luy auoit ordonné de faire. Et si la Paix & la Concorde sont vne mesme chose, ce pourroit bien estre celuy duquel a parlé Dion au liure cinquantesixieme de son histoire Romaine. Et par les monnoyes des Empereurs se peut veoir le simulacre de Concorde, qui tient vne tasse à la main, monstrant par cela sa deification: & de l'autre vn Cornucopie, qui signifie, l'abondance de tous biens, qui vient de la Concorde. Le plus souuent elle se trouue figurée auecques deux images, qui se donnent les mains droittes l'vne à l'autre, tout ainsi qu'elles sont painctes cy dessoubs.

Temple de Concorde dedié par Tibere.

Dion.

L'abondance de tous biens viens de la Concorde.

MARC AVRELLE.   COMMODE.
BRONZE.   BRONZE.

Et par la medaille de Bronze que ie garde de Caracalla, pourra veoir le Lecteur la Concorde de son frere Gera

DES ANCIENS ROMAINS.

Geta & de luy, signifiée par les mains dextres, qu'ils se donnent l'vn à l'autre, accompagnez chascun d'vne victoire qui les coronne: qui monstre la victoire Britannique, qu'ils auoyent euë, ayants esté tous deux auec leur pere en l'expedition.

Victoire Britannique de Seuerus.

CARACALLA.
BRONZE.

Par les medailles de Marc Antoine le Triumuir, se pourra veoir la teste de la Concorde, & de l'autre les deux mains iointes ensemble, qui tiennent vn caducée: & lettres qui sont telles, MARCVS ANTONIVS, CAIVS CÆSAR TRIVMVIRI REIPVBLICÆ CONSTITVENDÆ.

d

MARC ANTOINE.
ARGENT.

Descriptiõ de la painc̄ture de Cõcorde.

Par les medailles encores de M. Antoine se trouue la Concorde painc̄te auec deux serpens, qui embrassent vne are, sus laquelle repose la teste d'Auguste, monstrant la concorde du Triumuirat, qui auoit esté faic̄t pour constituer la Republique. Et par les monnoyes d'Auguste Cesar se trouue la Concorde, qui tient vn cors d'abondance d'vne main, & de l'autre elle presente des fruic̄ts aux Triumuirs, qui sont Lepidus, Antonius, & le ieune Cesar: signifiant par cela, que de l'vnion & de la concorde, qu'ils auoyent faic̄te, procedoit le salut de l'humain lignage: comme le porte l'inscription de la medaille, soubs semblables parolles: SALVS GENERIS HVMANI.

La Concorde apporte le salut de l'humain lignage.

M. AN

M. ANTOINE.
Argent.

AVGVSTE III. VIR.
Argent.

Mais regardons comme la concorde entre les Empereurs Romains & leurs gendarmes fut estimée, quád ils voulurent faire frapper medailles, ou non seulement estoit telle inscription, CONCORDIA MILITVM, ou ils firent insculper la Victoire qui coronnoit les Empereurs de deux coronnes de laure, pour la Victoire

Concorde des gendarmes Romains.

qu'ils auoyent euë par le moyen de la Concorde de leur gendarmerie: faisants paindre souuentesfois la Deesse qui tenoit auecques les mains deux enseignes militaires, & l'inscription dessusdicte.

En l'vnion de leur exercite & de leurs souldats mirent entierement leur esperance les Augustes, estimants qu'en ceste concorde demeuroit la seureté du peuple

DES ANCIENS ROMAINS.

peuple de Rome, sans laquelle ils ne pouuoyent venir a chef de leur expeditions & difficiles entreprinses.

Sans la Concorde ne se peuuent acheuer les difficiles entreprinses.

HADRIAN.
BRONZE.   BRONZE.

Et pour l'asseurance de la concorde de leur gendarmerie, les Empereurs recouroyent à la religion, faisants iurer leurs soldats de l'entretenir, en sacrifiant: ne trouuants meilleur moyen les Romains pour faire venir leurs gens à la Victoire.

En la tutelle de Concorde estoit anciennement la Corneille, comme nous lisons en Ælian, qui escrit, que les Anciens auoyent de coustume d'inuoquer la Corneille, quand ils venoyent à se marier. Politian en ses Miscellanées en a faict vn chapitre, citant, pour la confirmation de ce qu'il dit, l'auteur cy dessus nommé. Et pour rendre son opinion plus asseurée, il dit auoir vne medaille d'or de la ieune Faustine, fille de M. Aurele, & femme de L. Verus, qui representoit par le dos vne Corneille, symbole de Concorde: & caracteres qui disoyent, CONCORDIA. Et pource que la semblable

La Corneille soubs la tutelle de Concorde.

La Corneille, deuise de Concorde.

d 3

DE LA RELIGION

d'or est entre mes mains, ie l'ay faict paindre cy dessoubs, pour en donner le plaisir au Lecteur.

FAVSTINE.
OR.

Et pour mieux confermer ce que i'ay escrit cy dessus, i'ay voulu accompagner la medaille de Faustine d'vne autre medaille d'or de Plautilla Augusta, fille de Plautius (qui gouuernoit soubs Seuerus tout l'Empire de Rome) & femme depuis d'Antoninus surnommé Caracalla, fils de Seuerus l'Empereur : où l'on pourra veoir entre luy & sa femme l'heureuse concorde, qui pour lors estoit entre les nouueaux mariez. Ce que monstre l'escriture par ces deux mots, FELIX CONCORDIA.

Plautille femme de Caracalla Empereur.

PLAV

DES ANCIENS ROMAINS. 31

PLAVTILLA.
OR.

Auec l'esperance (qui est l'vnique consolation de la vie donnée aux hommes, & qui les nourrit) accompagnée de la foy qui obligeoit les soldats à leur Empereur, venoyent aux glorieuses & triomphantes victoires des Romains. C'est ce qui fit dresser les mains dextres sus les enseignes de leurs soldats, qui monstroit l'vnion & concorde de tout l'exercite: comme l'on pourra veoir par le discours que i'ay escrit ces iours passez de l'assiette du camp des Romains.

L'esperance vnique Consolatio des hômes.

TRAIAN.   PHILIPPE.
ARGENT.   BRONZE.

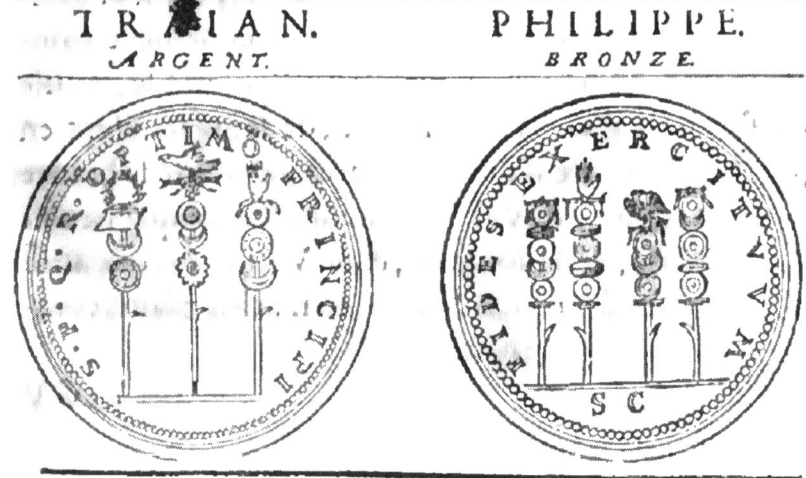

Le

DE LA RELIGION

ESPE-
RANCE.
Le temple de l'Esperance estoit à Rome, & son simulacre adoré des Romains de telle effigie qu'il est veu par les medailles d'Hadrian, d'Antonin Pie, de Traian, & de Plotine, auecques leurs inscriptions, SPES POPVLI ROMANI. SPES PVBLICA. SPES AVGVSTA.

HADRIAN.   ANTONIN PIE.
BRONZE.   BRONZE.

Côme fust painéte la Foy des anciens.
Par toutes ces deuises nous auons clerement entendu que c'estoit que la Concorde & l'Esperance: il demeure à paindre la Foy, qu'estoit anciennement painéte auec deux mains droittes iointes ensemble, deuise ou symbole d'vne vraye amitié, de laquelle vsent en noz petits aneaux d'or les orfeures par toute la France encores auiourd'huy. Les Romains l'accompagnerent de l'Amour, de l'Honneur, & de Verité. Et tout ainsi elle se trouue à Rome insculpée en marbre blanc, comme la figure le represente.

FIGV

FIGVRE DE LA FOY,

retirée du marbre antique, qui est à Rome.

Ie passeray outre, sans faire plus long propos des mains & du caducée, & me contenteray de representer l'image de la Foy, & comme elle fut painéte des Anciés tant priuée que publicque, qui fut entretenue des bons Empereurs auecques la vertu, & des meschants Princes auecques prodigieuses despences & liberalitez outra-

34 DE LA RELIGION

Commode acheptoit la Foy de ses soldats, à deniers contans.

geuses : comme lon pourra veoir par la medaille de Commode, qui acheptoit la foy de son exercite par donatifs & largesses, qu'il a figuré par le suggeste où il est monté en forme d'vn dé, en monstrant de parler à eux, & leur promettât de donner ce qu'il leur auoit promis.

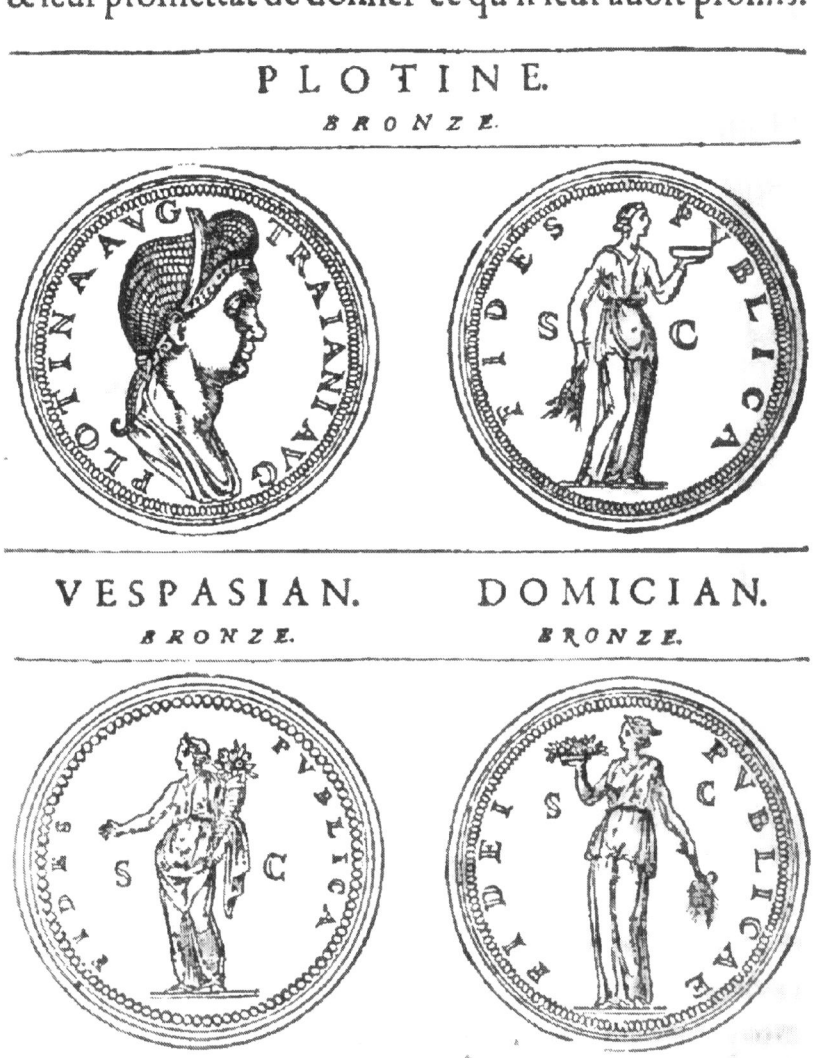

PLOTINE.
BRONZE.

VESPASIAN.   DOMICIAN.
BRONZE.   BRONZE.

HADRI

DES ANCIENS ROMAINS.

HADRIAN.   COMMODE.
BRONZE.   BRONZE.

Entre les medailles les plus rares que l'on puisse trouuer, i'en garde vne d'argét, qui me fut donnée autrefois par Mósieur le Tresorier Grolier, amateur singulier de l'antiquité, entre les mains duquel sont les plus beaux medaillós, & les plus belles medailles, que pour le iourd'huy se puissent trouuer en nostre Gaule. La medaille a esté frappée des deux costés auecques les dextres, deuise de Concorde, & l'escriture qui dit d'vn costé, FI-DES EXERCITVVM: & de l'autre, FIDES PROVINCIARVM. Et pource qu'elle pourroit tirer en admiration les Antiquaires, pour n'auoir iamais esté guere veuë, i'ay bien voulu escrire la raison, par laquelle elle fut ainsi battue des Anciens, qui fut telle: Que estant les legions Romaines establies & assises en garnison par les prouinces, pour l'entretenement & seureté de la paix & de la concorde, tous les ans (quand ce venoit en Ianuier) le païs, la legion, & l'exercite qui estoit pour la garde de la prouince, qui luy estoit ordonnée, fai-

Mósieur le Tresorier Grolier, amateur de l'Antiquité.

Descriptió de la Foy q est representée aux medailles antiques des deux costez.

36 DE LA RELIGION

soyent battre monnoyes d'argent, qu'ils s'enuoyoient pour estrene en signe de foy & amitié les vns aux autres.

MEDAILLE
D'ARGENT.

Numa Pōpilius premier edificateur du temple de la Foy.

Le premier qui feit dresser vn temple à la Foy publique, se trouue auoir esté Numa Pompilius, cōme recite Halicarnasseus: luy instituant sacrifices aux despens du public. Et là les Flamines sacrifioyent sans effusion de sang, vestus de leurs robes blanches, qui aloyent dedans vn char, portáts la main couuerte auecques pompe solennelle: pour monstrer que la foy debuoit estre

Les mains droittes sacrées.

gardée auec les mains dextres, signifiants pour cela qu'elles estoyent sainctes & sacrées. Et pource que nous auons dict que l'honneur faisoit maintenir, & entretenir la foy promise, les Anciens l'estimerent Dieu, & luy

HON-
NEVR.

firent vn temple: cōme clerement lon peut veoir par Cicero au liure second qu'il a fait de la nature des Dieux. Et fut Marcellus qui voua le temple d'Honneur & de Vertu: comme recite Tite Liue au septriéme liure de la

Marius

premiere decade. Et Marius edifia vn téple à l'Hōneur, & à

DES ANCIENS ROMAINS. 37

& à la Vertu. Et de tous deux l'image se voit par les medailles de Vitellius, où lon trouue deux petites figures desquelles celle qui est au costé droit, se monstre demy nue, tenant à la main dextre vne haste, & de la gauche vn Cornucopie, ayant le pied droit sus vn morrion. Celle qui est du costé gauche, est accoustrée par la teste d'vn cabasset à creste, tenant à la main senestre vne haste, & à la dextre vn sceptre, les iambes garnies de ses greues, ayant le pied droit sus vne tortue: & l'inscription qui est telle, HONOS ET VIRTVTES. Et par les medailles d'Antonin Pie & de Marcus Aurelius, se treuue encores painte l'image de l'Honneur auecques son cors d'abondance, qu'elle tient de la main gauche : qui est l'enseigne que portent quasi tous nos Dieux & Deesses: que i'ay fait retirer des medailles antiques, pour mettre à ce present liure De la Religion.

edifia vn temple à la vertu, & à l'honneur. Vertu.

Comme figureret les anciés l'hõneur & la vertu.

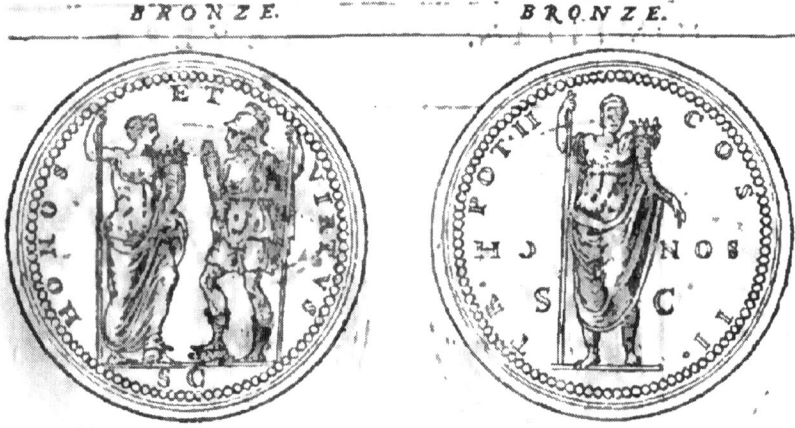

VITELLIVS.   M. AVRELE.
BRONZE.   BRONZE.

Le temple de Vertu fut mis anciennement deuant le temple d'Honneur, qui n'auoit qu'vne seule porte, qui monstroit que l'entrée pour venir aux honneurs

Temple de Vertu.

C 3

n'estoit point ouuerte, sinon par le moyen de la Vertu. C'est ce que Marcus Marcellus donna à entendre à Rome en edifiant ces deux temples quarrez conjoints ensemble, l'vn consacré à Vertu, & l'autre à Honneur. Et certainement les grands honneurs naissent de la belle & pure racine de vertu : dont il aduiét qu'ils se font plus clers, plus glorieux, & plains d'immortelle memoire. Entre mes medailles i'ay vn Gordian, où lon voit au dos de sa monnoye vne petite statue d'Hercules toute nue, qui s'appuye sus sa claue, auecques la peau d'vn Lyon autour de son bras : & telle se lit l'inscription, VIRTVTI AVGVSTI : signifiant par le simulacre d'Hercules la vertu. Et par les medailles de Titus, de Domitian, d'Hadrian, de M. Aurele, & de Philippe, & autres Empereurs la Vertu est autrement painéte, si nous regardons bien leurs simulacres, qui sont retirez de leurs monnoyes.

Les grãds honneurs viennẽt de la vertu.

Le simulacre d'Hercules representoit la vertu.

DOMITIAN.   SEVERE.
BRONZE.   BRONZE.

M. AV

DES ANCIENS ROMAINS.

M. AVRELE.	DIOCLETIAN.
BRONZE.	ARGENT.

PHILIPPE.	GORDIAN.
ARGENT.	ARGENT.

Par la medaille de M. Aurele cy dessus mise se voit l'Empereur vestu de sa thorace militaire, marchant le premier auec vne haste à la main gauche, le morrion en teste, accompagné de ses gendarmes & soldats, qui passe sus vn pont de bois faict à batteaux, pour aller à l'expedition de son entreprinse vertueuse, laquelle il a monstré auec l'inscription de VIRTVS AVGVSTI.
Et

Et par les monnoyes de Philippe se voit le pere & le fils, montez sus cheuaux qui courent legerement, par lesquels ils ont monstré la diligence de leur entreprise, & la vertu qui faict dresser expeditions d'immortelle & perpetuelle renommée: ayant adiousté semblable escripture, VIRTVS AVGVSTORVM.

Par la diligence nous venons à chef de nos entreprinses.

Nous laisserons l'interpretation de toutes ces choses, pour suiure le propos des temples de nostre religion, & pour entendre comme les Anciens ordonnerent les maisons sacrées de leurs Dieux. Et de cecy nous rendra certains Vitruue au septiéme chapitre du premier liure qui a mis le temple de Mercure dedans le marché: d'Appollo, & de Liber Pater, aupres du theatre: à Hercules dedans les citez, ou ne se trouuoyent point les gymnases, & encores moins les amphitheatres: au Dieu Mars, hors la ville, & à la campagne: à Venus, sur le port: à Ceres, hors de la cité: faisant choisir vn lieu, qui ne fust point frequenté des personnes, s'il ne suruenoit la necessité des sacrifices: & se debuoit garder ce lieu, comme il dit, auecques sainctes coustumes chastement, & pleines de religion. En son troisiéme & quatriéme liure de l'Architecture il a mis la façon & maniere des temples, qui doibuent estre edifiez aux Dieux & Deesses, & par quel moyen ils doibuēt estre architectez. C'est assauoir à Minerue, Mars, & Hercules Doriques, pource qu'ils demandent, & si est requis, que les temples pour leurs vertus soyent sans delices. A Venus, Flora & Proserpine, & aux Nimphes des fontaines, d'ordre Corinthe: pource que à ces Deesses pour leur delicatesse, les colonnes doiuent estre plus gresles, enrichies de sueillages, & de voultes: pour augmenter leur iuste & raisonnable

Comme les Anciēs ordonnerent les maisons sacrées de leurs Dieux.

Temple de Minerue, Mars, Hercules Doriques Temples de Venus, de Flora, de Proserpine Corinthes

DES ANCIENS ROMAINS.

nable decoration. A Iuno, & Diane, si les temples sont faicts Ioniques, sera gardée la raison de mediocrité: & plusieurs autres choses dict l'Auteur, qui seruiroyent plus tost d'ennuyer le Lecteur, que d'vtilite & de proffit. Apres tout cecy monstre Vitruue les regiõs & quartiers, qui sont pour regarder les tẽples sacrez des Dieux immortels: & comme doibuẽt estre situées & assises les ares, autels & simulacres des Dieux celestes, pour apres faire les veux & deuotions, immolations & sacrifices. Et combien que ledict Autheur parle souuentesfois des Dieux & Deesses en nommant leur puissance par diuers noms, il faut toutesfois entendre que les anciens Romains ont grandement erré à la congnoissance d'vn seul Dieu omnipotent, & encores plus le peuple ignorant, par son imbecilité tombant en faulses & superstitieuses opinions. Si est-ce qu'il est bien difficile d'oster vn peuple de sa loy, puis qu'il a esté vne fois imbu & nourri de ces folies. Ce qu'a monstré Prudence, quand il a voulu donner à congnoistre la vraye congnoissance, qui empeschoit les Romains de venir à la foy Chrestienne, quand il a dit, *Erreur des Gentilz à la congnoissance de Dieu. Chose bien difficile d'oster vn peuple de sa loy.*

  -- Puerorum infantia primo
  Errorem cum lacte bibit, gustauerat inter
  Vagitus de farre molæ.

l'abregeray, pour suiure le propos de noz temples edifiez à Rome, parlant du plus celebré & renommé de tous, qui fut celuy de Iupiter Optimus Maximus dressé au Capitole: & pour ceste cause surnommé Capitolin. Comme la medaille d'Aurelia Quirina Vestalis l'a representé par son reuers, où est insculpé Iupiter assis au milieu de son temple, qui se voit de forme quarrée, qui

IVPITER. *Temple de Iupiter Capitolin.*

f

42　DE LA RELIGION

tient son fulgure d'vne main,& son sceptre de l'autre:& lettres qui disent, IVPITER OPTIMVS MAXIMVS CAPITOLINVS.

AVRELIA QVIRINA VESTALIS.
ARGENT.

Ce temple fut voué premierement par Tarquinius Priscus, & depuis edifié par Tarquinius Superbus de forme quarrée, & là chascune de ses faces se monstroit de deux cens pieds, ayant trois ordres de colonnes: comme l'a monstré Traian par ses medailles, où son veus par le dessus du frontispice, trophées, chars triomphāts, Victoires, qui portent palmes & chapeaux de laurier,& plusieurs autres sculptures, qui monstrent l'excellent ouurage dudict temple.

Temple de Iupiter Vlteur, Olympique, & Tonant.

J'ay vn autre medaillon de Iupiter Vlteur ou Vengeur, que feit frapper Alexandre Seuerus, fils de Mammea, qui nous faict voir Iupiter auec son temple: & celles encores de Iupiter Olympique, & Tonant, que feit edifier Auguste: comme plus amplement nous verrons au liure second de mes Antiquitez de Rome.

TRA

DES ANCIENS ROMAINS. 43

TRAIAN.
BRONZE.

ALEX. SEVERVS.
BRONZE.

AVGVSTE.
ARGENT.   *ARGENT.*

f 2

DE LA RELIGION

MED. DE PETILLIVS.
ARGENT.

Ie ne veux oblier, auant que commencer autre propos, de repreſenter vn temple de Ioue, retiré de l'antique, qu'autrefois me dóna le Seigneur Iacquomo Strada Antiquaire Mantuan, auec celuy de Ianus Quadrifrons, que i'ay faict mettre cy deſſus. Car à veoir les temples ſacrez des Dieux, qui ſont inſculpez & grauez par les petites medailles, que firent autrefois frapper les Empereurs, il eſt bien difficile d'en retirer la certaine congnoiſſance, pour les lineaments, qui ſont ſi ſubtils & deliez, qu'à grand' peine, & labeur on peut iuger l'ordre des colonnes, par lequel ils ont eſté faicts & dreſſez, par les Architectes des Anciens. Et cela a eſté l'occaſion principale, que ie les ay faict mettre en la propre forme & figure, qu'ils m'ont eſté donnés par les amateurs de l'Antiquité ſacroſaincte. Et plus grand nombre s'en fuſt trouué parmy la trouppe de noz medailles, ſans l'eſperance que i'ay touſiours euë de repreſenter la figure de ceux, que i'ay faict retirer aux liures, que i'ay eſcrit, des Antiquitez de Rome.

LE

DES ANCIENS ROMAINS. 45

*LE TEMPLE DE IVPITER
retiré de l'antique.*

Les Hiſtoriographes recitent, que Tarquinius Superbus deſpendit en la fondation de ce temple quarante mille liures d'argent. Et oultre les autres ornements ſomptueux, qui ſe trouuoyent là dedans, eſtoit vne ſtatue d'or de dix pieds d'hauteur, ſix taſſes d'emeraude, ſix vaſes murrhins, qu'apporta Pompée de l'Aſie, en ſon triomphe. Là ſe trouuoit vn petit mateau de laine teint en pourpre, qui effaçoit toutes les robbes de l'Empereur Aurelian, & qui les rendoit de couleur de cendre, ayant eſgard à la ſplendeur diuine qu'il auoit. Lon dit que c'eſtoit vn preſent de l'Indie interieure, qu'auoit eſté faict au Roy des Perſes, & depuis il l'auoit enuoyé audit Empereur. Deſſoubs ce temple eſtoit vn coffre de marbre, où repouſoyent les liures Sybillins, gardez par dix hommes, nommez des Romains Decemuirs. En ce temple eſtoit encores vne retraicte ſecrette, l'entrée de laquelle n'eſtoit permiſe qu'aux ſacerdotes: & trois chappelles d'vne meſme façõ, cõme dit Halicarnaſſeus. En celle du milieu eſtoit Iupiter, aux autres deux, c'eſt-aſſauoir à la main droitte, celle de Minerue, & à la gauche, celle de Iuno. Et là recite Pline qu'il auoit veu vn chien de bronze, qui lechoit vne ſiene playe, qui eſtoit faict par vn merueilleux artifice.

Ie ne laiſſeray à eſcrire auant que de paſſer oultre, que l'aigle entre les autres animaux fut principalement dediée à Iupiter, ne voulants ſignifier autre choſe les Anciens, que ainſi que l'aigle eſt Royne & maiſtreſſe de tous les oyſeaux: tout ainſi Iupiter eſt le Seigneur & le maiſtre de tous les autres Dieux. Parquoy autant les Grecs que les Romains ont quaſi touſiours accõpaigné Iupiter de ſon aigle: ce qu'ils ont monſtré par vne infinité de medailles.

Marginalia:
- Deſpence du temple de Iupiter.
- Six taſſes d'emeraude au temple de Iupiter.
- Manteau de pourpre d'Aureliã.
- Liures Sybillins.
- Comme eſtoyẽt dreſſez les ſimulacres de Iuno & de Minerue, au temple de Iupiter.
- L'Aigle cõſacrée à Iupiter.

ALEXANDRE ROY DES EPYROTES.
ARGENT.

J'aduertiray le Lecteur qui n'est encores initié à l'antiquité, que Iupiter, Iuno, & Minerue furent representez par les trois animaux, que la medaille de Pius Antoninus nous demonstre. C'est assauoir par l'aigle, Iupiter : par le paón, la Deesse Iuno : & par la chouette, Minerue : animaux cósacrez à ces Dieu & Deesses particulierement.

Animaux representés pour les Dieux, & Deesses.

ANTONIN PIE.
BRONZE.

48 DE LA RELIGION

Par la figure du pile antique qui se voit cy apres, Iupiter est accompagné de son aigle, & Iuno de son paón, assistant Neptune auecques son trident au sacrifice du mouton, qui est presenté par Mercure, qui tient son caducée à la main, accoustré par les pieds de ses talaires, & de son chappeau nommé *Galerus* des Latins: remettant le Lecteur à ce que i'escris cy apres de la signification de toutes ces choses.

FIGVRE RETIREE D'VN PILE antique de marbre, qui se trouue à Rome.

Par

DES ANCIENS ROMAINS. 49

Par vn grand nombre de medailles autant des Consuls que des Empereurs, se trouue l'aigle sus le fulgure de Ioue: & souuentesfois l'aigle qui porte la teste de son simulacre. D'autresfois auec ses æsles elle porte la teste de Iupiter & de Iuno, comme particulierement oyseau consacré à Iupiter.

Varieté de l'aigle qui porte la teste de Iupiter.

HADRIAN.
BRONZE.   *BRONZE.*

L. COTTA.   AVGVSTE.
ARGENT.   *ARGENT.*

IVNO.   Iuno auoit son temple à part, combien que sa chapelle fust dedans le temple de Iupiter. Et par la medaille de bronze d'Auguste Cesar, se voit le temple de Iuno, enrichi par le deuant de quatre colonnes Doriques, le frise rempli de telle inscription, IVNONI: ayant autour le nom des Triumuirs des monnoyes.

AVGVSTE.
BRONZE.

Le paon & l'austruche consacrez à Iuno.

Et tout ainsi qu'à Iupiter estoit mis l'aigle, tout ainsi le paön & l'austruche furent consacrés à Iuno: comme nous auons veu cy dessus, & qui se peut veoir par les medailles de Faustine, de Iulia Pia, & de Philippe l'Empereur.

Son char estoit tiré par ses paôns, qui a faict dire à Ouide.

—*Habili Saturnia curru*
Ingreditur liquidum pauonibus aëra pictis.

FAVS

DES ANCIENS ROMAINS. 51

FOSTINE.
Argent.

PHILIPPE.
Argent.

IVLIA PIA.
Argent.

FAVSTINE.
Bronze.

g 2

DE LA RELIGION

FOSTINE.

BRONZE.   *ARGENT.*

MINER-
VE.
*La Choët-
te dediée à
Minerue.*

A Minerue estoit consacrée la Choëtte, comme nous monstrent les monnoyes des Atheniens, qui representerent d'vn costé la teste armée de la Deesse, & de l'autre vne Choëtte : & caracteres Grecs, qui disent, ΑΘΗΝΑ, ainsi nommée Minerue des Atheniens. Et à ce que monstre le reuers de la premiere medaille, la Noctue vole les æsles estendues, tenant vn rameau de palme auecques ses pieds : estimants anciennement les Atheniens, par le vol de la Choëtte, le symbole de la victoire.

MON

DES ANCIENS ROMAINS.

MONNOYE DES ATHENIENS.
ARGENT.

MONNOYES DES ATHENIENS.
ARGENT.

Et comme Iupiter fut nommé des Romains Victeur, *Iupiter* quand eſtoit painɔte ſon image auecques la Victoire *Victeur.* qu'il portoit ſus la main droitte, & de l'autre vne haſte au lieu de ſceptre: tout ainſi fut figurée des Grecs Miner- *Minerue* ue Victorieuſe, accompagnée de la Victoire: ſi bien *victorieu-* nous regardons les medailles de Lyſimachus, qui fut *ſe.* l'vn des ſucceſſeus d'Alexandre, où du coſté droit eſt *Lyſima- chus l'vn*

54 DE LA RELIGION

des succes-
seurs d'A-
lexandre.
Pourquoy
furent ad-
ioustées
deux cornes
aux statues
& medail-
les de Lysi-
machus.

representée la figure de sa teste, accoustrée de son diademe, & deux cornes qui signifient, que ce Roy (comme dit Appian *in Syriacis*) arresta vn taure furieux, que Alexandre le Grand vouloit sacrifier, qui estoit eschappé des mains des Victimaires, lequel il retint par les cornes, & le tua : & pour telle raison furent adioustées à ses statues & simulacres deux cornes par gros honneur.

LYSIMACHVS.
ARGENT.

LYSIMACHVS.
BRONZE.

Entre

DES ANCIENS ROMAINS. 55

Entre les mains de Iupiter, de Minerue, & de Iuno demeuroit la garde de la cité de Rome. Qui a faict commander à Pollio aux liures de son Architecture, que le plus hault lieu, duquel se pouuoit regarder la plus grand partie des murailles de la cité, sust donné pour edifier les temples de Iupiter, & de ces Deesses. *La garde de la cité de Rome entre les mains de Iupiter, de Minerue, & de Iuno.*

Or pour retourner à ce que i'ay laissé de nostre grād Ioue (que la folle superstition des Gentils adora comme omnipotent) les Romains & les Grecs ne se voulurent contenter de luy dedier l'aigle particulieremēt, combiē qu'elle soit maistresse & Royne de tous les oyseaux, mais aussi le belier luy fut consacré. Et le nommerent les Anciens Ammon, quand il estoit porté par le Mouton, tenant son sceptre de la main droitte: ce nom venu de l'arene, que les Grecs ont nommé, ἄμμος. Ce que Pline nous a voulu monstrer au douziéme de ses liures, quand il escrit de l'ammoniac tout ainsi: *Ergo Aethiopiæ subiecta Africa ammoniaci lacrymam stillat in arenis suis, inde etiam nomine Ammonis oraculo, iuxta quod gignitur arbor.* L'interprete d'Aratus Latin (des vns nommé Bassus, & des autres Germanicus Cesar) escrit, que le belier qui monstra l'eaue à Liber Pater, qui conduissoit son armée, qui mouroit de soif, par l'Afrique, fut faict immortel & mis au nombre des signes celestes. Et pour ce bien-faict luy feit Liber vn temple magnifique au lieu, où auoit esté trouuée l'eaue, à neuf iournées pres d'Alexandrie, lieu areneux, & plein de serpens, & de l'arene nommé Iupiter Ammon, comme nous auons dict cy dessus. Le demeurāt pourra veoir le Lecteur au quatriéme liure de Q. Curse, ou bien au dixseptiéme liure de Diodore Sicilien, & mieux au long au liure troisié

Folle superstition des Romains.

Iupiter Ammon.

Le belier receu entre les signes celestes.

Liber erigea vn temple à Iupiter Ammō.

DE LA RELIGION

troisiéme, qu'Arrian nous a laisé des gestes d'Alexandre le Grand.

MED. D'HADRIAN FRAPPEE EN GRECE.
BRONZE.

La Cheure consacrée à Jupiter.

La Cheure luy fut encores consacrée, pource qu'elle auoit nourri ce grand Dieu: & pour ceste raison nommé *AEgiuchus*, & des Grecs, αιγιχος, surnom de Iupiter frequenté parmy eux: par lequel ils n'ont entendu autre chose que la Cheure de la Nymphe Amalthea, qui auoit nourri Iupiter auec ses mamelles. Et de cecy Germanicus Cesar en ses carmes d'Aratus dit ainsi,

    — *Illa putatur*
Nutrix esse Iouis, si verè Iuppiter infans
Vbera Cretea mulsit fidissima capra,
Sydere quæ claro gratum testatur alumnum.

Ce que Philippe & Valerian Empereurs monstrerent par le dos de leurs medailles, où ils firent figurer vne Cheure, vne fois seule, & lettres à l'enuiron qui disoyét, IOVI CONSERVATORI AVGVSTI: & à l'autre,

Iupiter Croissant.

la Cheure qui portoit sus son dos vn ieune Iupiter: & l'inscription telle, IOVI CRESCENTI.

PHI

DES ANCIENS ROMAINS.   57

PHILIPPE.   VALERIAN.
ARGENT.   ARGENT.

Encores n'est-ce pas tout, car ces folles & superstitieuses nations donnerent autant de noms variables à ce Dieu, comme nous faisons au seul Redempteur des hommes : le nommant vne fois Victorieux, cuidants qu'il donnast la victoire, figurants alors son simulacre qui portoit sus sa main droitte la Victoire, & de l'autre son sceptre, qui estoit indice de son Empire : d'autrefois la Victoire le coronnoit d'vne coronne de laure, comme celuy qui donnoit la victoire. Et de telle figure ie l'ay graué en vn Cassidoine antique, non guere moins grand qu'vne medaille, pierre anciennement consacrée à Iupiter Fulgurateur, pource qu'elle iette le feu : & telle raison la faict seruir pour les arquebuz.

Iupiter Victorieux.

Cassidoine pierre consacrée à Iupiter Fulgurateur.

h

DE LA RELIGION

CASSIDOINE ANTIQVE.

| MED. GRECQVE. | DOMITIAN. |
| BRONZE. | BRONZE. |

MARC

MARC AVRELE.

BRONZE. *BRONZE.*

La figure de ces medailles represente Iupiter nud depuis la ceinture au dessus, & couuert par le dessoubz: signifians les Anciés par leur occulte & mystique theologie, que les choses superieures doibuent estre cachées aux hommes, & decouuertes aux Dieux celestes.

Et la diuinité de ce Dieu & toutes ses puissáces nous a môstré Alexáder, fils de Mámea, par ses medaillons qui furent frappés en Grece: où du costé de la teste se representét caracteres abregés, qui ne disent autre chose que, ΑΥΤΟΚΡΆΤΩΡ ΚΑΪΣΑΡ ΜΆΡΚΟΣ ΑΥΡΈΛΙΟΣ ΣΕΒΑΣΤΌΣ ΑΛΕΞΑΝΔΡΟΣ, que les Latins disent, IMPERATOR CÆSAR MARCVS AVRELIVS AVGVSTVS ALEXANDER. Le reuers de la medaille nous faict voir Iupiter assis au milieu des quatre elements, qui tient d'vne main sa haste, & l'autre il la repose sus la teste de son aquile: comme la sculpture le monstre par les deux chars celestes du Soleil & de la Lune, qui sont ceux qui gouuernent les choses superieures. Et par les deux simulacres qui sont couchez soubz ses pieds, nous

Côme paignirent les Anciês Iupiter.

Interpretation du reuers de la medaille d'Alexander.

font fignifiez les autres deux elemens, de l'eaue & de la terre: ayant le Zodiaque autour de luy, où font repreſentez les douze ſignes. Côme bien aiſement lon pourra veoir par la painɗture de ladiɗte medaille, laiſſant à part l'inſcription qui eſt au dedans, qui eſt ſi fruſtre, qu'il ne m'a eſté poſſible d'en tirer aucun ſens.

ALEXANDER MAMMEÆ.
BRONZE.

Les Grecs nommerét Iupiter par vne infinité de ſurnoms, & meſmement les Syracuſiens (comme recite Tite Liue au liure quatriéme de la troiſiéme decade) eurent le temple renommé de Iupiter Olympius, autrement ſurnommé Eleus, celebré premierement par ſon oracle: & depuis par les ieux publicques, qui ſe faiſoyét en Elide, au champ de Piſe: & de la eſt venu le nom de Iupiter Eleus: comme lon pourra veoir par la medaille Grecque, painɗte cy deſſoubs, où du coſté droit ſe trouue le ſimulacre de la teſte de Iupiter, accompagné de caracteres Grecs, qui diſent, ΖΕΥΣ ΕΛΕΥΟΣ, c'eſt à dire, IVPITER ELEVS. Le reuers eſt inſculpé de ſon fulgure, & de l'aigle, auec telle inſcription, ΣΥΡΑΚΟΣΙΩΝ:

Temple de Iupiter Olympius.

Iupiter Eleus.

qui

DES ANCIENS ROMAINS.

qui monstre comme ceux de la cité de Syracuse auoyét en grandissime honneur Iupiter Eleus, auquel ils auoyent erigé & dressé vn bellissime temple, & faict battre semblables medailles pour l'eternité de sa memoire.

MEDAILLE DES SYRACVSIENS.
BRONZE.

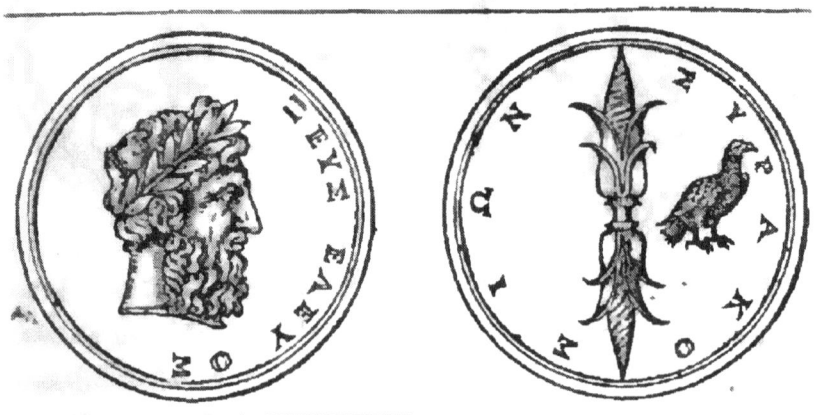

Par les medailles d'argent qui furent frappées par Lucius Lentulus & Caius Marcellus Consuls, se trouue la teste de Iupiter d'vn costé, accompagnée de telle inscription abregée. LVCIO LENTVLO, CAIO MARCELLO CONSVLIBVS: & de l'autre costé Iupiter, qui tient de la main droitte son fulgure, & de la gauche son aigle, ayant deuant luy vne petite arc, & l'estoile salutifere de Ioue, qui est mise la seconde entre les errantes: signifiants toutes ces choses vne expiation faicte par lesdicts Consuls à Iupiter, pour le fulgure, qui estoit tombé sus son temple Capitolin à Rome.

Estoile de Iupiter.

DE LA RELIGION

MED. DE L. LENTVLVS. ET
C. MARCELLVS CONSVLS.
ARGENT.

Iupiter Cõseruateur. Painĉture de Iupiter Conseruateur different.

Les Anciens figurerent differemment Iupiter Seruateur ou Conseruateur, & le plus souuent pour l'arbitre du Prince, de leurs painĉtres, ou de leurs sculpteurs: luy faisants tenir vne fois son fulgure de la main droitte, & de l'autre sa haste: vne autre fois l'Empereur est painĉt dessoubs le fulgure, pour monstrer qu'il estoit soubs la garde & protection de Iupiter. D'autresfois ils le paignirent tenant vne Victoire reposant sus vn globe, qui monstre de le vouloir coronner, & l'aigle à ses pieds, auecques l'inscription qui est telle, IOVI CONSERVATORI AVGVSTORVM NOSTRORVM.

DOMI

DES ANCIENS ROMAINS.

DOMITIAN.
ARGENT.

ANTONIN PIE.
ARGENT.

GORDIAN.

BRONZE. *ARGENT.*

MAXI

64   DE LA RELIGION

MAXIMIAN.	LICINIVS.
ARGENT.	*ARGENT.*

Variables puissances de Iupiter.

Les autres surnoms de Iupiter se voyent par les medailles des Empereurs cy apres representées. Et pour la variable puissance qu'estimerent les Anciés qu'il auoit, ils le paignirent differemment, le nommants vne fois Vlteur, Propugnateur, & Fulgurateur : d'autrefois Custode, Stateur, Anxur, ou Axur. Et comme Mars Vlteur fut honnoré des Romains, tout ainsi ils adorerent Iupiter Vlteur, pource qu'il estoit végeur des choses impies.

Jupiter Vlteur.

GORDIAN.	ALEX. SEVERVS.
ARGENT.	*ARGENT.*

Quant

DES ANCIENS ROMAINS.

Quant à Iupiter Stateur (ainsi nommé, pource qu'a-uec ses bienfaits demeurent toutes choses) Cicero, en l'oraison qu'il fit auāt que d'aler en exil, dit semblables paroles: O roy Iupiter Stateur, que nos Maieurs veritablement ont nommé Stateur de cest Empire, au temple duquel i'ay repoulsé des murailles les ennemies entreprises de Catilina: & dont le temple a esté colloqué au palais, apres que Romulus eut vaincu & deffait les Sabins, ie te prie & supplie de vouloir ayder à la Republique Romaine, & à toute la cité, & à mes fortunes.

Iupiter Stateur.

Iupiter Stateur de l'Empire Romain.

GORDIAN.   DIOCLETIAN.
ARGENT.   ARGENT.

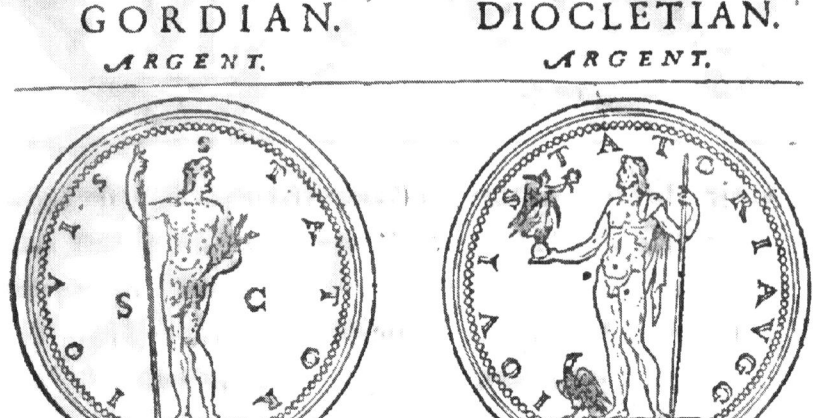

Par les medailles de Nero & de Vespasian cy apres mises fut nommé Iupiter Custos: duquel a parlé Seneque au liure second des Questions naturelles, quand il dit: *Quem nos Iouem, intelligit custodem, rectoremque vniuersi.* Et par les medailles non seulement de Nero, mais encore d'Hadrian, Iupiter est assis dedans son trosne, qui porte son fulgure à la main droite, & tout à l'enuiron sont semblables mots, IVPITER CVSTOS.

Iupiter Custos.

i

DE LA RELIGION

L'Empereur Vespasian les a faict battre de figure & d'inscription differente, qui est telle, IOVIS CVSTOS.

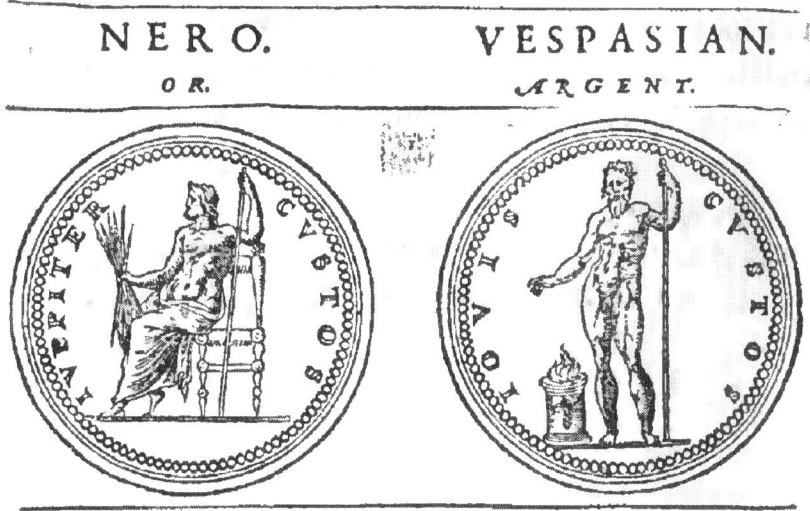

NERO. OR.   VESPASIAN. ARGENT.

Iupiter Anxurus.   Iupiter fut surnommé en Italie Anxurus, & principalement en la Champaigne : & representé son simulacre par vn ieune enfant sans barbe : duquel a faict mention Virgile au huictiéme des Æneides, quand il a dit :

    Circæúmque iugum, queis Iupiter Anxurus aruis
      Præsidet.

Painéture de Iupiter Anxurus.   Et tout ainsi il est painct en vne medaille d'argent de Pansa, où d'vn costé se voit Iupiter assis sus son trosne, qui tient de la main droitte vne patere, & son sceptre de l'autre, coronné d'vne coronne de chesne ou d'oliuier : tant y a que ie ne l'ay peu discerner, pour estre la medaille si menue, qu'à grand peine se peut elle veoir.

Iupiter seul coronné d'oliue.   Combien que Phurnutus dit, que seul Iupiter estoit coronné d'oliue, pource qu'elle est tousiours verte, & tient quelque chose de la couleur celeste.

MED.

DES ANCIENS ROMAINS.

MED. DE PANSA.
ARGENT.

Et comme Iupiter auoit son temple à Rome magnifique, & qu'il fut nommé des Romains, entre ses autres surnoms, Seruateur & Conseruateur : tout ainsi en Alexandrie (comme recite Philo, au liure de sa legation à Caius Cesar) se trouuoit vn temple de forme quarrée, faict à la vraye semblâce de celuy de Iupiter Capitolin, qui estoit à Rome consacré à Cesar Auguste Conseruateur, nommé des Grecs, Σεβαςὸς σώτης, garde des nauigateurs. Ce temple estoit assis deuant le port, grand & releué, & tel qui n'auoit point son semblable, plein, d'offertes, tables de painctures excellentes, de statues faictes par vn merueilleux artifice : & à l'enuiron enrichi d'or & d'argent : grand & spacieux, decoré de portiques, où galeries, pour se pourmener, & d'vne bellissime bibliotheque, accompagnée de grande sales, portals, petit bois, & grandes alées, qui rendoyent le lieu tressomptueux, esperance salutaire de tous ceux, qui arriuoyent & vouloyent prendre port en Alexandrie. Et quasi par

Temple d'Auguste Cesar en Alexandrie.

Bibliotheque au temple d'Auguste bellissime.

68 DE LA RELIGION

tout le monde furent dreſſez à Ceſar Auguſte temples, pour monſtrer ſon eternité & deification: comme l'on peut voir par les medailles frappées en ſon honneur.

AVGVSTE.
ARGENT.

Temple d'Auguſte à Rome cōmencé par Tibere, & acheué par Caligula.

Tibere Ceſar commença à luy faire ſon temple, qui depuis fut acheué & conſacré par Caius Ceſar, dict Caligula, faiſant office plein de religion & de pieté: comme il le monſtra par ſes medailles, où du coſté droit ſe voit le ſimulacre de la Pieté aſſiſe, qui tient vne patere à la main droitte, repoſant ſon bras gauche ſus vn petit enfant: qui monſtre le debuoir que faiſoit Caligula à l'endroit de ſes parens: & telle inſcription abregée, qui ſe peut lire tout au long, en ceſte maniere: CAIVS CÆSAR, DIVI AVGVSTI PRONEPOS, AVGVSTVS, PONTIFEX MAXIMVS, TRIBVNICIA POTESTATE TERTIVM, PATER PATRIÆ: accompagnée de ce ſeul mot, PIETAS, par le deſſoubs. L'autre coſté repreſente le temple d'Auguſte, receu au nombre des Dieux, au milieu duquel eſt dreſſé vn autel, où

DES ANCIENS ROMAINS.

où repose vn beuf, que tient vn Victimaire : & au deuât de l'are, vn sacerdote, qui monstre de le vouloir sacrifier, auec vne patere qu'il tient à la main droicte : & derriere son dos, vn ministre des sacrifices, tenant vn vaisseau pour receuoir le sang de la victime, ayant esté mactée par le Victimaire.

Sacrifice de C. Cesar dict Caligula.

CALIGVLA.
BRONZE.

AVGVSTE.
OR.

DE LA RELIGION

MEDAILLONS DE TIBERE.
BRONZE.

Antonin Pie restituteur du teple d'Auguste.

Le temple d'Auguste, par succession de temps, commença à se ruiner. Ce que voyant Antonin Pie, il le feit refaire & restituer: comme il monstra par ses monnoyes d'or & d'argent, & par ses medailles de bronze, où sont lettres qui disent, TEMPLVM DIVI AVGVSTI RESTITVTVM. Ne se contentant pas encore ce bon Prince d'auoir remis ce temple en son entier, il en feit encores dresser vn autre à son predecesseur Hadrian, recongnoissant le bien d'où il estoit venu: qui estoit de telle figure, qu'il est representé cy dessoubs.

ANTO

DES ANCIENS ROMAINS.

ATONIN PIE.
BRONZE.   *BRONZE.*

Auant que de passer oultre, ie veux escrire qu'oultre les temples qui furent dressez à Cesar Auguste, furent encores faictes & erigées ares & autels, pour tousiours monstrer son eternité perpetuelle, auecques ce mot de PROVIDENTIA : qui n'est autre chose que pour signifier la priere qui faisoyent les Romains, qui demandoyent à Auguste, par le moyen de sa diuinité, ce qu'il leur estoit necessaire pour l'aduenir.

Autels dressez pour l'eternité des empereurs.

AVGVSTE.   VESPASIAN.
BRONZE.   *BRONZE.*

72 DE LA RELIGION

Par toutes les monnoyes des Empereurs, qui auoyét esté canonizez, & receus au nombre des Dieux immortels, lon trouue, arcs & autels, qui monstrent l'heureuse memoire de leur deification.

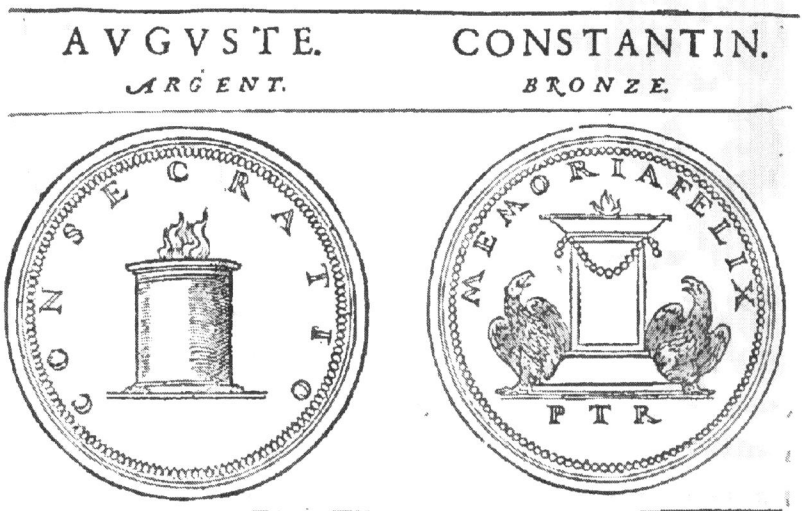

AVGVSTE. ARGENT.   CONSTANTIN. BRONZE.

Descriptiõ de la Prouidence.

Apulée *in dogmate Platonis* a mis par escrit, que la Prouidence estoit vne diuine sentence, qui conseruoit & gardoit la prosperité de celuy, duquel elle prenoit charge. Les autres on dit qu'elle regardoit aux choses qui deuoyent aduenir: & d'opinion contraire estoit Epicure, qui disoit, que les Dieux n'auoyent point de soucy de ce que faisoyent les humains.

Dict d'Epicure.

Deuise de la Prouidence.

Entre les pierres grauées, que ie garde pour la veneration de l'Antiquité, i'ay vn iaspe insculpé du symbole de la Prouidence, figuré par vn formis, qui tient trois espis de blé en la bouche: trouué quinze pieds dedans terre, ainsi que ie faisoye faire les fondemens de l'vne des tours de ma maison de la Magdelene: lequel pour estre graué d'vne deuise asses rare, & qui merite d'estre veuë, ie l'ay faict paindre cy dessoubs.

IASPE

IASPE ANTIQVE.

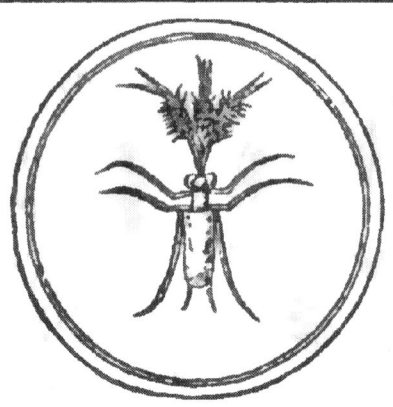

Quatre liures a escript Plotin de la Prouidence, où il monstre les choses grandes & petites estre gouuernées par le Dieu de Nature: où ie remets le Lecteur pour veoir plus amplement les sentences des Philosophes. Et retournerons à nostre Prouidence, que les Anciens estimerent Deesse, comme tesmoigne Cicero au liure qu'il a fait de la nature des Dieux. Et par son image (qui est d'vne matrone stolée toute droitte, qui tiét son sceptre d'vne main, & de l'autre elle monstre vn globe, qui est à ses pieds) est signifié qu'elle gouuernoit tout le monde, comme vne tresbonne mere de famille. Et tout ainsi l'a figurée Traian par ses medailles, & Pertinax d'vne autre sorte, resortissant toutesfois la diuersité des painctures à vn mesme sens.

Plotin.

Prouidéce.

Cicero.

TRAIAN. PERTINAX.
BRONZE. *BRONZE.*

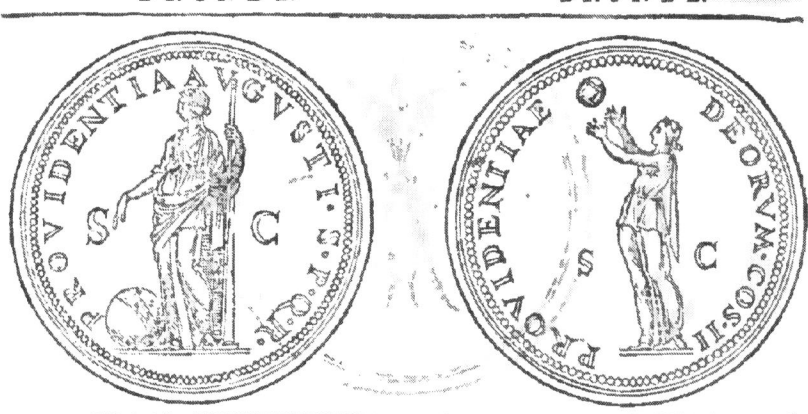

La Prouidence painēte differēment des Anciens.

Les autres Empereurs (comme Titus) l'on faict paindre auecques vn timon & vn globe, par lequel est monstré le gouuernement de tout le monde. Antonin Pie, representant la prouidence des Dieux, l'a figurée par vn fulgure de Iupiter, accompagné de ses sagettes. Maximian par deux femmes en habit de matrone, qui tiennent chascune des espis de blé, auecques l'inscription qui se lit en telle maniere tout autour, PROVIDENTIA DEORVM, QVIES AVGVSTORVM: qui monstre que par l'ayde & prouidence des Dieux, il auoit donné si bon ordre aux bledz, & à la chose frumentaire que le proffit de toute la cité, & le repos des Augustes en resortissoit. Alexandre Seuerus a representé la Deesse par vne amphore pleine d'espis de blé. Probus & Florianus par vne femme stolée, qui tient vn globe sus sa main droitte, & son sceptre, & vn cor d'abondance de l'autre main.

TITVS

DES ANCIENS ROMAINS. 75

TITVS.
BRONZE.

MAXIMIAN.
BRONZE.

CARACALLA.
BRONZE.

ALEX. MAMMEÆ.
BRONZE.

k 2

DE LA RELIGION

PROBVS. FLORIANVS.
ARGENT. ARGENT.

Consecration.
Folle superstition des Romains à canonizer leurs Empereurs.

Pour retourner à l'eternité, ie rendroye mon labeur inutile, si ie passoye oultre sans escrire la folle superstition des Romains, qui canonizoyent leurs Empereurs apres leur mort, combien qu'ils eussent tyranniquement traicté le Senat, & le peuple de Rome, vsurpants durant leur regne, & par leurs monnoyes le nom de tresbon Prince, de Fondateur de paix, de restituteur de la cité de Rome. Ce que lon peut voir par L. Septimius Seuerus, homme barbare & sanguinaire, qui de simple soldat vint iusques à la sommité de l'Empire: lequel, pour venir à la fin de ses entreprises, malheureusement deceut Clodius Albinus, gentilhomme de bône & antique famille de Rome: receuant les tiltres (que le Senat donnoit aux bons Empereurs) plus par adulation & par crainte, que par ses vertus & merites.

L. Septimius Seuerus.

Claudius Albinus.

SEVE

DES ANCIENS ROMAINS.   77
SEVERVS.
ARGENT.

SEVERVS.
BRONZE.   *ARGENT.*

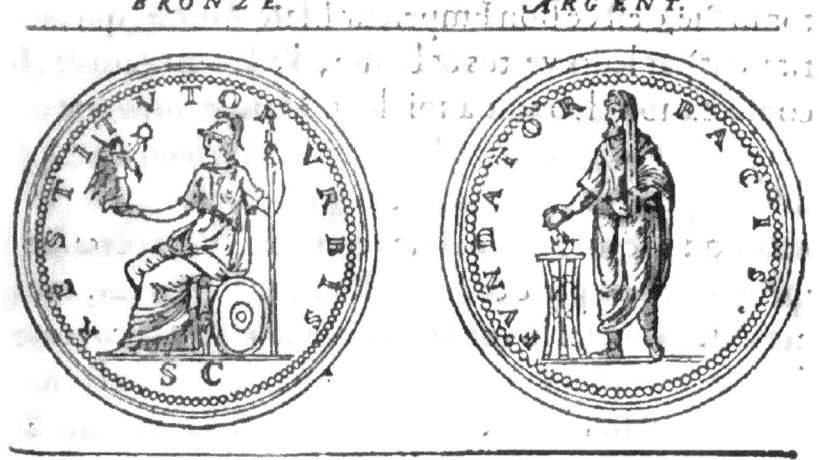

Que dirons nous de ce monstre Claudius encommancé & non acheué de nature? qui apres sa mort fut receu au nombre des Dieux immortels : & duquel Nero (qui l'auoit faict empoisonner) disoit, qu'il auoit esté faict Dieu par le morceau d'vn bolet.

Claudius l'empereur monstre encommancé & nõ acheué de nature.

k 3

CLAVDIVS.
O R.

Sentence d'Antonin Pie, pleine de pieté.

Colonne d'Antonin Pie.

C'est ce bon Prince Traian, c'est ce bon Prince Antonin Pie, c'est ce bon Empereur Marc Aurele, qui meriterent par leurs vertus & bonté, d'estre canonizez, si consecration debuoit auoir lieu. Mais ie vous prie escoutons la voix de ce tresbon Prince Antonin Pie, qui disoit, qu'il aymoit trop mieux garder vn citoyen Romain, que de tuer mille de ses ennemis. Voix certainement pleine de pieté & digne d'vn bon Empereur, comme il estoit. Et tel le voulut nommer le Senat (comme il auoit faict Traian) par l'escripture de ses medailles, luy faisant dresser vne colonne comme à Traian, & temples, pour monstrer sa diuinité.

ANTO

DES ANCIENS ROMAINS.

ATONIN PIE.
BRONZE.

ANTONIN PIE.   TRAIAN.
BRONZE.   *BRONZE.*

Nous auons escrit que les Empereurs estoyent consacrez & deuenus Dieux apres leur mort, & que les Romains leur faisoyent temples & autels pour les adorer: & depuis les appaisoyét auecques la mactation du veau & de l'aigneau, leur donnants prebstres & flamines en leurs temples. Et de telle coustume, parlant Prudence d'Auguste Cesar, à dit soubs cés mots.

Prebstres ordonnez pour le seruice des téples des Dieux.

Hunc

80 DE LA RELIGION.

Prudence.

Hunc morem veterum docili iam ætate sequuta
Posteritas, mensa, atque adytis, & flamine, & aris
Augustum coluit, vitulo placauit & agno:
Strata ad puluinar iacuit, responsa poposcit,
Testantur tituli, produnt consulta Senatus
Cæsareum Iouis ad speciem statuentia templum.

Au demeurant de la consecration, nommée des Grecs ἀποθέωσις, Herodian au second chapitre du quatrieme liure l'a mise bien au long, laquelle i'ay traduitte en nostre langue, pour donner le plaisir au Lecteur de l'intelligence de la consecration figurée cy dessoubs par les medailles d'Antonin Pie & de M. Aurele.

Herodian.

ANTONIN PIE.   M. AVRELE.
BRONZE.   BRONZE.

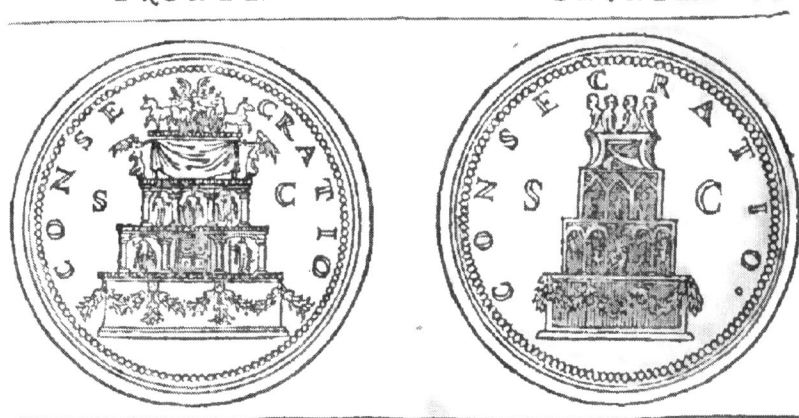

Comme les empereurs Romains estoyent canonizez.

C'estoit la coustume des Romains de consacrer & canonizer les Empereurs, qui laissoyent leurs enfans successeurs quand ils venoyent à mourir, faisants certaines cerimonies, par lesquelles ils estoyent receus au nombre des Dieux immortels. Or pour monstrer la deification, la cité estoit toute meslée de pleurs & de lamentations, accoustumées d'estre faictes aux funerailles des Empe

DES ANCIENS ROMAINS.

Empereurs, pource que le corps de l'Empereur mort estoit enterré auec vne grand pompe, selon la coustume des autres hommes. Apres ils faisoyent vne image de cire à la semblance du mort, laquelle ils mettoyent dedans vn grand lict de parement faict d'yuoire, esleué en hault à l'entrée du palais imperial, couuert & enrichi de couuertures d'or, ou l'imaige du mort estoit couchée, qui resembloit à vn malade decouloré & pasle. De l'vn des costez du lict, & à senestre estoyent assis tous les Senateurs de Rome, qui demeuroyent là vne grand partie du iour auecques leurs robes de dueil. Du costé droit estoyent assises toutes les Dames selon l'estat & dignité de leurs maris, ou de leurs peres. Et ne s'en trouuoit pas vne accoustrees de doreures, ny parée de carquants, ou de cheines: mais estoyent vestues de robes blanches, legeres, à la semblance de personnes tristes & dolentes. Et duroyent ces cerimonies sept iours sans plus: durant lesquels les medecins entroyent tous les iours, s'approchants du lict, faignants de taster le poux au malade, & faisants iugement qu'il aloit tousiours de pis en pis. Et quand ils disoyent que le patient auoit rendu l'ame, les plus nobles de l'ordre des Cheualiers, & les plus apparens des Senateurs prenants le lict sur les espaules, le portoyent par la rue sacrée iusques au marché vieux, ou les magistrats de Rome auoyent accoustumé de se demettre de leurs offices. De tous les deux costez il y auoit des degrez à la semblance d'vn scalier, ou estoyent, d'vne part les plus nobles enfans de la cité & patrices, & de l'autre, les plus illustres & honorables Dames de Rome, lesquels chantoyent tous ensemble hymnes & cantiques, que l'on a de coustume de chanter aux fune-

Lict de parement, fait d'yuoire.

Lict de parement porté par les Senateurs.

Hymnes pitoyables chātés aux funerailles

railles, faicts d'vne piteuse rythme & lamentable. Ce faict, soustenants derechef ce lict, ils le portoyent hors la cité en vn lieu nommé, le Champt de Mars: où estoit dressé au milieu vn parc, à la semblance d'vn tabernacle quarré, esgal de tous les coustez, qui n'estoit faict d'autre matiere, que de grands bois mis ensemble, lequel par dedans estoit plein de sermens & fagots secs, paille, poudre & autre matiere seiche : & par dehors richement accoustré & couuert de custodes brodées d'or, de statues d'yuoire, & de diuerses painctures. Au dessus de ce tabernacle il s'en trouuoit vn autre de façon semblable au premier, mais plus petit, & d'orneméts couuert à la forme de celuy de dessoubs, qui auoit les portes & fenestres ouuertes: & tout ainsi suiuoit le troisiéme, & le quatriéme tousiours moindre, que celuy de dessoubs, iusques au dernier, qui estoit le plus petit de tous. L'on pourroit comparer le modelle de ce bastiment aux tours que l'on bastit, & sont releuées sur les ports, pour garder les nauires, qui regardent le feu de ces tours la nuict, qu'elles puissent asseurémét prendre port, nommées par aucuns Fanals, & des Anciens Pharos. En portant doncques le lict sur le second tabernacle, ils boutoyent grand quantité d'espiceries, de parfums, de fruits, d'herbes & onguents de bonne senteur, de toutes les parties que la terre porte. Car il ne se trouuoit nation, cité, ou personne de dignité ou d'honneur, qui ne s'efforçast de faire, & à l'enuy ce dernier don à l'Empereur, qui estoit decedé. Apres qu'ils auoyent amassé vn grand tas de toutes ces senteurs & espisseries, de sorte que tout le lieu estoit rempli de bonnes odeurs, ils faisoyent vne course de cheuaux autour de ce bastiment, où tous les cheualiers couroyent

des Empereurs.
Champ de Mars.
Description du tabernacle, qui est veu par les medailles.

Fanals, ce que les Anciens appelloyent Pharos.

DES ANCIENS ROMAINS. 83

royent en limaçon par ordre, faisants vne dance d'vne mesure, qui s'appelloit Pyrrique. Semblablement les coches couroyent alentour, gardants vn mesme ordre, dessus lesquelles estoyent montez les Cochiers & Gouuerneurs de ces chars, accoustrez & vestus de pourpre, comme velours cramoisy, pourtants masques sur le visage, qui retiroyent aux Capitaines & Ducs Romains, des Princes & des Empereurs du temps passé, qui suyuoyét l'ordonnance des autres. Et depuis que toutes ces choses estoyent faictes, celuy qui succedoit à l'Empire, prenant vne torche alumée, boutoit le feu au tabernacle, & apres luy tous les autres par tout l'edifice: de maniere que tout incontinent & soubdain, pour la seicheresse des sermens, espiceries & parfums, qui auoyent esté mis là dedans, se leuoit en hault vne flamme merueilleuse. Et du petit tabernacle qui retiroit à vne petite tour, montoit amont auec le feu, vne aigle en l'air, laquelle (comme croyoyent les Romains) de terre portoit l'ame de l'Empereur aux cieux: & deslors l'adoroyent & luy faisoyent temples, pour monstrer sa deification.

Dance nõmée des Anciens Pyrrique.

Aigle qui emportoit l'ame, de l'empereur aux cieux.

| M. AVRELE. | FOSTINE. |
| BRONZE. | BRONZE. |

1   2

PERTINAS.   FAVSTINE.
BRONZE.   ARGENT.

Vaine superstitiō des Romains.

Mais ie vous prie regardons la vaine folie, ou si longuement demeurerent vn si grand nōbre de Romains, qui attiroyent des hommes, ou plustost achetoyēt, qui affermoyent par serment, qu'ils auoyent veu l'ame de Cesar saillir du feu, ou son corps auoit esté bruslé, que l'aigle de Iupiter emportoit au ciel tout deifié.

Seuere canonisé.

Voyla comme Seuere fut canonisé, & mis au nombre des Dieux immortels : qui fut depuis accompagné d'vn grand nombre d'hommes & de femmes, que les Romains firent monter par force au ciel, & qui furent faicts Dieux par le consentement du peuple de Rome: si bien nous regardons la coustume qu'ils auoyēt d'immortalizer leurs Empereurs.

Temple de Diane en Ephese.

Or pour retourner aux temples de noz Dieux, ayant escrit des plus triomphants de tous, comme de celuy de Iupiter Capitolinus, de celuy d'Auguste, qui fut fait à Rome & en Alexandrie, du renommé Pantheon, & du magnifique temple de Paix: il demeure le tēple de Diane en Ephese, que tous les Roys & tous les Potentatz & Repu

DES ANCIENS ROMAINS.

Republiques de toute l'Asie, contribuants chascun selon son pouuoir, firent edifier, incitez seulement de la religion: qui fut à bien grád peine acheué pour sa grandeur & magnifique richesse, en deux cents ans, fondé de dans vn marest, pour l'asseurer du terremote: mis depuis entre les sept spectacles du monde: temple & simulacre tant celebré par les monnoyes des Empereurs.

CLAVDIVS.

ARGENT.   ARGENT.

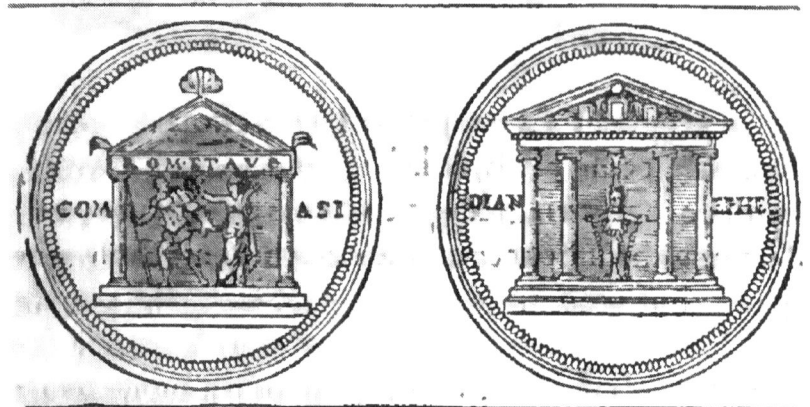

Et pource que le simulacre de Diane, qui estoit au temple des Ephesiens, ne peut estre bonnement representé par la medaille que i'ay mise cy dessus, il m'a semblé de le faire mettre cy apres, comme ie l'ay par le reuers de deux medailles Grecques, l'vne d'Antonin Pie, & l'autre d'vn Commode fort ieune: à la premiere desquelles l'antiquité nous a laissé ce seul mot entier, ΕΦΕΣΙΑΝ, estant les autres lettres frustres & vsées. Et à l'autre sont caracteres Grecz, qui disent, ΑΡΤΕΜΙΣ ΕΦΕΣΙΑΝ, c'est à dire, Diane des Ephesiens.

Diane des Ephesiens.

DE LA RELIGION

ANTONIN PIE.   COMMODE.
BRONZE.   BRONZE.

Descriptiõ du temple de Diane.

La longueur du temple de Diane estoit de quatre cents vingt cinq pieds, & la largeur deux cens & vingt, garni de cent & vingt & sept colonnes de soixante pieds d'hauteur: bruslé par ce malheureux homme Erostratus qui vouloit acquerir vne renommée eternelle, pour la meschanceté de ce beau faict. Toutefois le temple fut remis sus, & refaict plus triomphát qu'il n'auoit iamais esté: & fut Dinocrates, qui acheua ceste magnifique besogne, celuy qui fut Architecteur d'Alexandrie.

Erostratus

Dinocrates Architecte renommé.

Celebratiõ de la feste de Diane.

Le iour de la feste de Diane tous les ans les ieunes hommes qui estoyent en la premiere fleur de leur eage, & les ieunes vierges & damoiselles du païs vestues noblement, aloyent visiter ce temple magnifiquement, pour celebrer la feste de la Deesse en grande solennité. Et souuentesfois venoyent à se marier ces ieunes gentilshommes & ces damoiselles ensemble.

Diane. Diuersité de noms de Diane.

Les simulacres de Diane furent painctz selon ses puissances de plusieurs façons, comme elle fut nommée de noms variables & differents. L'vne, quand pour sa clairté

DES ANCIENS ROMAINS. 87

clairté lucifere principalement, elle se monstroit toute pleine : & alors sa figure estoit painctе auec vne torche, qu'elle portoit à ses deux mains. Et tout ainsi l'a representée Iulia Pia femme de Seuere l'Empereur, accompagnée de l'escriture de DIANA LVCIFERA.

IVLIA PIA.
ARGENT.   BRONZE.

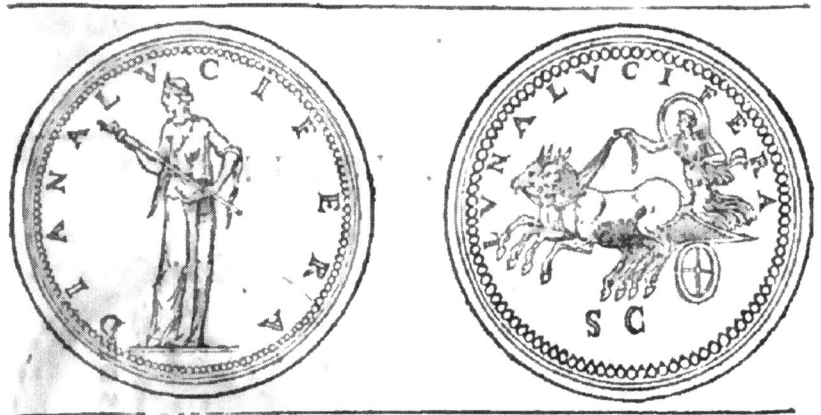

Pour monstrer encores que Diane & la Lune estoyét vne mesme chose, i'ay faict mettre de ladicte Iulia vne autre medaille de bronze, où l'inscription dit encores, LVNA LVCIFERA, où son char est tiré par deux biches, combien que souuentesfois il fust conduit par deux Cerfs : qui a faict escrire à Claudian.

Dixit, & extemplò frondosa fertur ab Alpe
Trans pelagus, cerui currum subiere iugales.

Qui signifie, qu'elle estoit Deesse de la venerie : combié que l'interprete d'Aratus a dit, que les Biches luy estoyent données pour faire congnoistre sa legereté.

Quand Diane estoit painctе tenant vn espieu à la main, ayát vn Cerf au plus pres d'elle, cecy la monstroit

Diane & la Lune estoyent vne mesme chose.

Diane Deesse de la venerie.

Diane Ceruicide.

Cerui

88　　　DE LA RELIGION

Diane nõmée des Grecs Ἐλαφηβόλ<g>.
Cornes du cerfs estachées au tẽple de Diane.

Ceruicide, qui fignifioit qu'elle faifoit mourir à la chaffe les Cerfs à force: & pour cefte caufe la nommerent les Grecs Ἐλαφηβόλ<g>, & luy confacrerent (à ce que nous lifons en Plutarque) les cornes des Cerfs qu'ils faifoyent eftacher aux temples de Diane, pour mõftrer qu'elle eftoit Deeffe de la venerie.

Des Cerfs & de Diane i'ay parlé au liure, que i'ay faict par le commandement du Roy, des Animax feroces & eftranges, où i'ay efcrit de fa nature affes amplement.

MED. DE L. HOSTILIVS.
ARGENT.

L'efpieu eftoit donné à Diane pour le fanglier.

L'efpieu, qu'elle porte, eftoit pour le fanglier: ce que nous monftre la medaille d'argent de Geta Triumuir, où eft painéte d'vn cofté la Deeffe, & de l'autre vn Chien qui court apres le porceau, qu'elle a enferré par l'efpaule.

GETA

DES ANCIENS ROMAINS.

GETA III. VIR.
Argent.

Quand Diane estoit figurée Venatrice, les Romains ordinairement l'accompagnerent de sa trousse, de son arc, & ses flesches, d'vn leurier, ou d'vn chien: sans lesquels bonnement la chasse ne se peut acheuer. Et tout ainsi i'ay sa figure en vne medaille d'argent, qui est representée cy apres.

Diane Venatrice.

Sans le Chien la chasse ne se peut bonnement acheuer.

MED. DE C. POSTVMVS.
Argent.

DE LA RELIGION

Par les medailles d'Auguste Cesar, se trouue la Deesse troussée, tenant vn arc à la main, & son sceptre de l'autre, accompagnée d'vn leurier : les pieds garnis de ses petites bottines, qui luy viennent iusques à my iambes (que Pollux a nommé endromides) données à Diane comme chose propre. Et par le reuers de l'autre medaille, Auguste l'a faict figurer en habit virginal, tenant son arc à la main gauche, & de l'autre elle monstre de vouloir tirer vne flesche de sa trousse : garnies toutes deux par le milieu de lettres abregées, c'est assauoir l'vne de IMPERATOR DECIES, & l'autre, IMPERATOR VNDECIES : & au dessoubs se lisent semblables mots, SICILIA.

Bottines de Diane nōmées des Grecs endromides.

AVGVSTE.

ARGENT.   *ARGENT.*

Parmy la trouppe des medailles d'or, qui furent trouuées aupres de Tholouze l'année mil cinq cés cinquante trois, entre celles qui tomberent entre mes mains, i'entrouuay vne, où le costé droit monstre l'image de Diane accoustrée de son arc, & de sa pharetre : de l'autre costé se trouue vn temple, garni par le milieu d'vn trophée

Description d'un trophée nauale, qui est aux medailles d'Auguste.

DES ANCIENS ROMAINS.

trophée naualle, la sommitté duquel est reuestu d'vne salade, accoustrement de teste à l'antique : Et du rostre, ou bié partie de la proue d'vn nauire, se dresse vn tronc auecques ses branches, qui est reuestu d'vne cuyrace militaire, & par la sortie des bras, les branches s'estendent tronques & couppées : à l'vne desquelles est pendue vne rôdelle, & à l'autre deux piles ou dars croisez. Dessoubz la thorace à trauers le tronc pent vne ancore d'vn costé & vn timon de l'autre : en signe de la deffaicte de Sextus Pompeius, quand Auguste Cesar recouura la Sicile : ce qui se monstre par les trois iambes, symbolé de la Trinacrie, qui sont figurées au milieu du frontispice du temple de Diane, auec l'inscription qui dit, IMPERATOR CÆSAR : monstrant par cela Auguste de rendre graces à la Deesse, de la victoire qu'il auoit euë contre ses ennemys.

Les trois iambes deuise de la Sicile.

MED. D'AVGVSTE.
OR.

DE LA RELIGION

Temple de Diane renommé en Sicile.

Par les reuers des medailles, qui furent frappées en l'honneur de Marcellus, se pourra veoir vn sacerdote, qui presente auecques les deux mains vn trophée au temple renommé de Diane, qui estoit en la Sicile : luy rendant graces de la Victoire, qu'il auoit euë de Syracuse : du butin de laquelle il rapporta autant, ou plus de proffit, que n'auoyent faict les Romains de la cité de Carthage.

Animaux qui sont en la garde de Diane.

Diane estoit appaisée auecques la Biche, le Daim, le Cerf, & le Taure, animaux mis en la tutelle de la Deesse : comme lon pourra congnoistre par la painture que i'ay faict retirer des medailles Grecques & Latines, qui seruiront de tesmoignage de ce que i'ay escript cy dessus.

PHILIP

DES ANCIENS ROMAINS.

PHILIPPE.

BRONZE. *BRONZE.*

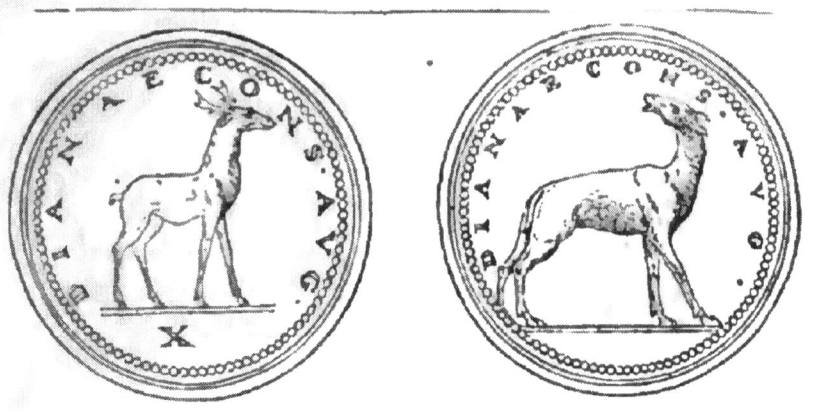

Strabo, au liure quatorziéme de la description du monde, recite, que en l'isle d'Icarie estoit le temple de Diane, nommé Ταυρόπολον. Et Tite Liue, au quatriéme liure de la cinquiéme decade, nomme ledict temple *Tauropolum*: & les sacrifices qui se faisoyent à Diane, *Tauropolia*. Toutesfois Dionysius en son liure, *De situ orbis*, dit, que Diane n'a pas esté nommée *Tauropola* du peuple, mais pour le taureau, estant la region abondante de ces taureaux, à laquelle presidoit la Deesse, & de là surnommée Taurique: chose qui est veritable, ayant souuentesfois regardé la medaille Grecque, laquelle i'ay faict representer cy dessoubs: où nous lisons lettres Grecques qui disent, ΕΡΕΤΡΙΣΟΝ ΔΑΜΑΣΙΑΣ.

Temple de Diane, nõmé Tauropolon.

Diane pourquoy nommée Tauropola.

Diane Taurique.

DE LA RELIGION

MEDAILLE GRECQVE.
ARGENT.

Sacrifice de Diane nõmé Tauropolium.

Cecy nous a faict asseurément congnoistre, que le nom de *Tauropolos* donné à Diane, & le sacrifice nommé *Tauropolium*, ne vient d'autre chose, que pour le taure qui luy estoit oultre le chien, & le cerf, consacré : prenát son commencement le sacrifice (comme Diodore recite au troisiéme liure de son histoire) de la Royne des Amazones, Princesse vertueuse, qui faisoit exerciter ses ieunes vierges tous les iours à la venerie : les nourrissant, par ce moyen, au labeur, aux armes & à la vertu. Et pour rendre graces à la Deesse, elle institua & ordonna vn sacrifice, qu'elle nomma, Ταυρόβολην. Combien que les Auteurs Grecs & Latins ont confondu tous ces noms *Taurouolium, Tauropolum, & Tauropolium* : & mesmement *Sudas in Collectaneis*, qui nomme Diane Ταυρόβολ© pour le taure, qui luy estoit sacrifié : ce que conferme Eustathius, & comme la medaille d'argent de Aulus Postumus le represente bien clerement : par le costé droit de laquelle est representée Diane auec son croissant, son

Sacrifice ordonné à Diane par la Royne des Amazones.

Diane nõmée Taurobolos.

arc

DES ANCIENS ROMAINS.

arc, & son carquoys: & de l'autre costé, le sacrifice, auecques le taureau est si bien exprimé, qu'il n'est ia besoin de traicter d'auantage de ceste matiere.

Sacrifice de Diane auecques le taureau.

MED. DE A. POSTVMVS.
ARGENT.

Par les epigrammes qui sont en nostre Gaule, & principalement à Lectore, où se trouue vn grand nombre d'epitaphes antiques, qui tous parlent de la Mere des Dieux, & lesquels autrefois m'enuoya Petrus Gilius homme de sauoir, & singulier amateur de l'Antiquité, lequel a cerché, iusques à l'extremité de sa vie, les choses que Nature a produit rares & singulieres: lon pourra congnoistre que le sacrifice qui se faisoit par les anciens sacerdotes à la Mere des Dieux auecques grand appareil, estoit souuentesfois nommé *Tauropolium*: d'autrefois, *Taurouolium*: celebré non seulement à Diane, & à Sybele, mais encores à Minerue: si nous voulons croire Suidas. Et des sacrifices dessus-dicts i'ay parlé asses amplemét au liure des Epigrammes de toute la Gaule.

Petrus Gilius amateur singulier de l'antiquité.

Liure de l'Auteur, des Epigrámes de toute la Gaule.

A l'vn

DE LA RELIGION
A l'vn des boleuerts de la cité de Lectore.

Lectore, ville de Gascogne.

MATRI DEVM POMP. PHILVMENÆ QVÆ PRIMA LECTORE TAVROBOLIVM FECIT.

Et en la dicte ville de Lectore, en vn petit temple ruiné de sainct Thomas, se voit en vne colonne, qui soustient l'autel, l'epitaphe cy apres mis : par lequel est congneu, que l'ordre des Decurions (que nous pourrons appeller Escheuins) feit pour la santé de Gordian l'Empereur, & de Sabina Tranquillina sa femme, & pour l'estat de la cité de Lectore, le sacrifice, nommé *Tauropolium*, à la Mere des Dieux.

PRO SALVTE IMP. ANTONINI GORDIANI PII FEL. AVG. TOTIVSQVE DOMVS DIVINÆ PROQVE STATV CIVIT. LACTOR. TAVROPOLIVM FECIT ORDO LECT. D. N. GORDIANO II. ET POMPEIANO COS. VI. ID. DEC. CVRANTIB. M. EROTIO ET FESTO CANINIO SACERD.

De Sabine Tranquilline i'ay autrefois veu vne medaille d'argent, & l'epitaphe cy apres mis :

FVRIÆ SABINÆ TRANQVILLINÆ SANCTISSIMÆ AVG. CONIVGI DOMINI N. M. ANTONINI GORDIANI PII FELICIS INVICTI AVGVSTI DECVRIALES ÆDILIVM PLEBIS CERIALIVM DEVOTI NVMINI MAIESTATIQVE EORVM.

A Rome

DES ANCIENS ROMAINS. 97

A Rome l'on trouue vne pierre de marbre antique insculpée en l'honneur de la grand Mere des Dieux, Deesse renommée, qui faict mention du sacrifice nommé *Tauropolium* : où se pourra veoir l'image de la Deesse coronnée d'vne tour, qui porte de la main gauche vn tabourin sus sa cuisse, & de la main droitte des espis de blé, assisée en son char qui est tiré par deux lions, accompagnée de son Atys, qui tient vne boule à la main, qui est appuyé contre vn pin, arbre consacré à la Deesse, pour la montagne d'Ida, qui est en Candie, ou pour l'Ida de Phrygie, montagnes toutes pleines de pins. Et en tous ces deux lieux adorée, & la pomme du pin dediée: comme le tesmoigne Martial, quand il dit,

Poma sumus Sybeles.

Les lions domestiques & priuez tiroyent le char de Sybele, comme l'escrit Virgile,

Et iuncti currum dominæ subiere leones.

Signifiants les Grecs, qu'il ne se trouue terre, tant soit elle sterile & sauuage, si elle est bien labourée, qu'elle ne deuienne abondante & fertile. Par la tour qu'elle porte sus la teste au lieu de couronne, sont designées les citez, qui sont assisés sur la terre, enrichies par edifices de plusieurs tours. Par le tabourin est denoté la rotondité de la terre: les autres disent que c'est, pource que les vents sont enclos par le dedans : & de la meilleure opinion ie m'en rapporte au Lecteur. Les espis de blé qu'elle porte, monstrent que c'est la terre qui porte le blé, aliment tresnecessaire pour la nourriture des hommes. Voila quant à l'exposition du simulacre que i'ay faict retirer cy dessoubz.

SYBELE.
Descriptiō de l'image de la mere des Dieux.

Le mont de Ida en Candie & en Phrygie.

Char de la Mere des Dieux tiré par deux Lions.

Enseignes que porte la Mere des Dieux declarées.

n

DE LA RELIGION

FIGVRE DE LA MERE DES DIEVX,
retirée du marbre antique qui se voit à Rome.

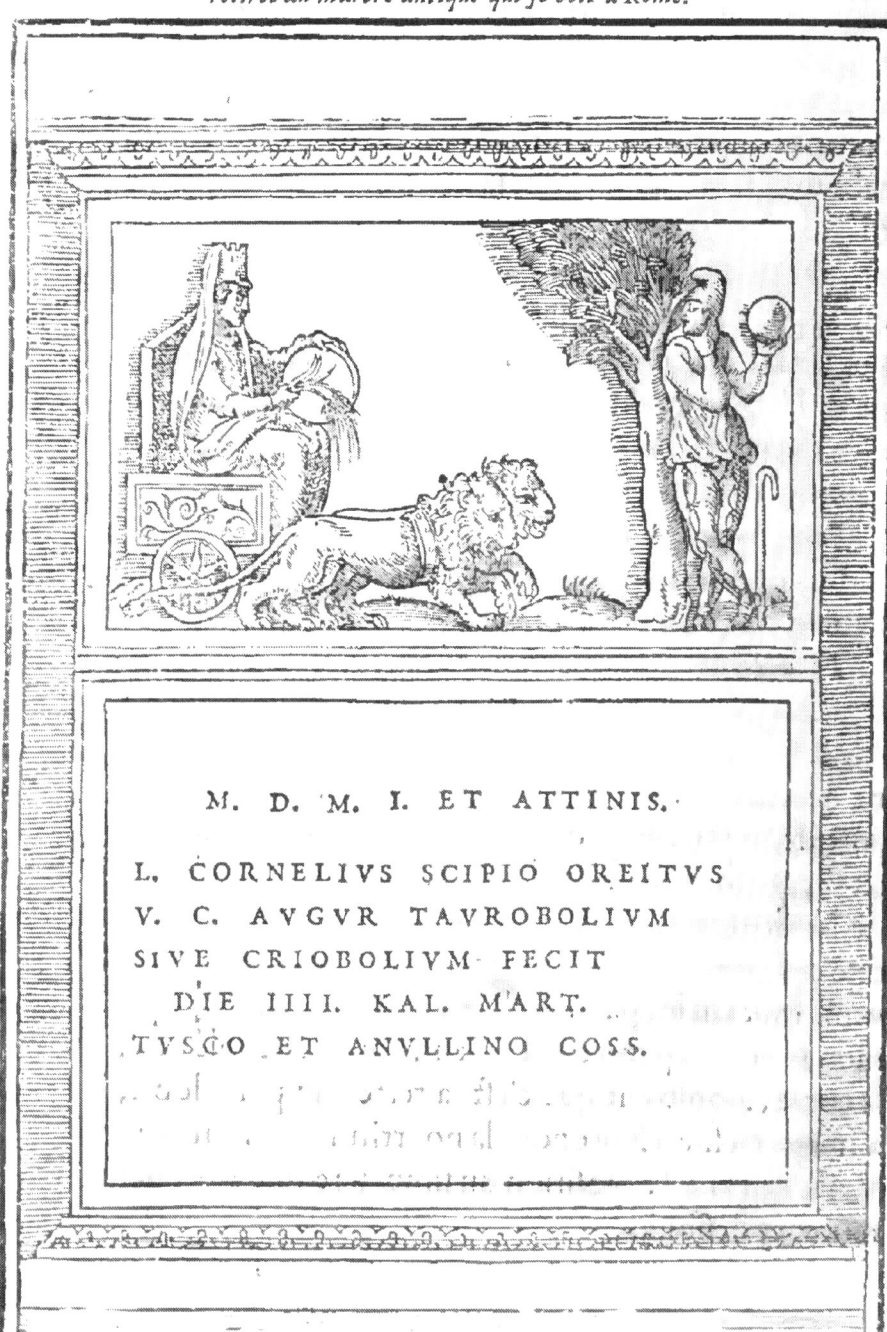

M. D. M. I. ET ATTINIS.

L. CORNELIVS SCIPIO OREITVS
V. C. AVGVR TAVROBOLIVM
SIVE CRIOBOLIVM FECIT
DIE IIII. KAL. MART.
TVSCO ET ANVLLINO COSS.

DES ANCIENS ROMAINS. 99

Les Anciens la nommerent Mere des Dieux, pource qu'à la semblance d'vne mere elle produit & nourrit toutes choses. Et comme mere de la terre (ce dit Phurnutus) les Romains & les Grecs luy attribuerent plusieurs puissances, & la nommerent de plusieurs noms, vne fois Sybele, Ceres, la Terre, Proserpine: d'autrefois mere des bestes (& tout ainsi la nomme Lucrece) Vesta, & Diane. Et qu'il soit ainsi, i'ay deux medailles de brôze Grecques, en l'vne desquelles se voit Diane Conseruatrice d'vn costé, & caracteres Grecs qui disét, ΣΩΤΕΙΡΑ: & de l'autre, le fulgure qui luy estoit attribué comme à Vesta: & telle inscription, ΒΑΣΙΛΕΩΣ ΑΓΑΘΟΚΛΕΩΣ. Battue la medaille par le Roy Agathocles en l'honneur de Diane Conseruatrice, qui estoit adorée en Sicile.

Noms variables de la mere des Dieux.

Diane Conseruatrice adorée en Sicile.

MED. DE AGATAOCLES.
BRONZE.

Par l'autre medaille Grecque est representée Sybele auecques sa coronne turrite, du costé droit: & du costé gauche, le fulgure de Ioue auecques ses sagettes. Et pour estre la medaille fruste, n'auons peu tirer des caracteres Grecs sens qui soit bon.

DE LA RELIGION

MEDAILLE GRECQVE.
BRONZE.

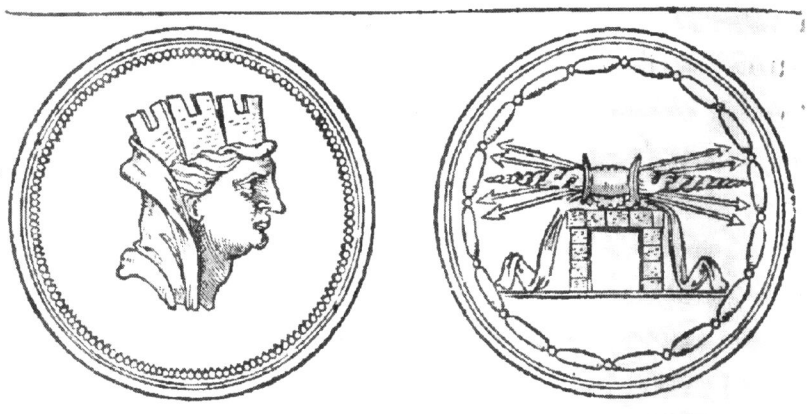

Medailles d'or, & d'argent, trouuées à Reims.

Du temps que i'escriuoye ce Discours, me furent données plusieurs medailles d'argent de celles qui furent trouuées à Reims, toutes quasi de Seuerus, de Iulia, de Caracalla, de Geta & de Macrinus: par la trouppe desquelles ie trouuay les deux premieres que i'ay faict paindre cy dessoubs: où lon pourra veoir la Deesse turrite auec son fulgure, qu'elle tient à la main droitte, & de l'autre son sceptre, montée sus vn lion courant par l'air: & telle inscription, INDVLGENTIA AVGVSTORVM. Signifiants toutes ces choses, par l'occulte & mystique theologie des Anciés, ce que i'en ay escript cy dessus.

SEVE

DES ANCIENS ROMAINS.

SEVERVS.
ARGENT.

GETA.
ARGENT.

Des autres deux medailles l'vne est de Iulia, qui a representé la mere des Dieux coronnée de sa coronne turrite, accompagnée de deux Lions, assise dedans son trosne, tenant de la main droitte vne branche de pin, arbre consacré à la Deesse : & de l'autre son sceptre accoustumé, reposant le bras sus son timpan, par lequel est representée la rotundité de la terre : cóme i'ay desia dit : & l'escripture de MATER DEVM. A la ieune Faustine lon trouuera la painčture du reuers de sa medaille à peu pres d'vne semblable substance & figure.

L'abre du pain consacré à la Mere des Dieux.

DE LA RELIGION

FAVSTINE.
BRONZE.

IVLIA PIA.
ARGENT.

MED. DE C. VOLTEIVS.
ARGENT.

ANTONIN PIE.
BRONZE.

Deesse de Nature.

Au simulacre de la Mere des Dieux donnerent les Anciens plusieurs mammelles, cóme celle qui nourrissoit tout le monde, vne tour sus sa teste, deux Lions sus ses bras, & variables animaux qu'elle produisoit cóme Deesse de Nature, & deux Cerfs à ses pieds, qui monstroit que c'estoit Diane. Et de telle figure elle fut trouuée n'a pas long téps à Rome : & tout ainsi en vne grotte an te antique fut semblablement decouuerte sa painctute, que me donna autrefois Antonio Fantussi painctre Romain, qui l'auoit retirée: laquelle i'ay faict mettre au liure que i'ay escript de la nature des Dieux, pour en donner la veuë aux amateurs de l'Antiquité.

Liure de l'auteur de la Nature des Dieux. Diane triforme.

Ce sont les puissances données à Diane pour la diuersité de ses figures, que i'ay representées cy dessus, la nommant vne fois Triforme : & tout ainsi la figura Alcamanes, comme recite Pausanias. Et Virgile nous a donné à entendre qu'elle estoit Lune au Ciel, Diane sus terre, & Proserpine aux enfers, quand il a dit,

Diane sur la terre, lune au Ciel, & Proserpine aux enfers.

Tergeminámque Hecaten tria virginis ora Dianæ.

Lon trouuera sa figure retirée de l'antique marbre au liure premier de noz Antiquitez de Rome. Et me suffira pour le present d'escrire, que les anciens Romains & les plus riches sacrifioyent à Diane tous les moys soubs le nom d'Hecate, faisants mettre des pains & autres choses par les quarrefours de la cité, qui estoyent soudainement leuez par les pauures & indigens, comme nous lisons en Athenæus, estimants que Hecate, Diane, la Lune & Proserpine estoyent vne mesme chose.

Sacrifice à Diane sous le nom de Hecate.

Athenæus.

Nous suiurons la description de noz Dieux & Deesses, & commencerons à Minerue, qui fut née, comme disent les Poëtes, de la teste de Iupiter, pource que l'esprit est situé au cerueau de l'homme : la paignants les Anciens armée d'vne ægide, qui estoit enrichie du chef de l'vne des Gorgones : signifiants par cela, que l'hôme sage doibt porter l'image de terreur contre ses ennemys. La sommité de son morrion estoit decorée d'vn panache, pour signifier l'ornement de la teste de l'homme. Elle estoit vestue de trois accoustremens differens,

Minerue.

L'esprit est assis au cerueau de l'homme.

L'homme sage donne crainte à ses ennemis.

qui

qui signifioyent, que la sagesse doibt estre cachée. La picque, qu'elle portoit à la main, denotoit que la prudence regarde & frappe de loing.

La Chouette en la tutelle de Minerue.

En la tutelle de Minerue fut mise la Chouëtte (comme nous auons dit) par laquelle donnoyent à congnoistre les Anciens, que la sagesse tenoit en tenebres sa propre splendeur. Et ce que nous auons mis cy dessus, nous a treselegamment laissé par escript Ouide en sa Metamorphose, soubs ces mots,

Au liure 6.

> *At sibi dat clypeum, dat acutæ cuspidis hastam,*
> *Dat galeam capiti, defenditur ægide pectus,*
> *Percussámque sua simulat de cuspide terram.*
> *Edere cum baccis fœtum canentis oliua,*
> *Mirarique Deos : operis victoria finis.*

Minerue fonda la cité d'Athenes.

Varro dit qu'elle fonda la cité d'Athenes, & pour telle raison nommée Minerue des Grecs ΑΘΗΝΑ, quasi ἀθάνατος παρθένος. c'est à dire vierge immortelle: pource que la sagesse (comme dit Fulgence) ne peut estre corrópue, ny mourir. Porphyrius à dit, que Minerue n'est autre chose que la vertu du Soleil, qui donne au cueur des hommes le sçauoir, né de la sommité de l'air : & c'est la cause que les Poëtes (comme nous auons dit) ont fainct qu'elle estoit descendue de la teste de Iupiter. Tous les Physiciens recitent, que la vertu intelligibile est mise au cerueau de l'homme, comme dedans vne forteresse du corps.

Porphyrius.

Bellona Deesse de la guerre.

Les Anciens l'ont nommée Bellona, c'est à dire Deesse de la guerre, signifiants que les gens de guerre doiuent tousiours estre en armes & remplis de bon conseil, & preuoir les entreprises de leurs ennemis : pource que les affaires de la guerre doibuent estre premeditez & bien

Les affaires de la guerre veulent estre secrets

DES ANCIENS ROMAINS.

& bien conseillez auant que de les decouurir. Qui a fait dire à Saluste, que deuant que de commencer vne chose, il la faut premierement preuoir, & depuis que elle a esté bien aduisée, il la faut mettre à execution.

Les Historiographes la font conditrice d'Athenes, qui recitent qu'entre Neptune & Pallas sortit vn grand debat & dissention, pour sçauoir lequel des deux imposeroit le nom à la cité d'Athenes. Les Dieux pour pacifier ce discord ordonerent, que celuy des deux qui donneroit plus de commodité, bailleroit le nom à la cité: Neptune le premier feit sortir de terre vn cheual, & Minerue l'Oliue. La cause debattue, iugeret les Dieux que l'Oliue estoit plus necessaire & vtile pour la commodité des humains. Et par ce moyen demeura victorieuse Minerue, & luy fut l'Oliue depuis dediée, & nommée Pacifere : si bien nous regardons les medailles de Marcus Aurelius & de Commodus.

Dissention entre Neptune & Pallas.

L'oliuier dedié à Minerue.

M. AVRELE.   COMMODE.
BRONZE.   BRONZE.

DE LA RELIGION

Du temps de Pline l'oliue, qu'auoit esté produite en Athenes pour le different de Neptune & de Pallas, duroit encores, comme il escrit.

Feste de Minerue nommée Quinquatria.
Minerue preside à la memoire.

A la celebration de la feste de Minerue, nommée Quinquatria, portoyent les enfans à leur maistre les estrenes, & durāt ces iours ils auoyēt vacations en l'honneur de la Deesse, qui presidoit à la memoire, où sont contenues toutes les disciplines: qui est signe principal aux enfans de la bōté de leur esprit. Ce que nous a monstré Quintilian, & au 3. des Fastes Ouide soubs ces mots,

Pallada nunc pueri tenerȩque ornate puellȩ:
Qui bene placarit Pallada, doctus erit.

Neptune.

Nous auons veu la fin de la dissension de Minerue & de Neptune: il ne faut perdre l'occasion d'escrire du simulacre de ce Dieu, qui se faisoit (comme dit Hyginus) auecques vn Daulphin, qu'il tenoit sus sa main gauche ou soubs son pied, & son trident à la droitte: estimants les Anciens que ce poisson estoit tresaggreable à Neptune. Ce que nous a monstré Marc Agrippe par les reuers de ses medailles.

Le Daulphin consacré à Neptune.

M. AGRIPPE.
BRONZE.   BRONZE.

Neptu

DES ANCIENS ROMAINS. 107

Neptune fut encores painct auecques vn trident & vn acrostolie, ornement antique de la sommité des nauires: comme lon pourra veoir par les reuers de deux medailles d'argent, qui sont entre mes mains, l'vne d'Auguste, & l'autre de Vespasian escripte de ces mots abregez, NEPTVNO REDVCI: rendants ces deux Empereurs graces à Neptune de leur retour & expedition nauale.

Neptune painct des Anciës auecques vn tridente & vn acrostolie.

AVGVSTE.	VESPASIAN.
ARGENT.	ARGENT.

CAESAR · DIVI F ·   NEP. RED.

La fuscine luy fut donnée pour le sceptre, comme instrument tresnecessaire pour les mariniers. Et son image insculpée & grauée vne fois paisible & tranquile, d'autrefois esmeuë & pleine de courroux. Ce que lon voit par les medailles de Pompée en son expedition Pyratique, où du costé droit sont lettres qui disent, MAGNVS IMPERATOR ITERVM: & de l'autre, PRÆFECTVS CLASSIS ET ORÆ MARITIMÆ EX SENATVSCONSVLTO.

La fuscine dónée à Neptune pour sceptre. Visage de Neptune painct differemment des anciës.

108 DE LA RELIGION

MED. DE POMPEE.
ARGENT.

MED. DE POMPEE.
ARGENT.

Agate antique grauée d'vn Neptune.

Entre les pierres grauées que ie garde pour l'intelligence de l'Antiquité, i'en ay deux de moyéne grandeur: l'vne desquelles, & la premiere est vne Agate, qui represente Neptune couché sur la mer, qui tient d'vne main son trident, resposant l'autre bras sus vn vase à la maniere accoustumée des Fleuues, qui ont esté painéts par les Anciens

DES ANCIENS ROMAINS. 109

Anciens. L'autre est vn Corniol antique de couleur de rubis, insculpé d'vn Neptune, qui est dedans son char, tiré par deux cheuaux, à la vraye semblance de la medaille de Marcus Agrippa, où sont lettres qui disent, ÆQVORIS HIC OMNIPOTENS.

Corniol antique.

AGATE.   CORNIOL.

MARC AGRIPPE.
ARGENT.

Le char de Neptune estoit tiré par cheuaux : ce que non seulement monstrent les medailles cy dessus mises,

Char de Neptune tiré par cheuaux.

O 3

110   DE LA RELIGION

mais aussi Virgile au cinquiéme de son Æneide, quand il escrit,

Iungit equos curru genitor, spumantiáque addit
Frena feris, manibúsque omnes effundit habenas.

Le Cheual consacré à Neptune. Le Cheual luy estoit anciennement consacré, pource qu'il fut le premier, qui trouua le moyen de dompter & de bien picquer vn cheual. Ce que nous monstrent les monnoyes des Tarentins, où de l'vn des costés *Neptune Cheualier.* ils firent frapper Neptune Cheualier: & à l'autre, Taras, fils de Neptune, sus vn daulphin.

MONNOYE DES TARENTINS.
ARGENT.

Les Romains firent dresser à Neptune Cheualier vn temple, comme nous lisons en Halicarnasseus: & nommerent les Arcadiens (comme il dit) le iour de sa feste, *Hippocratia. Consualia.* *Hippocratia*: ce que les Anciens, *Consualia*. Et la coustume des Romains estoit, que les cheuaux, les mules, & mulets estoyent exemptez du trauail ce iour là: & si estoyent accoustrez par la teste de chapeaux de fleurs. Et tout ainsi les menoyent, faisants leur monstre par toute la ville les Palefreniers.

Diodore

DES ANCIENS ROMAINS.

Diodore recite, que Neptune trouua l'art de nauiguer, & de dresser vne armée de mer: parquoy il fut fait par Iupiter, Admiral de toute la mer: & depuis, comme Dieu adoré des hommes, & comme celuy qui auoit toute puissance sur ladicte mer.

Neptune trouua l'art de nauiguer. Neptune Dieu de la mer.

Et par vne Onice antique grauée, qui est mise cy dessoubs, accōpagnée des medailles battues par Quintus Creperius & Gallienus l'Empereur, monstrerent les Anciens la puissance de Neptune par mer & par terre: auecques le Cheual, qui a la queuë entortillée, enseignes representées par les deux elemens, qui sont ensemble figurez par le Cheual & le Daulphin. Et de telle façon paignirent le Cheual de Neptune les Anciens.

Pourquoy les Anciens paignirent le Cheual de Neptune auecques la queue du Daulphin.

ONICE ANTIQVE.

Q. CRE

DE LA RELIGION

Q. CREPERIVS.
ARGENT.

GALLIENVS.
BRONZE.

Quand les Romains & les Grecs rendoyent graces à Neptune des victoires nauales, qu'ils auoyent euës, ils faisoyent paindre par leurs monnoyes d'vn costé son effigie auecques son tridét, & de l'autre la Victoire, qui estoit sur la poupe d'vn nauire. Et tout ainsi les a faict battre le Roy Demetrius, Auguste Cesar, Vespasian & Titus Empereurs Romains.

MED. DE DEMETRIVS.
ARGENT.

AVGV

DES ANCIENS ROMAINS.   113

AVGVSTE.   VESPASIAN.
ARGENT.   ARGENT.

Pourfuiuons noz Dieux, & leurs fimulacres: & commençons à Æsculapius, Dieu de la santé, qui monstra le premier le chemin aux hommes de la medecine: demandant ceste tant noble faculté, qu'il luy fust donné quelque Dieu qui luy presidast.

Du téps d'Homere, Æsculape n'auoit point esté encores receu au nombre des Dieux immortels: car il faict guerir les playes de Mars à Peon. Et quand il parle de Machaon fils d'Æsculapius, il le nomme homme, fils d'Æsculape medecin absolu, qui trouua plusieurs remedes tresnecessaires & tresutiles pour la santé des hômes: qui fut si excellent en son art, que les Anciens disoyent, qu'il ressuscitoit les morts. Lactance le dit auoir esté né de parents incertains, & apres sa natiuité exposé aux champs, là où il fut trouué par des Chasseurs: depuis il fut baillé à Chiron le Centaure, qui luy, apprit la medecine, de laquelle userent ses successeurs, iusques à ce que vint Hippocrates, qui la consomma.

La demeurance d'Æsculape estoit à Epidaure, cité d'Esclauonie, qui est nómée auiourd'huy Raguse, cité

ÆSCV-LAPIVS.

Æsculape Dieu de la santé.

Machaon filz d'Æsculapius.

Lactance.

Hippocrates a cósommé la medecine.
Raguse cósacrée à Æsculapius.

P

114 · DE LA RELIGION

Simulacre d'Æsculapius d'or & d'yuoire. Descriptiõ de l'image d'Æsculapius selon Eusebe.

depuis consacrée à Æsculapius : & là luy fut faict vn temple magnifique, & son simulacre, duquel a parlé Pausanias, qui dit, qu'il estoit d'or & d'yuoire, acheué par Trasymedes sculpteur excellent, qui fut de l'isle de Paros. Eusebe a painct son image en la propre maniere qu'elle se voit encores à Rome de marbre blanc, & par les medailles & graueures antiques : c'estassauoir vestu d'vn manteau faict à la Grecque, nommé *pallium*, tenant vn baston à la main, au tour duquel se trouue vn serpẽt entortillé, & là dessus il semble qu'il s'appuye. Et tout ainsi ie l'ay graué en vn bellissime Corniol : & encores d'vne autre sorte en vne Onice, comme la paincture le monstre.

CORNIOL.   ONICE.

Phurnutus

Par le serpent (comme dit Phurnutus) est signifié, que les Medecins font alendroit des hommes qui ont esté malades, comme les serpens de leur nature, qui se despouillent de leurs peaux : tout ainsi ceux qui sont sortis hors de maladie se renouuellent, faisants vn corps tout neuf, & quasi se despouillent de vieillesse. Les autres amenent vne raison, qui disent, que tout ainsi que

par

DES ANCIENS ROMAINS. 115

par le serpent est signifié le symbole de prudence, qu'il est necessaire, que le Medecin soit prudent & sage, pour guerir ses malades. Pline a cuydé que le serpent estoit dedié à Æsculapius, par ce que l'on en reçoit plusieurs remedes. Macrobe rend vne autre raison, disant, que c'est pource que le serpent a la veuë aigue : & que le baston monstre, qu'il est de besoin de soustenir & nourrir celuy qui a esté malade, pour le garder de retomber. Eusebe dit que le baston luy fut donné, comme soulagement de ceux qui sont malades. La Chouëtte luy estoit encores consacrée, qui signifioit, que le Medecin deuoit estre vigilant, & aler plustost la nuict que le iour, pour suruenir aux accidens de ses patiens & malades.

Par le serpent est monstré le symbole de prudence. Macrobe.

La Chouëtte cōsacrée à Æsculapius.

A Rome se voit au milieu du Tibre vne petite isle, faicte à la semblance d'vne bireme, large par le milieu, & longue de deux stades, aigue par la partie de dessus, & vn petit plus large en la partie de dessoubs, qui faict la pouppe d'vn nauire. Ceste isle fut consacrée à Æsculapius, apres que son simulacre eut esté apporté d'Epi-

Simulacre d'Æsculapius apporté à Rome.

P 2

116   DE LA RELIGION

Monnoye des Epidauriens.
Temple d'Æsculapius pres de Raguse.

daure, soubs la semblance d'vn serpent, ou plustost demon. Et en l'honneur d'Æsculapius firent frapper les Ragusois anciennement leur monnoye auecques le Serpent, accompagné de lettres Grecques qui disent, ΕΠΙΔΑΥΡΙΟΝ, ou Raguse: noble comme dit Tite Liue, pour le temple d'Æsculapius, qui estoit pres de la cité cinq mille pas, & là adoré par grand cerimonie.

MON. D'EPIDAVRE.   NERO.
BRONZE.   BRONZE.

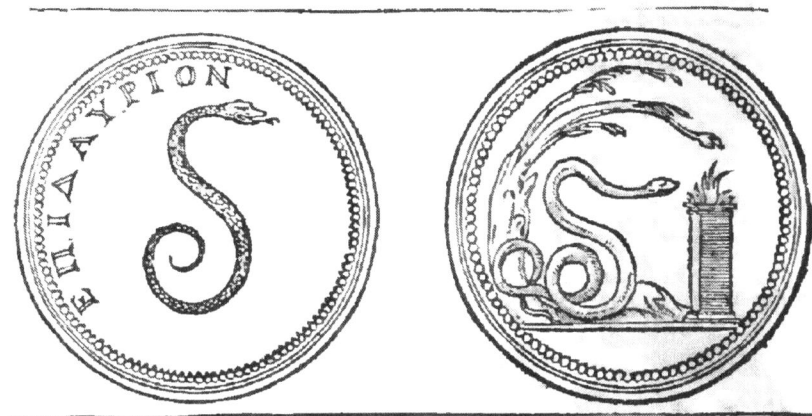

L'inscription Grecque de, ΑΥΤΟΚΡΑΤΩΡ Ο ΥΑΛΕΡΙΑΝΟΣ, ΓΑΛΛΙΕΝΟΣ, Ο ΥΑΛΕΡΙΑΝΟΣ ΚΑΙΣΑΡΕΣ, ne nous monstre autre chose, que la medaille, que feit frapper Valerianus l'Empereur auecques la figure de son visage, & celle de ses deux enfans Gallienus & Valerianus. Et du costé du reuers se treuuent painéts trois temples, au milieu desquels se monstre vn autel enuironné & ceint d'vn serpent, auecques lettres qui disent, ΤΡΙΣΝΕΩΚΡΟΙ ΝΙΚΟΜΗΔΕΩΝ, pour monstrer que c'estoyent trois Custodes desdicts temples, qui faisoyent prieres pour la santé (qui est signifiée par le serpent) aux Empereurs dessus nommez.

                                             MED.

DES ANCIENS ROMAINS.

MED. DE VALERIANVS.
BRONZE.

Au iardin de l'Eglise de S. Bartelemy qui est à Rome, edifiée en l'isle, de laquelle nous auons faict mention cy dessus, se trouue vn nauire de pierre Thassie, fort noble pour ses taches & macules: où l'on voit d'vn costé vn Serpent, que lon dit estre des reliques & demeurant du temple, qui fut iadis faict en ce lieu, pour honnorer Æsculapius. Et quasi par toutes les monnoyes des Empereurs d'or, d'argent, & de bronze, est trouué le Serpent auecques la Santé, qui luy sacrifie soubs l'image d'Æsculapius ou bien la Deesse tient embrassée le Serpent: ne signifiant autre chose, sinon que la Santé procedoit d'Æsculapius.

Marbre Thassie noble pour ses macules.

Santé. Les anciës disoyët que la Sãté procedoit d'Æsculapius.

P 3

DE LA RELIGION

ANTONIN PIE.
BRONZE.

M. AVRELE.
ARGENT.

M. ACILIVS.
ARGENT.

Medaillon de M. Aurele trouué à Lyon.

Depuis six mois me fut apporté de M. Aurele vn bellissime medaillon, & de grand relief, qui fut trouué aux fondemens de la maison de la vieille mónoye de Lyon, q̃ i'ay faict retirer cy dessoubs: où les amateurs de l'Antiquité pourront veoir vn sacrifice, qui se faict à Æsculapius (soubs la figure du Serpent) par Minerue, qui tiẽt vne patere en la main, couuerte d'vn Oliuier, & au deuant est la Victoire, qui tient vne tasse pleine de fruits.

MED.

DES ANCIENS ROMAINS.

MEDAILLONS.
M. AVRELE. COMMODE.

C'est la Santé, q̃ i'ay mise parmy noz autres Dieux & Deesses, sans laquelles p̃sonne ne peut venir à chef de ses entreprises. Son téple estoit (cóme dit Publius Victor) au sixiéme quartier de la cité de Rome: cõbien que Domitian luy feit dresser vn petit téple, apres qu'il fut deliuré du peril, où il auoit esté à l'aduenemẽt de Vitellius à Rome: qu'estoit à peu pres de telle forme & figure que sa medaille (que i'ay faict mettre cy apres) le represente.

Sãs la santé personne ne peut venir à chef de ses entreprises.

DOMITIAN.
ARGENT.

Nous

Chasteté.

Nous escrirons de la Chasteté, qui fut mise entre les autres Deesses par les Romains : l'image de laquelle se trouue auoir esté faicte par les medailles de la ieune Faustine : & par celles de Iulia Pia, femme de Seuere l'Empereur, en habit de matrone, tenant son sceptre d'vne main, assise sus vne chaire, par l'extremité de laquelle reposent deux Colombes : qui signifient, que tout ainsi qu'elles sont blanches & nettes, la chasteté veut estre sans macule.

La Colombes symbole de la chasteté.

I, VLIA PIA.
ARGENT.

Diffinition de chasteté.

Ceux qui ont diffini la Chasteté, ont dit, que c'est vne vertu qui vient d'vn bon cueur, qui ayme trop mieux endurer & souffrir tous inconuenients, que de cómettre & faire chose, qui soit infame & deshonneste. Et combien qu'elle soit forcée, la force ne faict point de tort à la chasteté : pource qu'elle vient d'vn courage, qui ne se peut corrompre, accompagné d'vne bóne & honneste nourriture.

Liberté.

Passons oultre, venons à la Deesse Liberté tant desirée des bons esprits : laquelle nous debuons, sur toute chose

DES ANCIENS ROMAINS.

chose, cherement garder & entretenir. Et ne me seroit possible d'escrire le bien que reçoit vn homme, qui vit hors d'ambition, en sa liberté : & qui ne donne le pouuoir à personne, pour les biens, de luy commander: se contentant de mediocrité, qui le rend heureux: reiettát les biens de fortune, qui apportent souuentesfois, pour vn peu d'honneur, vn grand nombre d'inconuenients. Et consideroons la tresnoble sentence de ce bon Poëte Euripide, quand il a dit, *Euripides.*

Nam liberum esse maximum dico bonum:
Quòd si quis est pauper, putet se diuitem.

Et Cicero en ses Paradoxes en la definition qu'il en a faict, dit que Liberté n'est autre chose, que d'auoir la puissance de viure comme lon veut. *Diffinition de Liberté.*

Son temple estoit au mont Auentin, enrichi de colonnes de bronze, & de plusieurs belles statues. Et par l'oraison de Cicero, qu'il faict aux Pótifes pour sa maison, nous congnoissons comme Claudius l'auoit consacrée à la Deesse Liberté. Son simulacre estoit painct en habit d'vne femme stolée, qui tenoit vne haste d'vne main, & de l'autre vn chappeau, deuise donnée par les Anciens à la Liberté. *Temple de Liberté.*

Maison de Cicero consacrée par Clodius à la Deesse Liberté.

DE LA RELIGION

GALBA. BRONZE.   TRAIAN. ARGENT.

Le Chappeau enseigne de liberté.

Par les medailles qui furent frappées en l'honneur de de Brutus, & par celles de C. Cesar, surnommé Caligula, l'on peut veoir que le Chappeau anciénement estoit indice de liberté. Et quand les Romains venoyent à faire libres leurs serfs, ils portoyent le chappeau: comme plus amplement i'ay traicté ceste matiere, sur la fin du premier liure de mes Antiquitez de Rome.

BRVTVS. ARGENT.   CALIGVLA. BRONZE.

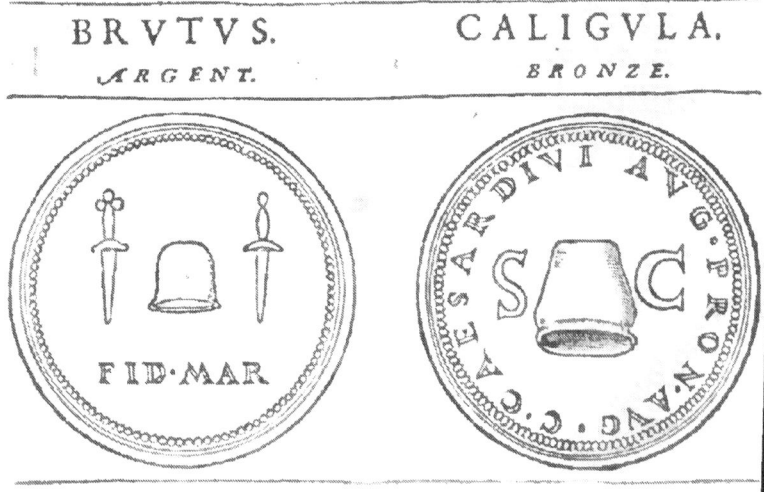

DES ANCIENS ROMAINS.

Et pource que de Liberté succede la Felicité, ie la rendray Deesse en sa compagnie : & monstreray comme les Romains luy dresserent vn temple, & vn autel. Et de ce temple a parlé Pline, quand il a dit, que le simulacre de la Deesse Felicité auoit esté faict par Archesilaus Plastes, qui auoit cousté à Luculle soixante grands sesterces. Et quand les Empereurs Romains auoyent longuement regné, ou bien quand ils auoyent eu de beaux enfans, & qu'ils auoyent subiugé & vaincu les ennemys de l'Empire de Rome : & par ce moyen la paix publicque acquise par eux : ou qu'ils eussent decouuert quelque coniuration, qui eust esté faicte contre leur maiesté : ou bien quand l'abondance des blez, & les nauires chargées estoyent arriuées au port d'Hostie : alors estimerent les Romains la Felicité demeurer en toutes ces choses.

FELICITÉ.

Pline.

Archesilaus Plastes.

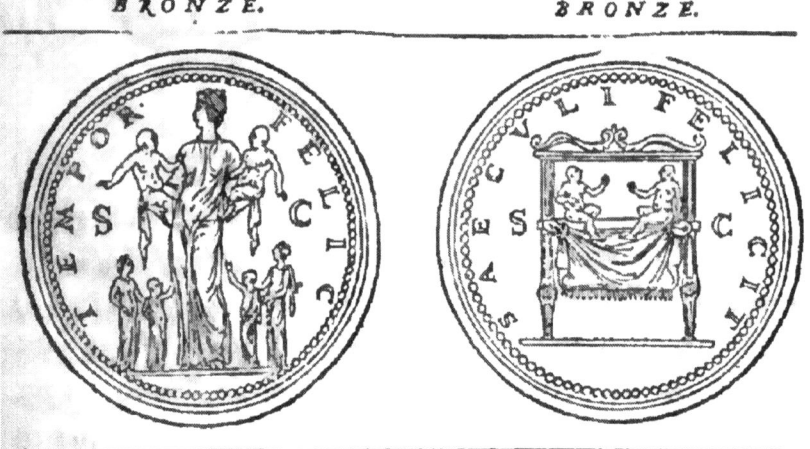

FAVSTINE.

BRONZE.   BRONZE.

DE LA RELIGION

CARACALLA.
ARGENT.

TACITVS.
ARGENT.

ANTONIN PIE.
BRONZE.

SEVERE.
ARGENT.

Iustice.

La Iustice fait regner les Princes.

C'est grande felicité, quand la Iustice se trouue en vn Royaume: qui est celle, qui faict regner les Princes, les Roys, les Empereurs & les Republiques. Les Anciens disoyent que sans Iustice Iupiter ne pouuoit estre Dieu. Auecques la Iustice la Republique est soustenue. La Iustice est vne constante, ferme & perpetuelle volonté de rendre droit à chacun. Et ses commandements sont, de viure honnestement, de ne faire tort à personne, & rendre à

DES ANCIENS ROMAINS.

dre à chafcun ce qui eft fien. De la Iuftice eft venu le droit, qui a efté diuifé par deux manieres: c'eftaffauoir en public & priué. Le public regardoit à l'eftat de la chofe Romaine, & le priué à l'vtilité de chafcun: car (ainfi que dit le Iurifconfulte) il y a certaines chofes qui font pour l'vtilité publicque, & les autres pour l'vtilité priuée. Le droit public confiftoit à la religion, aux chofes facrées, aux facerdotes & aux magiftrats. Le priué auoit efté prins des commandements naturels, ciuils, ou des hommes. Au demeurant ie remettray le Lecteur au liure, qu'a faict Plutarque de la doctrine des Princes: où il monftre affes au long que c'eft que de Iuftice: de laquelle ie veux dire, qu'elle a fi grand force, que veu qu'aux enfers il ne fe trouue aucune vertu, toutesfois la iuftice n'y eft point defaillante, qui faict punir les mefchants felon leurs merites.

Droit public & priué.

Plutarque.

Les Anciens la firent paindre qu'elle tenoit vne taffe à la main droitte, & de l'autre fon fceptre, accouftumé aux Dieux & Deeffes, affife en fa chaife: comme l'a reprefenté Hadrian & Alexáder Mammeæ par leurs medailles. Ceux qui n'ont veu la figure antique, l'ont painche d'vne autre façon, luy faifants tenir d'vne main vne efpée, & de l'autre des balances, enfeignes que les Anciens donnerent à l'Equité.

Painčture de la Iuftice.

DE LA RELIGION

TIBERE.
BRONZE.

HADRIAN.
ARGENT.

ALEX. MAMMEÆ.
BRONZE.

EQVITÉ

LA MON-
NOYE.

Monnoye des Princes sacrée.

L'Equité fut painĉte des Anciens (cóme nous auons dit) auecques des balances, & vn cor d'abondance : & semblablement le simulacre de la Monnoye Deesse sainĉte & sacrée. Et tout ainsi la nommerent Constans & Diocletian par l'inscription des reuers de leurs medailles : où sont lettres qui disent, SACRA MONETA AVGVSTORVM ET CÆSARVM NOSTRORVM. Et quant à la painĉture de son image, elle ne differe en rien à

DES ANCIENS ROMAINS.

rien à celle de l'Equité. Et sur toutes autres choses, la monnoye doibt estre tenue entiere, pure & nette, & de bon aloy.

GORDIAN.
ARGENT.

PHILIPPE.
BRONZE.

CONSTANS.
BRONZE.

DIOCLETIAN.
ARGENT.

MED.

DE LA RELIGION

MED. DE T. CARISIVS.
ARGENT.

Pourquoy est-ce que les Empereurs firent insculper leurs visages à leurs monnoyes.

Pour garder les mains sacrileges des faux monnoyeurs, firent insculper leurs visages les Empereurs par leurs monnoyes, pour leur donner, en les regardant, crainte de la falsifier. Et si bien nous considerons la chose qui plus empesche d'apporter viures dedás les citez, est de veoir la faulse monnoye auoir cours. C'est chose bien malheureuse, quád le proffit particulier empesche le bien de plusieurs. Et de tous les vices le plus detestable, est d'amoindrir par faulseté le pris de l'argent & de l'or, & de luy oster la grace de sa resplendisseur : & ce que le feu, ne l'iniure du temps, ny la terre ne peuuent faire, font ceux qui se meslent de la falsifier. Et si les loix condamnét celuy, qui a blessé vn autre : qu'a merité celuy, qui ruine, destruit, & porte dommage à si grand nombre de gens ? C'est la cause qui meut les Romains de créer les Triumuirs des monnoyes, qui furent d'Equestre dignité : & si auoyent la charge de la faire battre d'or, d'argent, & de bronze. Ce que nous trouuons par

C'est chose malheureuse, quand le proffit particulier empesche le bien public.

Triumuirs des monnoyes.

DES ANCIENS ROMAINS. 119

par les medailles de Cesar le Dictateur, & d'Auguste son successeur.

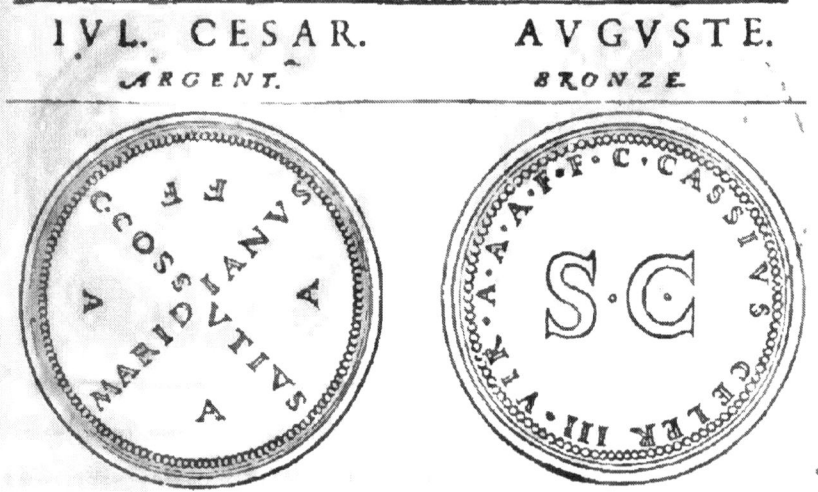

Les Maistres des monnoyes auoyent la charge de la garder, d'examiner auant que de la faire frapper, si elle estoit de bon aloy : & apres qu'elle estoit battue, si elle estoit du pris qu'elle debuoit estre. Ie cuyde que Cesar Auguste (pour tousiours conseruer la maiesté de l'Empire de Rome, qui eust forme de liberté) laissa aux Triumuirs des monnoyes ceste autorité soubs la Tribunicie puissance, qu'ils auoyent retenu : comme l'on voit par les medailles que frapperent M. Saluius Otho, C. Plotius Ruffus, & plusieurs autres.

Charge des Maistres des monnoyes des anciens Romains.

AVGVSTE.
BRONZE.

D'autres medailles se trouuent encores sans l'effigie d'Auguste Cesar, qui donnent clerement à congnoistre ce que nous auós escript cy dessus, par les mots qui sont tels, accompagnez d'vne corone ciuique, AVGVSTVS TRIBVNITIA POTESTATE. Et par le dos de la medaille, C. PLOTIVS RVFVS III. VIR. ÆRE, ARGENTO, AVRO FLAVO FERVNTO.

AVGVSTE.
BRONZE

DES ANCIENS ROMAINS.

Et par ces inscriptions & caracteres nous voyons, que la puissance de faire battre la monnoye d'or, d'argent & d'airain, de l'examiner, de la peser, appartenoit anciennement aux Tribuns : comme manifestement les loix Decemuirales le monstrent par les paroles qui sont telles, TRIBVNI SVNTO, DOMI PECVNIAM PVBLICAM CVSTODIVNTO, & au dessoubs, ÆS, ARGENTVM, AVRVM'VE PVBLICE SIGNANTO. Pour entretenir cest office, les Empereurs Romains elisoyent gens de bien & d'honneur, leur donnant le pouuoir de faire mettre leur nom pour seureté plus grande, par toute leur monnoye. Et par cela congoissoit le peuple, que soubs leur charge auoit esté coignée & battue leur monnoye fidellement. Toutesfois la coustume par succession de temps se perdit, comme de plusieurs autres choses. Et passées les medailles de Claudius & de Nero, l'on ne trouue plus l'Equité painete auecques les balances particulierement, comme elles sont figurées cy dessoubs.

Loix Decēuirales.

CLAVDIVS.   NERO.
BRONZE.   BRONZE.

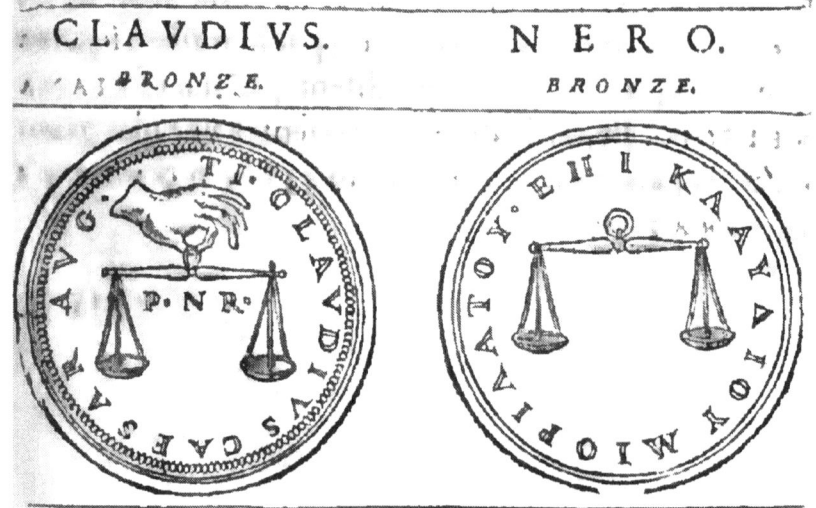

DE LA RELIGION

Les bons Princes & Empereurs, quand ils entroyent aux prouinces de leur subiection, oultre ce qu'ils faisoyent reparer qui estoit necessaire par les viles principales de leur Empire, sur toutes choses ils donnoyent ordre de faire visiter les monnoyes, de faire battre, principalement par les citez metropolitaines. Ce que nous lisons en Strabo, quád il parle de la cité de Lyon, qui nous faict entendre que les Princes & Gouuerneurs Romains là faisoyent battre & coigner monnoye d'or & d'argent. Ce que depuis nous auons veu par les medailles de Loys quatriéme Empereur, Prince de vertu & belliqueux, aymé de tout le monde: infortuné toutesfois à la guerre qu'il feit en Hongrie. Ce Prince fut vn second Hadrian, grand peregrinateur, qui mit les noms des viles principales de son Empire, qu'il auoit reparées, par ses monnoyes. Et comme les bons Princes Romains faisoyent mettre les enseignes de la religion & de pieté par leurs medailles: tout ainsi Loys commença (pour demonstrer la deuotion qu'il auoit à la religion Chrestienne) d'insculper du costé droit de ses medailles, vn temple, où lon voit par le millieu figurée vne croix, & caracteres qui disent, CHRISTIANA RELIGIO. Et par le dos est representée vne plus grande croix, auecques ces deux mots, LVDOVICVS IMPERATOR.

Ce que dit Strabo, quand il parle de la cité de Lyõ.

Loys quatriéme Empereur, Prince belliqueux.

Deuotion de Loys Empereur qu'il auoit à la religiõ Chrestiéne.

MED.

DES ANCIENS ROMAINS. 133
MED. DE LOYS IIII. ROY DE FRANCE.
ARGENT

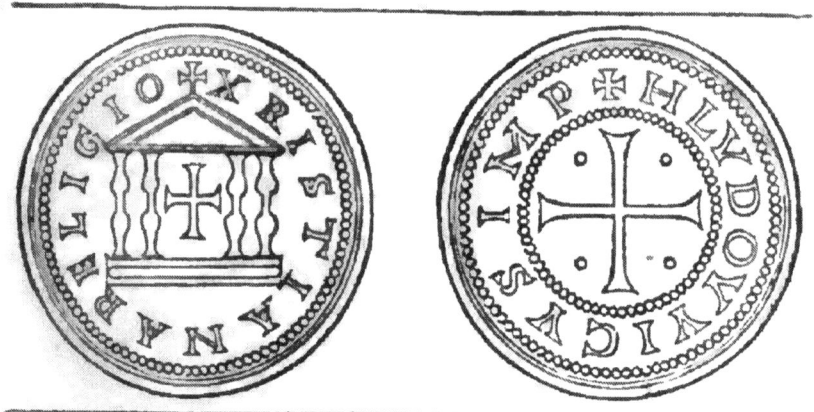

N'a pas long temps qu'vn Laboureur du Lyonnois trouua labourant vne terre, qui est du dommaine des Amyots, asses pres d'vne petite ville nommée Ance, vn grand vase de terre plein de medailles d'argent dudict Empereur. Et de celles la m'en furent données vne quátité, que i'ay tousiours gardées pour la reuerence de l'Antiquité, & lesquelles i'ay faict paindre cy dessoubs, pour en donner la veuë au Lecteur.

Vase plein de medailles d'argēt trouuees en Lyonnois.

MONNOYE DE LOYS IIII.
ARGENT.   *ARGENT.*

DE LA RELIGION

MONNOYE DE LOYS IIII.
ARGENT.

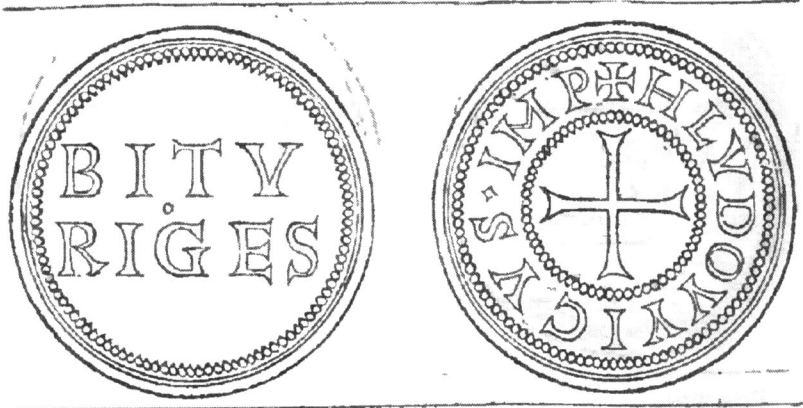

Ce Prince vertueux a bien voulu monstrer le chemin de la religion à ses successeurs, faisant office de pieté, & monstrant vne certaine reuerence & veneration qu'il auoit enuers Dieu, & la patrie. Et à ce que nous lisons en Cicero au liure qu'il a faict de la nature des Dieux, Pieté est la reuerence que nous debuons porter à noz superieurs, à nostre prochain, & à noz alliez par affinité de sang. Et quand elle change de nom, elle se nomme religion.

Diffinition de la Pieté.

La Pieté fut paincte par Antonin Pie en habit de matrone, auecques sa robbe longue, qui tenoit de l'vne de ses mains vn coffre turaire nommé *Acerra*, & au deuant est vn autel enrichi d'vn feston, où le feu se monstre alumé pour sacrifier.

Painct ure de la Pieté.

Acerra.

ANT.

DES ANCIENS ROMAINS. 135

ANT. PIE.   HADRIAN.
BRONZE.   ARGENT.

Sainct Augustin, parlant Chrestiennement au quatriéme liure de la cité de Dieu, dit que la Pieté n'est autre chose, que la vraye adoration du Createur, & non celle d'vn si grand nombre de Dieux, que nous deuons plustost nommer demones, qu'adoroyent les anciens Romains. Car, à ce que dit Prudence, à Rome se trouuoit autant d'ares & autels, que les Gentils eurent de Dieux : pource que les Princes anciennemét estimerent la religion sur toutes choses. Et si nous regardons les monnoyes tant de Iule Cesar, que de Pompée, d'Auguste, de Vespasian, d'Hadrian, d'Antonin Pie, & de M. Aurele, nous les trouuerons pleines des enseignes de la religion : comme du chapeau, du litue, du prefericule, du sympule, du coulteau, nommé *Secespita*, tasses & pateres : choses & enseignes qui sont desia tant cognues, qu'il n'est ia necessité en faire plus grande mention.

Diffinition de la Pieté selon S. Augustin.

Demones des anciens Romains.

Enseignes de la religion.

                             IVL.

DE LA RELIGION

IVL. CESAR.	POMPEE.
ARGENT.	ARGENT.

Apres la Pieté de la religion nous parlerons de celle des parents: que nous ont monstré les medailles de Marcus Herennius, qui porte son pere sus ses espaules. Et par celles de Cesar est veu semblablement Æneas, qui porte son pere Anchises sur son dos, & sus sa main le Palladium de Troye: qui a faict dire à Virgile.

Palladium de Troye.

At pius Æneas.

M. HERENNIVS.	IVL. CESAR.
ARGENT.	ARGENT.

C'este

DES ANCIENS ROMAINS. 137

Ceste pieté ont pris les hommes de la Cigogne, qui porte ses parents en vieillesse, & si les nourrit, leur rendant le bienfaict de leur nourriture: chose à quoy doiuent regarder les ingrats, qui rendent le mal pour le bien à ceux qui les ont nourris souuentesfois : chose desplaisante à Dieu, & aux hommes, & qui ne demeure iamais impunie, mais ont vn seul Dieu vengeur de telle impieté.

Pieté de la Cigogne à l'endroit de ses parens.

Contre les ingrats.

Regardons encores comme les Romains garderent la pieté à l'endroit de leurs enfans: & principalemét Antonin Pie, qui a representé par ses monnoyes ceste Pieté, qui tient deux enfans en ses deux bras, & deux qui sont d'vn costé & d'autre de la Deesse. Et par les medailles de Marc Aurele, de Domitia, & de Sabine, femme de Hadrian, est veuë la figure de la Pieté, de plusieurs façons.

Pieté à l'endroit de nos enfans.

ANT. PIE.
BRONZE.

M. AVRELE.
BRONZE.

DOMITIA.
ARGENT.

SABINA.
BRONZE.

Painĉture de Pieté re preſentée par Titus Veſpaſian.

Par les monnoyes, qui furent frappées par Titus fils de Veſpaſian, eſt repreſentée la Pieté, qui aſſemble les deux freres Titus & Domitian, leur faiſant donner les mains dextres l'vn à l'autre: pour monſtrer l'amytié que les freres doibuent auoir enſemble.

TITE.

DES ANCIENS ROMAINS.

TITE VESPASIAN.
BRONZE.

A Rome estoit le petit temple de la Deesse Pieté, dedié par Artilius en la place, où auoit demeuré la femme qui auoit nourri son pere prisonnier de ses mamelles: là où estoit l'image qui representoit la chose ainsi qu'elle auoit esté faicte: singulier exemple de pieté, auquel (comme dit Pline) ne peut estre faicte comparaison.

Et pource que de la pieté vient la misericorde & clemence, de laquelle Iule Cesar a passé tous les Princes: i'ay representé la teste de son effigie telle, comme elle se monstre par le dos de la medaille de Tibere Cesar, que i'ay accompagnée d'vne sentence digne d'estre mise & grauée en lettres d'or, retirée d'vn marbre antique, qui disoit, NIHIL EST QVOD MAGIS DECEAT PRINCIPEM QVAM LIBERALITAS ET CLEMENTIA. C'est à dire, qu'il ne se trouue chose à vn Prince plus conuenable, que la clemence & liberalité. Et pour dire la verité, il n'y a chose en ce monde plus gratieuse que la misericorde.

Temple de Pieté à Rome.

Histoire digne d'estre leuë.

CLEMENCE.

Sentēce digne d'estre grauée en lettres d'or. Il n'est chose en ce mōde plus gratieuse que la misericorde.

DE LA RELIGION

TIBERE.	VITELLIVS.
BRONZE.	ARGENT.

Jeux Seculaires.

ETERNITÉ.

Painčture de la Deesse Eternité differente.

La pieté de la religion, des parents & de la patrie, la clemence, & misericorde, ont tousiours rendu le nom de ceux qui l'ont gardée immortel, & a faict durer eternellement leur memoire. Ce que nous ont monstré les triomphans Romains par leurs victoires, par les ieux Seculaires, par leurs magnifiques temples & edifices: qui sont toutes choses par lesquelles ils ont faict congnoistre l'eternité de leur renommée: faisants paindre pour ceste raison l'Eternité pour Deesse, figurants son simulacre vne fois en habit de matrone, tenant de la main droitte sa haste, & de l'autre son cor d'abondance, ayant le pied gauche sus vn globe. D'autresfois il ont painct la Deesse tenant sus chacune de ses mains deux testes: comme l'a monstré Hadrian par ses monnoyes.

TITE

DES ANCIENS ROMAINS.

TITE VESP.
BRONZE.

FAVSTINE.
BRONZE.

HADRIAN.
BRONZE.   BRONZE.

Pour monstrer l'eternité de l'Empire Romain, feit insculper Seuerus aux medailles de Iulia Pia, sa femme, son visage accompagné de celuy d'Antoninus Geta son fils, & lettres qui disent ÆTERNITAS IMPERII. Et Philippe l'Empereur en ses ieux Seculaires representa l'Eternité montée sus vn Elephant: qui figuroit vne longue & quasi eternelle vie. Les Romains la paigni-

Eternité de l'Empire Romain.

Simulacres de l'Eternité.

rent encores auecques deux elephants, & souuentesfois auecques deux lions, qui tiroyent le chariot de l'Empereur, ou de l'Imperatrice, qui auoit esté deifié.

Il est malaisé, pour estre le nombre de ces Dieux si estrange, de trouuer de tous l'effigie par la monoye des Anciens. Toutesfois ie mettray les plus renommez de ceux & celles principalement, qui apporterent quelque vtilité

DES ANCIENS ROMAINS.

vtilité à l'humain lignage: commençant à la Terre, à laquelle les Romains firent vn temple. Et aux lieu qu'aux autres Dieux & Deesses estoyent faicts sacrifices auecques l'encens & bonnes senteurs: à la Terre estoyent faicts perfums & fumigations de toutes les semences que lon a accoustumé de semer: outre toutesfois la febue & les choses aromatiques. Et par le medaillon de Commode, qu'il feit frapper en l'honneur de la Terre ferme, nous cognoissons qu'il la feit insculper couchée comme permanente, & demy nue, qui appuye son bras sus vn vaisseau, duquel sort vne vigne, & l'autre main elle repose sus vn globle: & quatre petites figures de femmes, qui luy presentent l'vne vn raisin, l'autre de la main gauche des espis de blé, & de la droitte vne coronne de fleurs: & l'autre vn vase plein de quelque liqueur. La derniere de toutes est la Victoire, qui porte vn rameau de palme: & au dessoubs telle est l'inscription, TELLVS STABILIS. Signifiants toutes ces choses, que la terre produit vin, blé, fleurs & fruicts, pour le nourrissement de tout le monde.

LA TERRE.
Comme les Anciens sacrifioyent à la Terre.

Description du medaillon de Commode, où est paincte la figure de la Terre.

MEDAILLON DE COMMODE

DE LA RELIGION

CERES.

c. Mēmius premier de tous les Romains, qui celebra les Cereales.

De Ceres i'ay escript les Cereales bien au long au liure premier de mes Antiquitez de Rome. Parquoy il me suffira de representer le reuers de la medaille de Caius Memmius Edile Curule, qui fut celuy à Rome, qui premier celebra les Cereales : où se trouue Ceres, qui tient d'vne main trois espis de blé, & de l'autre sa torche, & le pied senestre sus vn serpent, auecques telle inscription tout autour, MEMMIVS ÆDILIS CE-RIALIA PREIMVS FECIT. Par l'autre medaille de Volteius se monstre la Deesse auecques deux torches, estant dedans son char tiré par deux serpents. Et par les deux autres de Pansa, elle est figurée succincte & trous-

La Truye consacrée à Ceres.

sée, tenant aux deux mains ses torches accoustumées, & au pied de l'vne le souchet, & à l'autre le Porceau ou la Truye, que luy estoit consacrée & mactée, pource qu'elle gaste les blez : qui a faict escrire à Ouide,

Prima Ceres grauidæ gauisa est sanguine porca,
Vlta suas merita cæde nocentis opes.

La mactatiō du beufs deffendue aux sacrifices de Ceres.

Car il n'estoit point permis aux sacrifices de Ceres de tuer autre victime que le Porceau : mais bien estoit deffendue la mactation des beufs, pource qu'ils laboroyent la terre. Ce que ledict Ouide a monstré au quatriéme de ses Fastes soubs ces mots,

A boue succincti cultros remouete ministri:
Bos aret, ignauam sacrificate suem.
Apta iugo ceruix non est ferienda securi:
Viuat, & in dura sæpe laboret humo.

C. MEM

DES ANCIENS ROMAINS. 145

C. MEMMIVS.   M. VOLTEIVS.
Argent.   *Argent.*

MED. DE PANSA.
Argent.   *Argent.*

La chose que plus demande Ceres, c'est la Paix, & qui plus fait resiouyr son laboreur: pource que la guerre est ennemye mortelle de la Deesse: car elle garde de semer les champs, detrousse & despouille le pauure laboreur de ses beufs & de son bestail, faict le gast apres qu'il a semé: qui sont choses qui contraignent le laboreur d'abandonner les champs, & de se retirer au plus profond des forests, pour se sauuer & conduire ses bestes en seu-

PAIX.

La guerre ennemye mortelle de Ceres.

t

146   DE LA RELIGION

Ouide. reté. Ce qu'Ouide au quatriéme des Fastes a tresbien monstré par ces vers.

    Pace Ceres læta est, & vos orate coloni
    Perpetuam pacem pacificámque Deam.

Tibulle. Ce que nous a encore monstré en son Elegie dixiéme Tibulle, quand il a dit,

    Intereà pax arua colat, pax candida primùm
    Duxit araturos sub iuga curua boues. Et au dessoubs,
    Pace bidens vomérque vigent: at tristia duri
    Militis in tenebris occupat arma situs.

La paix necessaire, nourriture des hômes. Anciennement quand l'image de la Paix estoit painĉte pour le caducée, luy estoyent donnez les espis de blé d'vne main, & de l'autre le cor d'abondáce: pour monstrer que la Paix estoit celle qui faisoit porter le grain pour la necessaire nourriture des hommes. Ce que nous a monstré encores Tibulle en son Elegie dixiéme cy dessus alleguée, quand il escrit,

    At nobis Pax alma veni, spicámque teneto,
    Persluat & ponis candidus ante sinus.

OTHO.	VESPASIAN.
ARGENT.	ARGENT

Et

DES ANCIENS ROMAINS.   147

Et comme Ceres auoit la coronne & les espis de blé pour son enseigne, & la Truye pour sa victime : tout ainsi ce bon Pere Liber, autrement nommé Bacchus, auoit la coronne de liare, & le Bouc (pource qu'il gaste les vignes & mange les raisins) luy estoit sacrifié. Ce que Virgile nous a monstré, quand il dit,

    — *Baccho caper omnibus aris*
  Caditur.

J'ay longuement gardé vn bellissime Corniol antique, où lon pourra veoir vn Satyre, qui mene vn Bouc à l'autel, où le feu est alumé par dessus, pour le sacrifier & immoler au Dieu Bacchus.

BAC-CHVS.
Le Bouc sacrifié à Bacchus.

Corniol antique grané.

CORNIOL ANTIQVE.

Et pource que les Anciens paignirent le simulacre de Liber vnefois en figure d'enfant, qui tenoit vn raisin embrassé, l'autrefois en aage viril portant vne branche de pin : comme lon verra par l'image que i'ay faict retirer de l'antique au liure Latin, que i'ay escript, *De imaginibus Deorum*. Toutesfois ie ne lairray, en attendant qu'il se mettra en lumiere, de representer la figure

Painéture de Bacchus.

Liure de l'Auteur, de imaginibus Deorum.

d'vn petit Bacchus de bronze, qui est entre mes mains faict d'vn tel artifice, qu'il merite bien d'estre veu & representé cy dessoubs.

PETIT SIMVLACRE DE Bacchus, qui est entre les mains de l'Auteur.

Quand les Anciens vindrent à representer ce petit simulacre, ilz ne voulurent entendre autre chose par leur secrette theologie, sinon que la personne qui est oultrée du vin, retire à vn petit enfant, qui pour son adolescence est innocent de tous ses faicts.

De Bacchus i'ay encores deux onices antiques, qui representent son effigie toute nue, qui tient de l'vne des mains son baston, appelé des Latins *Thyrsus*, & de l'autre vn raisin, ayant autour de son bras la peau & despouille d'vn Tigre, animal particulierement dedié à ce Dieu, comme nous dirons cy apres.

Le Tigre animal consacré à Bacchus.

DES ANCIENS ROMAINS. 149

ONICE.   ONICE.

Quant aux Bacchantes, Bacches & Mimalonides, i'en representeray la figure d'vne medaille Grecque frappée en l'honneur de Bacchus, qu'autrefois me donna le Seigneur Iulio de Calestan Parmesan, singulier amateur de l'Antiquité: où du costé droit de la medaille se voit Bacchus coronné d'vne coronne de liarre, & lettres Grecques qui disent ΑΙΣΩΝ, qui veut dire Liber: & de l'autre costé se voyent les Bacchanthes, qui en dansant font vn present à Dionysius, & vn feu, qui monstre leur sacrifice, auecques telle inscription, ΔΙΟΝΥΣΟ ΔΟΡΟΣ, que Latinement nous dirons, *Dionysio munus.*

Bacchātes Bacchæ ou Mimalonidæ.

Sacrifice des Bacchantes.

DE LA RELIGION

MED. GRECQVE.
ARGENT.

Bacchanales representées aux med. de Nero & d'Antonin Pie.

Et par les deux medaillōs qui sont cy apres mis, dont l'vn est de Nero, & l'autre de Pius Antoninus, se verrōt les Bacchanales, & Bacchus dedans son char tiré par deux Onces, accompagné de ses Satyres: remettant le Lecteur à lire plus amplement la description des Bacchanales au liure premier de noz Antiquitez de Rome.

MEDAILLONS.
NERO.   ANT. PIE.

Char de Bacchus tiré par deux

Le chariot de Bacchus estoit tiré par deux Tigres, animaux qui luy estoyent consacrez: cōbien que le plus souuent

DES ANCIENS ROMAINS.

souuent il fust tiré par deux Onces: qui a faict escrire à Properce, parlant de Ariadne rauie par Bacchus,

Lyncibus in cœlum vecta Ariadna tuis.

Et par les medailles de Philippe & de Gallienus se peut veoir le Tigre, qui represente Liber Pater Conseruateur de l'Empereur: comme le monstre l'scripture qui dit, LIBERO PATRI CONSERVATORI AVGVSTI.

Tigres, en deux Onces. Properce.

PHILIPPE.	GALIEN.
ARGENT.	BRONZE.

De Ceres & de Bacchus vient l'abondance de tous biens, & de l'abondance Liberalité, Deesse tant desirée de tout le móde, qui a bien merité d'estre mise entre les vertus. C'est la Deesse qui tire à soy l'amitié de chacun, de sorte que ceux qui sont demourants aux dernieres parties quasi de tout le móde, sont estimez & louez par la renómée de leur liberalité. Et encores que l'on n'espere riẽ d'eux, si est ce toutefois qu'ils ont le cueur des hómes accópagné d'vne certaine beniuolence, qui nous contraint de prescher leurs louanges. Et tout au contraire

LIBERALITÉ.

Louãge de Liberalité.

DE LA RELIGION

traire sont desprisez les auaritieux, qui se rendent pour leur auarice hays d'vn chacun. Et si nous regardons la splendeur de la liberalité de Cesar, d'Auguste, de Tite Vespasian, de Traian, & d'Alexander Mammee, nous trouuerons qu'ils ont esté tenus en telle recommandation qu'elle est demeurée resplendissante iusques à ce iour. Lisons Tranquille, & nous verrons que Cesar Auguste auoit de coustume de donner grand somme de deniers pour distribuer au peuple : & telle liberalité se nommoit des Latins Congiaire. Et quand elle se faisoit aux gendarmes, elle prenoit ce nom de Donatif : comme lon peut veoir par plusieurs passages de Cornelius Tacitus, quand en parlant du ieune Cesar, il a dit, *Congiarium populo, donatiuum militibus dedit*. Et durant le temps de son Empire, qui passa cinquante ans, il vsa de ce congiaire souuentesfois, en donnant trente petits sesterces pour homme, aucunesfois quarante, d'autresfois deux cents cinquante, comme dit Suetone : & ne passoit petit enfant qui n'en eust : combien qu'ordinairement auant luy les enfans dessoudz douze ans ne prenoyent rien en telles distributions. Telle façon de faire depuis fut gardée par les Empereurs, qui vouloyent auoir la grace du peuple de Rome : & autant les bons Princes que les meschants. Ce que nous monstrent les medailles de Nero & de Commodus, & celles de Titus, de Traian, d'Hadrian, d'Antonin Pie, de Marc Aurele, & de plusieurs autres.

Liberalité des Empereurs.

Suetone Tranquille

Congiaire.

Donatif.

Liberalité d'Auguste Cesar.

Suetone Tranq.

TITVS

DES ANCIENS ROMAINS.

TITVS.   TRAIAN.
BRONZE.   BRONZE.

Telles largesses ne se faisoyent pas souuent, mais les petites (dont parle Suetone) estoyent faictes plus aysement. Et par le moyen de telle liberalité, que repandoyent les Empereurs, apres qu'ils auoyent amasé grand somme de deniers, estoit entretenu le peuple, & les souldats, qui maintindrent souuentesfois les meschás Princes en leur tyrannie dissoluë. Et au côtraire les bons acqueroyét la grace du peuple & de leurs gédarmes, vsans de telle largesse, apres qu'ils auoyét bien serui la Republicque en ses expeditions & dangereuses entreprises.

Et entre toutes les medailles que i'ay, frappées de Liberalité, i'en ay vne de Marc Aurele, qui monstre la largesse qu'il auoit faict iusques à la septiéme fois: representant par le dos de ses medailles vne Liberalité vestue d'vne robbe longue, comme sont la plus part des autres Deesses, qui tiét de la main droitte vne tessere, & lettres à l'enuiron, qui disent, LIBERALITAS AVGVSTI SEPTIMA. Et tout ainsi l'a representée Gordian le Ieune, & Tacitus Empereurs, accompagnée de sembla-

Liberalité de M. Aurele.

Image de Liberalité

v

bles mots, LIBERALITAS AVGVSTI TERTIA ET QVARTA : & encores d'vne autre sorte Philippe le pere & le fils, comme il se voit par leurs medailles.

M. AVRELE.
BRONZE.

GORDIAN.
BRONZE.

PHILIP. LE PERE.
BRONZE.

PHIL. LE FILZ.
ARGENT.

Liberalité d'Adrian, & d'Alex. Seuerus, figuree par leurs medailles.

Par les medailles d'Hadrian & d'Alexander Seuerus se monstrent quatre figures : la plus grande est celle de l'Empereur, qui est assis sus vne chaise, tenát d'vne main vn petit roleau de papier, & de l'autre il monstre commander de donner à celuy qui se presente deuant luy la somme

DES ANCIENS ROMAINS.

somme des deniers, laquelle est representée par les poins de son suggeste, qui pourroit estre le nombre des sesterces, qu'il donne par sa largesse. L'autre qui monte par degrez iusques sur le suggeste, reçoit l'argent qui luy est donné: estât Liberalité aupres d'eux toute droitte, qui tient vne tessere à la main: & au dessoubs telle inscription, LIBERALITAS AVGVSTI.

HADRIAN.   ALEX. SEVERVS.
BRONZE.   BRONZE.

Le dé, ou tessere que porte Liberalité, est assés congneu, qui me fera passer oultre pour continuer la narration de mon entreprise: qui est de monstrer que largesse vient d'vn noble cueur, & non de celuy qui est remis & sordide. C'est la raison qui a faict honorer les nobles vertueux, & les mettre iusques au ciel, q̃ noblesse de cueur qui viẽt de vertu: & de vertu vient premieremẽt Iustice, de laquelle est saillié la puissance Royale, & sont venus les Princes. Et ne se trouue point noblesse plus anciéne, que celle des Roys, qui ont exercé par vertu la iustice: & apres la iustice ils sont venus à ceste grandeur & magnanimité de cueur, qu'ils ont par armes deffendu leur peu-

NOBLES
SE.

De vertu
est venue
Iustice.

V 2

ple des iniures de leurs voisins, & de leurs ennemis. Et sans nulle doubte, tous ceux qui sont incitez de gloire s'estudiét de verser aux choses de la guerre, cóme à celle à laquelle ont esté donnez tant de priuileges. Autresfois les loix des Macedoniens condannerent celuy, qui n'auoit faict à la guerre acte de vertu, de porter pour ceinture vne corde publiquement. Aux Amazones n'estoit point permis par condition que ce fust, d'estre mariées, que premierement elles n'eussent en combattant faict mourir vn de leurs ennemis. Au païs des Scythes il n'estoit point licite à homme de prédre la couppe, que lon presentoit aux festins sacrez, que premieremét il n'eust faict à la guerre preuue de sa vertu. Les histoires Romaines sont toutes pleines de la recompence qui estoit donnée à ceux, qui auoyent bien merité de la chose publicque. Et de là sont sorties les coronnes ciuiques, triomphales, murales, nauales, tiltres & statues, & autres presens, enseignes de vertu, de magnanimité & de force. Ce n'est pas de merueille, si Rome vint à telle grandeur, en laquelle la vertu estoit tant honorée & prisée: & qui faisoit monter le pouure soldat par degrez iusques à la sommité de l'Empire: de sorte que s'il auoit faict à la guerre acte de vertu, le Cósul, Preteur, ou l'Empereur l'anoblissoit, & luy donnoit pour recompense colliers, brasselets, ornemens de cheuaux & coronnes d'or, enseignes toutes de noblesse, qu'il portoit pour la memoire de sa posterité. Cóme l'epitaphe qui se trouue à Turin, que i'ay retiré de mon liure des Epigrámes de toute la Gaule, le tesmoigne par son escripture, qui est telle:

Loix des Macedoniens.

Loix des Amazones.

Loix des Scythes.

Coronnes triomphales, ciuiques & autres, enseignes de vertu.

Anoblissement du sol dat q auoit faict acte de vertu.

Epitaphe trouué à Turin.

C. GA

DES ANCIENS ROMAINS. 157

C. GAVIO L. F.
STEL. SILVANO.
PRIMIPILARI LEG. VIII. AVG.
TRIBVNO COHOR. II. VIGILVM.
TRIBVNO COH. XIII. VRBAN.
TRIBVNO COH. XII. PRÆTOR.
DONIS DONATO A DIVO CLAVD.
BELLO BRITANNICO
TORQVIBVS ARMILIS PHALERIS
CORONA AVREA
PATRONO COLON.

D.   D.

Et comme des bonnes semences viennent les bonnes herbes, & les bons fruicts: tout ainsi des hommes vertueux s'engendrent ceux qui viennent à la noblesse, quand la vertu est exercitée par armes, ou par les bónes lettres: qui sont deux choses qui font viure les hommes eternellement. Et si la fortune consent, que les armes soyent accompagnées des bonnes estudes, comme ils estoyent du temps des anciens Romains, c'est vn lien indissolubile & qui ne se peut desnouër, pour entretenir la memoire perpetuelle de noblesse, sans q̃ iamais elle puisse ruiner ne perir. Anciennement estoit prisée & estimée la noblesse, qui venoit de la generosité du sang: cóme l'a defini Cicero en ses Topiques, par telle maniere, *Gentiles sunt, qui inter se eodem nomine sunt, qui ab ingenuis oriundi sunt, quorum maiorum nemo seruitutem seruiuit, qui capite non sunt diminuti.* Laquelle definitió dit Tulle auoir esté de Sceuola Pontife: & par moy traduite tout ainsi, Nobles sont ceux qui ont vn mesme nom entre eux, qui sont nez d'hommes libres, desquels personne de leurs

Des bonnes semẽces viẽnent les bonnes herbes & les bons fruicts.
Les armes & les lettres sont deux choses qui font viure les hommes eternellement.

Cicero.

Definition de Noblesse.

V 3

predecesseurs n'a point esté serf, & qui n'ont iamais changé d'estat. Car sans doubte la mutatiõ faict perdre la noblesse & la gẽtilesse. Et pour dire le vray la gẽtilesse & la noblesse sont vne mesme chose : & n'est rien autre chose le gentilhomme que l'homme noble. Et encores entendoyent les Anciens par les images la noblesse du sang : pource qu'ils auoyent de coustume de garder le portrait & desseing, & les statues de leurs predecesseurs, pour les monstrer à leurs successeurs. Et la coustume estoit de porter ces images aux funerailles : cõme recite Pline au trenteneufiéme liure de l'histoire naturelle, & comme en faict encores la foy Cornelius Nepos au liure qu'il a faict des hommes illustres, lequel parlant de Portius Cato, dit en sa briefueté accoustumée, *Imago huius funeris gratia produci solet*. Et mesmement Cicero en plusieurs lieux par les images entẽt la noblesse du sang. Telles images & simulacres furent nommées des Anciens *stemmata* : si nous voulons croire Iuuenal, quand par derision de telle noblesse il a dit,

Stemmata quid faciunt? quid prodest Pontice longo
Sanguine censeri, & pictos ostendere vultus
Maiorum? & stantes in curribus Aemilianos?

Toutesfois Aristote au cinquiéme des Politiques recite, que les Nobles sont ceux, desquels les predecesseurs ont esté decorez de richesse ou de la vertu. Car sans doubte les richesses sont necessaires à la noblesse, & principalement à celle, qui consiste en la vertu : Et cela pour deux raisons. La premiere pour auoir le moyẽ d'aider, suruenir & deffendre la Republicque en ses affaires : & secondement pour vser de la vertu, qui consiste à donner, nomméc Liberalité, laquelle sans les richesses ne se

Chãgemẽt d'estat fait perdre la noblesse. Par les images les Anciens entendirẽt la noblesse du sang. Coustume des Anciẽs aux funerailles. Cornelius Nepos.

Cicero.

Iuuenal.

Definition de Noblesse selon Aristote.

Les richesses sont necessaires à la noblesse pour deux raisons.

DES ANCIENS ROMAINS.

ne se pourroit faire. Et si lon demandoit, quelle difference lon trouue entre ces deux sortes de definition de Noblesse d'Aristote & de Sceuola, veu que toutes deux demeurent à la splendeur des predecesseurs: ie dis qu'elle est grande: car Aristote en la sienne, demande les richesses, & Sceuola ne les cherche point: car la Noblesse peut bien demeurer, comme lon voit tous les iours, auecques la pouureté, de sorte qu'elle nuict à plusieurs, qui se paissent de ceste fumée: & ce nourrissants de ce seul nom, ils viennent par succession de temps à mourir de faim. Et à ce que nous lisons, tous les anciens Sages quasi d'vne mesme bouche ont dit, que la vraye noblesse se treuue en la vertu, & qu'vn homme ne peut estre noble sans elle. Ce que nous a monstré le Poëte Satyrique à ce propos, signifiant que l'opinion commune estoit vaine de ceux qui auoyent mis la noblesse en la generosité de leurs predecesseurs, & aux images faictes de cire, pour leur memoire, disant ainsi,

Tota licet veteres exornent vndique cera
Atria : nobilitas sola est, atque vnica virtus.

Pource que les vertus de nos predecesseurs ne nous peuent ayder que d'exéple, pour entreprendre choses vertueuse: & l'homme vitieux qui presche sa noblesse par les faicts de ses Maieurs, il s'éterre de luy mesmes. Et de tels gentilshommes, qui ne veulét rien tenir de noblesse que leur race, l'on peut dire ce que Anacharsis respódit à vn hóme, lequel luy reprochoit qu'il estoit barbare, & né en la barbarie & ville Scythie: auquel il respondit, Ma patrie me donne infamie, mais tu la donnes à ta patrie. Tant y a que la noblesse, qui vient premierement de la vertu, est celle qui vrayement se peut nommer

Difference qui est entre la definitiõ de noblesse d'Aristote & celle de Sceuola.

La vraye noblesse se treuue en la vertu.

Les vertus des predecesseurs ne seruent que d'exemple.

Bellissime responce du Philosophe Anacharsis.

Noble

DE LA RELIGION

Noblesse, & qui doibt aller deuant toutes les autres. Laissons à part toutes ces raisons, & faisons entendre à ceux qui font si grand conte & estime de la Noblesse de leur sang, & de leur maison, qu'ils prisent trop plus, qu'ils ne font eux-mesmes. Ce que recite sus ce propos Boëce au troisiéme liure de consolation, quand il parle de la Noblesse qui vient du sang, où entre les autres choses il dit, *Quod si quid est in nobilitate bonum, id arbitror esse solum, vt imposita nobilibus necessitudo videatur, ne à maiorum virtute degenerent.* Et suyuant tel propos dit par ces vers, que ceste Noblesse de sang seule, est comme vne nuée, & comme le vent:

Omne humanum genus in terris
Simili surgit ab ortu.
Vnus enim rerum pater est,
Vnus cuncta ministrat:
Ille dedit Phœbo radios,
Dedit & cornua Lunæ:
Ille homines & terris
Dedit & sydera cœlo:
Hic clausit membris animos
Celsa sede petitos.
Mortales igitur cunctos
Edit nobile germen.
Quid genus & proauos strepitis?
Si primordia vestra
Autorémque Deum spectes,
Nullus degener extat.
Ni vitiis peiora fouens
Proprium deserat ortum.

Nous

DES ANCIENS ROMAINS.

Nous auons veu comme noblesse consiste en la vertu, qui se peut exaucer & eleuer par les dignitez, que peut donner vn Prince. Et quand ell'est accompagnée de celle qui vient de nature, d'humilité, de douceur, & de modestie : alors il n'est rien plus triomphant, que de veoir toutes ces belles choses en vn gentilhomme noble & genereux. Et me semble qu'il ne sera point hors de propos d'aduertir le Lecteur de la differéce, qui se treuue entre Noble & Genereux. Ce que nous a monstré Aristote au commencemét de l'histoire des animaux, qui recite, que le Noble est celuy qui est né de bonne race : & le Genereux, celuy qui ne degenere point de sa race, soit bonne, ou mauuaise : donnant le Philosophe l'exéple du loup & du lion. Le loup (dit il) se dira genereux, & non noble : genereux, pource qu'il ne degenere point de sa meschâte race : mais il ne se peut dire noble, pource qu'il n'est pas né de bon sang. Le lion se peut dire noble, & genereux : noble, pource qu'il est né de bon pere, & genereux, pource qu'il ne degenere point d'eux : comme plus amplement ie l'ay escript à l'histoire que i'ay faicte Des animaux feroces & estranges : là ou i'ay traicté du lion. Les vertus, qui viennent du cueur ou du corps meritent d'estre louées : mais les œuures vertueuses qui sont plus dignes que les vertuz, meritent plus tost honneur que louange. Il ne suffit pas d'auoir les vertus, par lesquelles l'homme merite d'estre loué : car s'il ne vient apres à les mettre en œuure, elles se trouueront mortes, & du tout esteintes. Nous pourrons doncques veoir, que l'œuure vertueuse est plus excellente que n'est la vertu, parquoy elle merite le vray honneur. Et par conclusion il est impossible, qu'vn Prince, tant soit il grand, puisse entrete-

Différence entre le noble & genereux.

Exemple du loup & du lion.

L'histoire naturelle des animaux feroces, faicte par l'Auteur.

L'œuure vertueuse est plus excellente que la vertu.

x

nir en sa noblesse vn Gentilhomme, qui a deliberé d'estre vilain. Et quelque honneur & autorité qu'il luy puisse donner, il fault que la vertu, hardiesse & experience de la guerre l'entretienne en sa noblesse: autrement il sera vn ombre de noblesse fardée, confermé par l'opinion du peuple. Ce sont les vices qui ruinent, & totalement font esteindre la noblesse & antiquité des bonnes maisons comme la vertu les exaulce, & les maintient en leur grandeur.

Les vices font perdre la noblesse des antiques maisons.

Ce que nous a donné à congnoistre par sa medaille Antoninus Geta, fils de l'Empereur Seuerus: où il a faict coigner Noblesse en habit de femme d'honneur, qui tient son sceptre à la main droicte, par lequel elle monstre sa puissance Royale: & sur la main gauche elle porte vne petite figure de Minerue, ou de Pallas, pour monstrer que le sçauoir & les armes sont deux choses excellentes, qui doibuent tousiours estre en la compagnie de l'homme noble.

Painctture de noblesse.

ANTONINVS GETA.
ARGENT.

Et

DES ANCIENS ROMAINS. 163

Et pource que la bonne nature entretient la vertu auecques la noblesse, nous escrirons du Dieu de nature, que les Anciens nommerent *Genius*, qu'ils estimerent fils de Dieu, & pere des hommes. Et telle fut la religion ancienne des Romains, qu'elle cuidoit que chascũ eust son Genie & son esprit : si bien nous regardons l'escripture de noz medailles, qui sont toutes remplies de semblables inscriptions : c'est assauoir à celles de Nero, GENIO AVGVSTI : à celles d'Antonin Pie, GENIO SENATVS : de Constantin, GENIO POPVLI ROMANI : & par celles de Claudius, GENIO EXERCITVVM : figurants l'image de Genius voilée par le milieu du corps, qui tenoit vn cor d'abondance d'vne main, & de l'autre vne tasse pour sacrifier : & au deuant de sa figure vn autel, où lon voit du feu par dessus, monstrants par cela sa deité. Et de telle sorte l'a descript Ammianus Marcellinus en son vintetcinquiéme liure, ou il parle des gestes de Iulian l'Empereur.

GENIVS.

Genius Dieu de nature.

Image & figure de Genius.

NERO.   ANT. PIE.
BRONZE.   *BRONZE.*

DE LA RELIGION

CONSTANTIN. BRONZE.
CLAVDIVS. BRONZE.

Censorinus

Censorinus au liure qu'il a faict *De die natali*, dit, que tout incontinent que nous sommes nez, nous viuons soubs la garde & tutelle de Genius. D'autres ont escript,

LARES.

que les Lares & Genius estoyent vne mesme chose: & mesmemét Flaccus au liure qu'il laissa *De indigitamentis* à Cesar. Et entre les anciens Philosophes Euclide donne à tout hóme deux Lares, l'vn bon & l'autre mauuais:

Euclides.

s'ils estoyent bons, ils les nommoyent Lares: & si mauuais, Lemures: ce que nous appellons bons & mauuais Esprits. Et de ceux-là a parlé Plutarque en la vie de Brutus, qui recite, que la nuyt ainsi qu'il pensoit aux affaires de la guerre, auecques vne petite lucerne, s'apparut à luy vne personne tragique plus grande que le naturel: & soubdain (comme il estoit homme sans peur) il luy demanda qu'il estoit, lequel luy respódit, Ie suis ton mauuais Genie, luy disant, Tu me verras à Philippes: alors asseuremét luy respondit Brutus, Ie te verray donques là: ce qu'il feit auant que de mourir. Noz Theologiens

Lares & Lemures. Bons & mauuais Esprits. A Brutus apparut són mauuais Genie.

logiens suyuans l'opinion des Anciens disent, que nous auons deux Genies, lesquels ils nommét Anges: le bon, qui nous pourchasse nostre bien: & le mauuais, qui nous apporte tout malheur. Plato disoit, que Socrates auoit vn especial Esprit ou Genie.

Bons & mauuais Anges.

Plato.

Du temps des Romains il n'estoit point licite (cóme dit le Iurisconsulte soubs le tiltre *De verborum obligationibus*) de iurer par les Lares, & par le Genie du Prince. Et le plus grand serment que faisoyent les Anciens, estoit de iurer par leurs Dieux domestiques: & si celuy qui iuroit, estoit par fortune reprins, il estoit puni griefuement. Et se periuroyent plus tost les Romains par tous leurs Dieux, que par le seul Genie du Prince: comme dit Tertullian en son Apologie, qu'il a faict contre les Gentils. C'estoyent ceux, qui veilloyent pour les Romains: qui a faict dire à Ouide,

Du tēps des Romains il n'estoit point permis de iurer par le Genie du Prince.

Tertullian

 Et vigilant nostra semper in vrbe Lares.

De ces Lares fut nommé le Laraire, lieu ordonné par les maisons, où estoyent adorez ces Dieux familiers & domestiques. Ce que nous a laissé par escript Spartian en la vie d'Alexandre fils de Mammea, qui dit, qu'il tenoit en son Laraire l'image de IESVS CHRIST auec celles de ses autres Dieux.

Laraire des anciens Romains. Alex. Mā. tenoit en sō Laraire l'image de Iesus Christ.

N'a pas long temps qu'à Lyon, au deuant de la croix de Colle, fut trouuée vne lucerne de bronze antique, qui me fut donnée: à laquelle estoit attachée vne lame, en forme de table d'attente, insculpée de lettres maiuscules Latines, qui disoyent, LARIBVS SACRVM: & au dessoubs lettres Romaines plus petites abregées, qui signifioyent la publique felicité des Romains, par sem-

Lucerne antique de brōze trouuée à Lyon.

x 3

blables parolles, PVBLICÆ FELICITATI ROMA-NORVM. Et de telle forme qu'elle me fut donnée, ie l'ay faicte retirer cy dessoubs.

LVCERNE DE BRONZE antique, trouuée à Lyon l'an mil cinq cents vint & cinq.

Les Lares fils de la Lune & de Mercure.
MERCVRE.

Les Lares estoyent fils de la Lune & de Mercure, côme plusieurs Auteurs anciens ont escript: qui me fera mettre Mercure cy apres, pource que cela sert à nostre propos: prenát de la theologie des Anciés, que l'estoille de Mercure rendoit les hommes faconds & bien parlants

DES ANCIENS ROMAINS. 167

lants : & qu'il se trouuoit bon messager, quand il estoit accompagné du Soleil & de Iupiter : & mauuais, quand il se trouuoit en la compagnie de Mars & de Saturne. Les Poëtes ont attribué à Mercure messager des Dieux la verge, les talaires, & le chapeau accoustré de ses æsles, nommé des Latins *Galerus*: signifiants par cela que la parole vole, comme faict par l'air vn oyseau. Et messager, pource que par la parole lon dit ce que lon a pensé. Les Grecs l'ont nommé ΚΡΜΗΣ, qui ne signifie autre chose qu'Interprete, ou Truchement : & pour ceste cause nommé Dieu des marchants : pource qu'entre les vendeurs & achepteurs la parole est celle, qui moyéne tous leurs affaires.

Estoille de Mercure.

Enseigne de Mercure.

Hermes.

Mercure Dieu des marchans.

MED. DE C. MAMIL. LIMEAN.
ARGENT.

Plaute & les plus Anciens ont nommé ce chapeau, *Petasus*: comme l'inscription de plusieurs marbres antiques le monstrent par ces mots, CVM MERCVRIO PETASATO. Et par se Petasus, ou chapeau, estoit signifié, que l'eloquence & le bien parler seruoit pour se couurir

Chapeau de Mercure nommé Petasus.

168 DE LA RELIGION

couurir alencontre des parolles rapportées, & des enuieux. Les autres ont dit, que le chapeau, duquel est couuerte la teste de son simulacre, monstre que les affaires d'vn bon Ambassadeur doiuent estre traictés secrettement. Quant à son Caducée, qui est sa verge entortillée de deux serpens, cela ne signifie autre chose que la paix: comme l'ont monstré les Anciens par leurs medailles.

Les affaires d'vn bon Ambassadeur doibuent estre conduits secrettemēt.

VESPASIAN. POSTHVMIVS.
ARGENT. BRONZE.

De ceste conionction de serpens a parlé Pline assez au long, que comme chose trop superstitieuse ie remets à veoir au Lecteur. Et quand à la fable, lise Higinius en son liure Astronomique: qui l'escript bien amplement. Et oultre les autres choses il dit, que le Caducée principalement luy fut donné comme deuise de la paix: & pour cela nommé des Anciens Mercure Pacifere: comme se voit par la medaille de Posthumius l'Empereur, cy dessus mise.

Higinius.
Le Caducée, enseigne de la paix.
Mercure Pacifere.

Quand les Empereurs Romains auoyent mis l'Empire en tranquilité, pour monstrer la felicité qu'apporte la paix

DES ANCIENS ROMAINS.

la paix, ils faisoyent battre par leurs monnoyes la Deesse de Felicité, qui tenoit d'vne main le caducée, & de l'autre vn cor d'abondance: pour monstrer que la Felicité publicque procede de la Paix.

FELI-CITÉ.
La felicité publicque procede de la paix.

GALBA.   TITVS.
BRONZE.   *BRONZE.*

Cesar en ses Commentaires de la guerre Gallique escript, que les Gaulois adoroyent Mercure inuenteur des arts & guide des chemins: & qu'ils estimerēt qu'il auoit grād force pour enrichir les marchās. Ce que Pline au trentequatriéme liure de l'Histoire naturelle a confermé, quād il parle des statues antiques, des colosses & de leur valeur: & qu'il dit que Xenodôrus en son temps auoit vaincu toutes les grādeurs des statues, qui auoyēt iamais esté faictes de semblable façon: ayāt faict en Auuergne la statue de Mercure haulte de quatre cēts pieds, auecques grosse despence, en l'espace de dix ans.

Le Gal anciennement estoit mis en la tutelle de Mercure, qui signifioit que les marchans doibuēt estre vigilants, & qu'ils se doiuēt leuer au chant du Gal, pour negocier & donner ordre à leurs affaires. Et entre mes

Cesar.
Mercure adoré par les Gaulois.
Pline.
Xenodôrus statuaire tresexcellent.
Statue de Mercure en Auuergne.
Le Gal en la tutelle de Mercure.

y

DE LA RELIGION

Onice & Corniols antiques, qui representẽt Mercure.

pierres grauées antiques, i'ay vne Onice & deux Corniols qui representent l'image de Mercure : l'Onice auecques son caducée d'vne main, & de l'autre, comme Dieu des marchants, vne bourse. Le Corniol nous represente son effigie assise sus vn Escreuice de mer, qui tient semblablement à la main droitte sa verge, & de la gauche l'vn des pieds du Cancre, accoustré par la teste de son chapeau. Par Mercure nous est signifiée la parolle : & par l'Escreuice ou Langouste, la tardité : monstrans les Anciens par ce symbole & deuise que les marchans ne se doibuent point haster de parler, & moins employer leurs deniers sans cõsideration. En l'autre est vn Mercure graué de telle maniere, ieune, sans barbe, qui ha des æsles sur son chapeau, tout nud, hors mis son manteau, qu'il porte sur le bras droit, tenant de la main gauche vne bourse, & vn Gal sur son poing, & de la droitte son caducée : & à ses pieds accoustrés de ses talaires, se voit vn Bouc : & de l'autre costé vn Escorpion, & vne Mousche, choses toutes appartenants à Mercure.

Deuise de la velocité qui est accõpagnée de la tardité.

CORNIOL ANTIQVE.

DES ANCIENS ROMAINS.

CORNIOL.   ONICE.

Par cecy nous congnoiſſons que Mercure fut adoré des humains, pource qu'il auoit eſté inuenteur de pluſieurs choſes neceſſaires pour la vie des hommes: & principalement ils diſoyent, qu'ils auoit eſté le premier qui auoit rendu les paroles en ordre pour former vne parfaicte oraiſon. Et pour ceſte cauſe luy fut attribuée l'eloquence, qui eſt treſneceſſaire pour ceux qui s'exercitent au palais. Parquoy dit Vitruue, que ſon temple debuoit eſtre edifié aupres du fore.

Mercure inuenteur de pluſieurs choſes neceſſaires aux hommes. Mercure Dieu de eloquēce.

C'eſt aſſes eſcript de nos Dieux, ſans entremeſler noz Deeſſes: Parquoy ie commenceray à Iuno, femme & ſœur de Iupiter, comme la plus digne: & diray premierement, que par Iupiter eſtoit ſignifié le Ciel, & l'air par Iuno: pource que ces deux elements ſont conioints enſemble. La mer eſtoit attribuée à Neptune, & à Pluto la terre. Et de pœur qu'ils ne demeuraſſent ſans femmes, fut donnée à Neptune Salacia, & à Pluto Proſerpine. Et comme Iuno tient l'inferieure partie de l'air, tout ainſi Salacia celle de la mer: & Proſerpine ha celle de la terre. C'eſt quant aux fictions de la garrulité des Poëtes, &

IVNO. Iuno femme & ſœur de Iupiter.

Le Ciel attribué à Iupiter, l'air à Iuno, la mer à Neptune, & à Pluto la terre.

y 2

des occultes mysteres de la theologie antique des Grecs & des Latins.

Juno auoit la cure des femmes enceintes.

Iuno auoit la cure & la charge des femmes enceintes. Et quand ce venoit à faire leurs enfans, à la difficulté de leur trauail, elles inuoquoyent la Deesse: comme Diodore l'escript: qui dit encores, que la charge des enfans, apres qu'ils estoyent nez, & de leur nourriture, apartenoit à Diane: comme lon peut veoir par l'hymne de Callimachus faict à l'honneur de la Deesse. Et quand les femmes Romaines ne pouuoyent conceuoir, elles aloyent faire leur deuotion au temple de Iuno, surnommé Lucine: là ou se tenoit vn sacerdote Lupercale, qui les faisoit despouiller toutes nues, & prosterner contre terre deuãt luy: & alors il les battoit auecques vn fouët, qui estoit faict de courroyes du cuir d'vn Bouc, pour les faire en apres conceuoir. Comme lon peut veoir par les medailles de Lucilla, au reuers desquelles est insculpée Iuno en habit de matrone, assise en son throne, qui tiét son sceptre d'vne main, comme Royne, & de l'autre vn fouët: & lettres qui disent, IVNONI LVCINAE.

Deuotion des femmes Romaines Iuno Lucina.

Comme les femmes Romaines estoyẽt purgées par les sacerdotes de Iuno.

LVCILLA.
BRONZE.

DES ANCIENS ROMAINS. 173

C'est la maniere comme les femmes Romaines estoyent purgées par les sacerdotes de Iuno : ayants ceste opinion pour asseuree, que cela seruoit pour la Fecondité, qu'ils estimerent Deesse : qui n'estoit autre chose que d'auoir & faire de beaux enfans.   FECONDITÉ.

FAVSTINE.   IVL. MAMMEA.
ARGENT.   *BRONZE.*

Quand les sacerdotes Lupercales couroyent parmy les rues, ils estoyent tous nuds, hors mis les parties qui doibuent estre cachées, qu'estoyēt couuertes des peaux des boucs, qui auoyent esté immolez deuant l'autel de Iuno en ses sacrifices. Et des courroyes que portoyent les Lupercales frappoyent les mains des femmes, qu'elles tendoyent pour conceuoir.   *Façon de faire des sacerdotes Lupercales*

Et pource que nous auons escript cy dessus des Lupercales, il ne sera point mal à propos de dire, que le lieu, nommé Lupercal, estoit au palais de Rome, sacré au Dieu Lupin, que les Romains nommerēt autremēt, *Pan Lycæus*.   *Lupercal. Dieu Lupin, ou bien Pan Lycæus.*

En ce propre lieu auoyent succé les mamelles de la

y 3

Simulacre de bronze de Romulus & Remus.

Louue Romulus & Remus: & là se trouuoit le simulacre de bronze, qui faisoit foy des premiers conditeurs de la cité de Rome: faict, cóme il se voit tout entier dedans le Capitole, & par les medailles tant des Consuls que des Empereurs.

MEDAILLE DE
BRONZE.

MED. DE C. SEX. PO.
ARGENT.

DES ANCIENS ROMAINS. 175

DOMITIAN.   HADRIAN.
ARGENT.   O R.

Nous auons veu Romulus & Remus, qui furent les premiers conditeurs de Rome: & depuis Romulus apres sa mort fut receu au nombre des Dieux Immortels: comme lon pourra veoir par les medailles de Pius Antoninus, où se trouue Romulus en accoustrement de Mars, portant de la main droitte vne haste, & de l'autre vn trophée sus ses espaules: & telle inscription, ROMVLO AVGVSTO.

ROMV-
LVS.

Romulus en accoustrement de Mars.

ANTONIN PIE.
BRONZE.

ROME.

Rome Victorieuse.

Si Romulus fut deifié, semblablement fut Rome tenue entre les autres Deesses: & luy firent les Romains temples, où ils la representerent vne fois Victorieuse, tenant sa haste d'vne main, & la Victoire de l'autre, qui la corónoit d'vne coronne de laure. D'autrefois au lieu de la Victoire, ils luy bailloyent vn globe sus la main, comme Royne & maistresse de tout le monde, auec telles inscriptions, ROMÆ ÆTERNÆ.

Rome Eternelle.

Maxētius conseruateur de la cité de Rome, & de tout le monde.

Et par les medailles de Maxentius se treuuent encores temples dressez à Rome Eternelle, où elle est painéte assise sus des enseignes militaires, armée par la teste d'vn morrion, tenant d'vne main son sceptre, & de l'autre vn globe, qu'elle presente à l'Empereur coronné d'vne coronne de l'aurier: monstrát par cela qu'il estoit conseruateur de tout le monde: & reçoit ceste pomme l'Empereur d'vne main, & de l'autre il tient vn dard, vestu de sa thorace militaire, & son paludament ietté par dessus, ayant son pied gauche sus vne Prouince subiuguée,

DES ANCIENS ROMAINS.

iuguée, couchée par terre, qui ha les mains liées par derriere, auecques telle inscription, CONSERVATORI VRBIS ÆTERNÆ.

MAXENTIVS.

BRONZE.   *BRONZE.*

PHILIPPE.   PROBVS.

ARGENT.   *BRONZE.*

178 DE LA RELIGION

Descriptiõ de la Rome painctte aux med. de Vespasian.
Sept montagnes de Rome.
Figure du Tibre.

Par les medailles de Vespasian se treuue Rome figurée auecques vne salade sur la teste, troussee, ayant le bras & le sein à demy decouuert, appuyée & assise sus les sept montagnes de Rome, tenant de la main gauche son sceptre, les pieds reuestus de botines & greues à l'antique: ayant le Fleuue du Tibre couché à ses pieds, qui tient vn rameau palustre à la main: & de l'autre costé se voyent Romulus & Remus, qui tetent vne louue, auecques l'escripture de ROMA.

Rome Victorieuse de tout le monde.

Et par les medailles d'Hadrian elle tient vn rameau de laurier de la main gauche, & de la droitte la Victoire sur vn globe, comme Victorieuse de tout le monde.

VESPASIAN LE PERE.
BRONZE.

HADR

DES ANCIENS ROMAINS.

HADRIAN.
ARGENT.

M. AVRELE.
BRONZE.

Ainsi que i'escriuoye ce Discours, me fut dônée vne medaille de bronze, où du costé droit estoit painct le simulacre de la teste du Soleil, & de l'autre vn Croissant qui embrasse vn globe, & par le dessus deux estoiles, & au dessoubs l'inscription de ROMA. Signifiants toutes ces choses, que les gestes & triomphantes victoires des Romains estoyent montées iusques au Ciel, & resplendissoyent par tout le monde.

Gestes des Romains.

MEDAILLE DE
BRONZE.

180 DE LA RELIGION

Et comme les Romains paignirent le simulacre de Rome armée & Victorieuse, tout ainsi ils figurerent l'Italie coronnée comme Royne de tout le monde, assise sus vn globe, tenant de la main droitte vn cor d'abondance, ayant le sein & le bras decouuert. Et par le Cornucopie est monstrée la fertilité de l'Italie, & l'abondance de toutes choses, desquelles elle suppedite tout le monde. Ce que nous a representé Antonin Pie par ses medailles, où est telle escripture, ITALIA.

ITALIA.

Signification de la painture d'Italie.

ANTONIN PIÉ.

BRONZE.   BRONZE.

Or pour monstrer briefuement sa grandeur & vertu, ie reciteray les vers, que ce gentil Poëte Tuscan Petrarque feit, quand de Prouence il retourna en Italie. Et alors qu'ils se veit auoir gaigné la sommité du mont Geneure, se reiouyssant en regardant l'Italie, & plein de contentement commença à chanter,

Petrarque.

    Salue chara Deo tellus, sanctissima salue
    Tellus tuta bonis, tellus metuenda superbis,
    Tellus nobilibus multùm generosior oris.

Vers de Petrarque en louenge de l'Italie.

Ie

DES ANCIENS ROMAINS.

Ie ne veux laisser en arriere que Constantin l'Empereur feit battre medailles de bronze dedans la ville de Rome, où il a figuré la Deesse tout ainsi que la paincture le monstre du costé droit: & de l'autre on voit vne Louue qui en leschant Romulus & Remus les alaicte. Et en Constantinoble il feit coigner monnoge d'or & d'argent, où l'on pourra veoir son visage auecques telle inscription CONSTANTINOPOLIS, comme, il auoit mis à celle de Rome, VRBS ROMA.

Testes de Rome & de Constantinoble figurées aux med. de Constantin.

CONSTATIN.

BRONZE.   *ARGENT.*

Qui vouldroit reciter les grãdes louënges de Rome, & de ceste tant noble Prouince d'Italie, le subiet en seroit asses grand pour en faire vn iuste volume. Parquoy ie me contenteray de sommairement escrire ce que Strabo en a dit: Que là est la temperance de l'air, l'abondance des fontaines, & sources des eaues salutaires, pleines de grandes vertus, produites par Nature autant pour restaurer & conseruer la santé, que pour le contentement & plaisir des hommes. Là sont les bons

Strabo. Louenges de l'Italie.

fruicts, les mines, les carrieres des marbres de diuerses couleurs. Et entre toutes les Prouinces du monde, ou se treuue quelque excelléce digne d'estre mise par escript (comme il dit) c'est la parangone, & la plus fertille de toutes les autres. Ledict Auteur monstre d'auantage, qu'en Italie se treuuent toutes les bonnes qualitez, lesquelles non seulement sont necessaires pour les hommes, mais encores pour les delices C'est la triomphante terre d'Italie, qui a esté si bien douëe de Nature, qu'elle obtint iadis le gouuernement de tout le monde : qui a porté & nourri si grand nombre de gens belliqueux, de sçauoir, & de lettres : de la plus grande partie desquels nous sommes possesseurs encores auiourd'huy. Et sás la malheureuse & barbare nation Gottique ennemie des lettres & de la vertu, qui a bruslé vne infinité de bons liures, & ruiné vn si grand nombre de somptueux edifices, seroit Rome & l'Italie encores en son entier.

L'Italie iadis Dime & Maistresse de tout le monde.

Et pource que nous auons veu, par la sculpture des simulacres de Rome triomphante, la Victoire, nous escrirons comme elle fut estimée vierge & Deesse des Anciens : à laquelle ils donnerent vn temple : & si estoit adorée par la Grece, & auoit là son temple, comme recite *in Atticis* Pausanias.

VICTORIA.

Les Anciens la figurerét auecques des aisles, qui portoit à la main vne coronne triomphante de laurier : & de l'autre vn rameau de palme, ayant les pieds sus vn globe. Domitian la feit paindre auec vn Cornucopie, pour monstrer que la victoire aporte abondance de toutes choses.

Painéture de la Deesse Victoire. La victoire nous aporte abondáce de toutes choses.

DOMI

DES ANCIENS ROMAINS. 183
DOMITIAN.
BRONZE.   *BRONZE.*

Et par le reuers de la medaille d'argent de Lucius Hostillius, la Victoire se trouue paincte, portant d'vne main le Caducée, qui est la verge de paix de Mercure: & de l'autre vn trophée, où sont pendues les despouilles des ennemys pour monstrer que la guerre & la Victoire apportent la paix.

La Victoire qui porte le Caducée.

L. HOSTILIVS.   DOMITIAN.
ARGENT.   *BRONZE.*

Titus

184   DE LA RELIGION

Painéture de la Victoire sans aisles.

Titius Vespasian, delices de l'humain lignage, la feit insculper en ces monnoyes d'argent, portant ses enseignes accoustumées de la palme & coronne de laure, sans plumes & sans aisles : comme celuy qui la vouloit garder de voler autre part. Et tout ainsi la formerent les Atheniens, comme recite en ses Attiques Pausanias : & semblable chose aux Laconiques il dit, que les Atheniens la figuroyent sans plumes, pour la crainte qu'ils auoyent, qu'elle ne volast hors d'Athenes.

VESPASIAN.   TITE VESP.
ARGENT.   ARGENT.

Entre mes medailles d'or i'en ay vne d'Auguste qui monstre par son reuers vne Victoire, qui est sus vn globe, les aisles estendues, comme si elle vouloit voler, tenant de la main droitte vne coronne de laure, & de l'autre le Labarum (enseigne du Prince la plus insigne de toutes, qui se portoit à la guerre deuant l'Empereur, & adorée par les soldats) auecques telle inscription, IMPERATOR CÆSAR.

Le Labarū enseigne principale de l'Empereur.

AVGV

DES ANCIENS ROMAINS.

AVGVSTE.
OR.

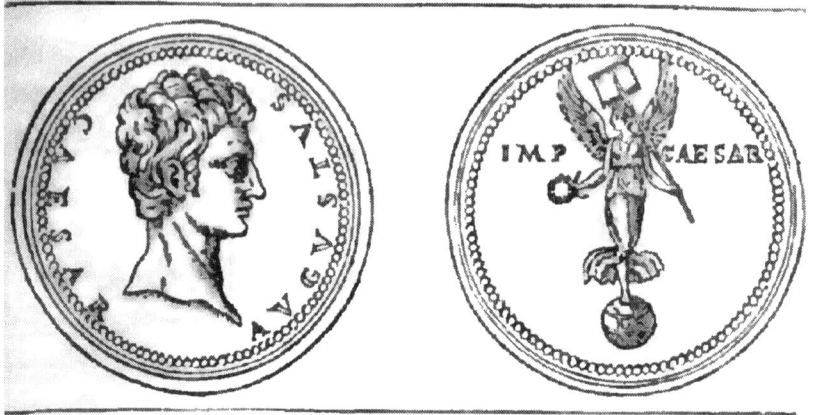

Depuis les Empereurs Romains, qui vindrent sus la declination de l'Empire, porterent le Labarum auecques l'aigle painɗe dedans: cóme lon voit par le dos de la medaille de Maxentius où il est representé armé de sa cuirace, & de sa cotte d'armes par dessus, qui tiét d'vne main le Labarum, & de l'autre vn rameau de laurier, ses iambes garnies de greues à l'antique, tenant le pied gauche sus vne Prouince, où sus son ennemy subiugué & couché: & lettres qui disent autour de la medaille, VICTORIA AVGVSTI LIBERATORIS ROMANORVM. Depuis Constantin le Grand à l'expedition de la guerre, qu'il feit contre ledit Maxentius, appellé par les Romains en Italie, qui ne pouuoyent endurer la tyrannie de Maxence, lequel il deffit, moyennant la conduite & ayde du signe de la Croix, qui luy estoit apparu, comme lon dit: de sorte qu'il reduist toute l'Italie auecques la ville de Rome en son ancienne magesté. Et depuis renonça aux adorations des Idoles, & receut la foy Chrestienne: commandant que chascun adorast

Labarum ou est l'aigle painɗe dedans.

Le signe qui apparut à Costantin. Constantin adora Iesus Christ & luy feit faire temples magnifiques.

A

CHRIST, luy faisant dresser temples triomphants. Et tousiours depuis il porta le Labarum en ses expeditions & entreprises difficiles: enrichi par le dedans, & tissu d'or dessus le pourpre de ce chiffre ⚜, qui ne signifie autre chose que CHRIST, commençant par l'element Grec de X. figuré en croix Sainct André, par lequel ont escript les Grecs ΧΡΙΣΤΟΣ, auecques les autres caracteres entremeslez, qui ne signifient autre chose que CHRISTVS, accompagné de deux elements Grecs A. & ω, pour monstrer que le commécement & la fin n'est autre chose que le Createur. Tant y a que plusieurs ont erré à la congnoissance de ceste enseigne, disants, que c'estoit vne croix, que Constantin auoit faict faire toute d'or, quád il partit de la Gaule pour aller deffaire Maxentius en Italie. Et depuis fut portée la figure de ladite enseigne par les Empereurs ses successeurs, comme lon peut veoir par les monnoyes de Constans: où lon voit la figure de l'Empereur armé tout entierement, couuert de son paludament, ou máteau Royal, qui tiét sus sa main droitte vne Victoire, qui le veut coronner d'vne coronne de laure: & de la main gauche il tient la hante, où est pendu le Labarum, où est figurée l'enseigne qui apparut à Constantin: estant l'Empereur dedás vn nauire, dont tient le timon, ou gouuernal vne Victoire: pour monstrer la Victoire qu'il auoit euë par mer & par terre, par laquelle il auoit heureusement remis les choses en leur premier estat: & lettres qui disent ainsi, FELIX TEMPORVM REPARATIO.

Alpha & Ω, commécement & la fin, n'est autre chose que le Createur.

Paludament.

MAXEN

DES ANCIENS ROMAINS. 187

MAXENTIVS.
ARGENT.

CONSTANS.
ARGENT.

Depuis Decentius, Constantius, & autres Empereurs iusques au regne de Iulian surnommé l'Apostat, feirent coigner ce chiffre de CHRIST par leurs monnoyes, auec semblables motz, SALVS DOMINORVM NOSTRORVM AVGVSTORVM LVCET.

Iulian l'Apostat.

CONSTANTIVS.
BRONZE.

DECENTIVS.
BRONZE.

A 2

Au liure cinquiéme, epistre vintetneufiéme, monstre

Saint Ambroise. Sainct Ambroise escripuant à Theodosian l'Empereur, que ceste enseigne estoit sacrée à IESVS CHRIST. Ce que Prudence nous a donné à congnoistre par ces vers, quand il a dit,

Christus purpureum gemmanti textus in auro
Signabat labarum, clypeorum insignia Christus
Scripserat, ardebat summis crux addita cristis.

Descriptiō de l'enseigne du Labarum, & comme il estoit porté à la guerre Or pour faire congnoistre comme se portoit le Labarum, les Empereurs Chrestiens le firent porter deuāt eux à la guerre sus vne longue hante de bois toute dorée, la Croix estant releuée par le dessus, & le signe de Constantin par le milieu, tissu en or, ou mis en broderie sus vn petit estēdart quarré, de soye cramoisie violette, enrichi par le bort d'vne frenge de fil d'or & pierres precieuses. Et tout ainsi le portent auiourd'huy aux processions generales noz Mendians, ormis que pour la figure du Labarum ils representent nostre Seigneur, où la vierge MARIE.

Comme les anciēs paignirent la Victoire. Pour retourner au propos de la Victoire, les Anciés luy donnerent des aisles, & tel accoustrement comme nous faisons paindre les Anges par noz eglises: la figurant souuétesfois assise sus les despouilles des ennemys, ayant vn trophée planté deuant elle, le sein tout decouuert, tenant de la main droitte vne palme, & de l'autre vn escu: qui monstroit la victoire que l'Empereur auoit euë, soubs ces mots, VICTORIA AVGVSTI. Et tout

Claudian. ainsi l'a descript Claudian, quand il a dit,

Ipsa Duci sacras Victoria panderet alas,
Et palma viridi gaudens, & amica trophæis.

Custos

DES ANCIENS ROMAINS.

Custos imperij virgo, quæ sola mederis
Vulneribus, nullùmque doces sentire laborem.
Qui a faict dire à Pline, que *Laborē in victoria nemo sentit.*

MEDAILLON. COMMODE.
M. AVRELE. BRONZE.

Et pource que la victoire ne se peut acquerir sans labeur, sans vertu & sans force, ie mettray cy apres celuy qui l'acquit en telle sorte: qui fut Hercules: par le simulacre duquel ont representé autresfois les Romains la vertu, le figurants appuyé sus sa claue, & autour de son bras la despouille du Lion. Et Pour monstrer sa force, ils le paignirēt souuētesfois auecques sa massue & peau de Lion, & d'autresfois tenant Anteus, qu'il faisoit mourir entre ses bras: de la statue duquel a tout ainsi parlé Iuuenal,

-- Ceruicibus æquat
Herculis Anteum procul à tellure tenentis.

Se iouant à la statue de Polyclete, qui estoit à Rome: de laquelle Pline parle tout ainsi, Polycletus a faict Hercules qui est à Rome, qui lieue Anteus de la terre. Et tout

HERCV-
LES.

La figure d'Hercules represētoit la vertu. Simulacre d'Hercules tenant Anteus.

Statue de Polyclete.

ainsi l'ont faict paindre Hadrian & Posthumius par leurs medailles : où i'ay trouué à l'inscription de l'vne, HERCVLI MACVSANO, confessant ingenuement de n'auoir point entendu l'epithete de cest Hercules.

HADRIAN.
BRONZE.

POSTHVMIVS.
BRONZE.

TRAIAN.
BRONZE.

HADRIAN GREC.
BRONZE.

DES ANCIENS ROMAINS.

La Claue & la peau du Lion furent données à Hercules comme à vn bon Capitaine & fort, pour monstrer sa force & vertu, comme nous auons dit : car il n'est pas vray semblable qu'il allast tout nud par le mõde, armé seulement de sa massue, & couuert de la peau d'vn Lió. Mais il faut entendre que les plus Anciens l'armerent de telles enseignes apres sa mort, & principalemét ceux qui estimerent son ayde salutaire : ou bien pour monstrer sa vertu, qui a tousiours esté figurée toute nue, & qui ne demande point les richesses : mais, comme dit le marbre antique, NVDO HOMINE CONTENTA EST. Quoy que ce soit, & l'vn & l'autre sont signes de generosité.

Et comme Hercules passoit de force tous les animaux, tout ainsi la Claue estoit la plus forte de toutes ses armes. Et pour la force & vertu painte des Grecs & des Romains.

La Claue & la peau du Lió par quoy dõnées à Hercula.

Vertu se cõtente de l'hõme nud.

PRINCESSE DES MACEDONIENS.
BRONZE.

Q. CIN

Q. CINCINNIVS III. VIR.   AVGVSTE.
ARGENT.   ARGENT.

Massue d'Hercules nõmée des Grecs Ropalos.

Les Anciens paignirent Hercules auecques sa claue qui fut nommée des Grecs ρόπαλος: & d'autresfois auecques vn trophée, le nommants Victeur: souuentesfois tenant vn rameau de laurier de la main droitte, & de la gauche sa massue, & la despouille du Lion, disans qu'auecques ces choses il auoit vaincu les monstres: voulants signifier par la claue sa prudence, par laquelle il auoit vaincu toutes autres passions.

C. ANTIVS.   MEDAILLON.
ARGENT.   COMMODE.

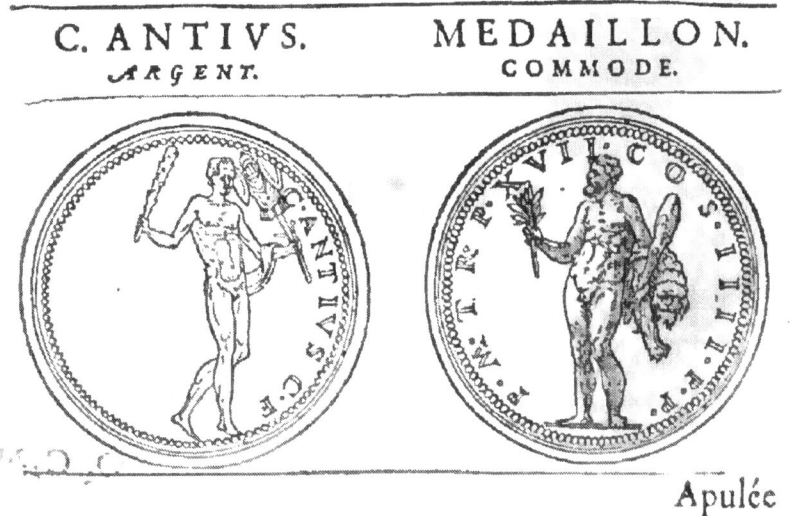

Apulée

DES ANCIENS ROMAINS. 193

Apulée l'a nommé lustrateur du monde, purgateur des bestes feroces, & domateur des hommes. Et Theocrite le dit tueur & occiseur des lions & des taures : comme l'ont monstré les medailles qui ont esté cognées en son honneur.

Epitheres donnez à Hercules par Apulée & Theocrite.

MED. GRECQVE.   C. POBLICIVS.
BRONZE.   ARGENT.

Diodore au liure premier de son histoire recite, que à l'antique Hercules estoit donnée la massue & la peau du lion, pource qu'en ce temps là les armes n'estoyent pas entre les mains des hommes, qui repoussoyent les iniures auecques les batons : & pour les armes ils couuroyent leurs corps auecques les peaux des bestes feroces & sauuages.

Diodore.

Hercules outre ses autres forces, tira des enfers Cerberus, Chien de Pluto (comme dit Homere) qui auoit trois testes. Et ce Monstre ont painct les Poëtes de plusieurs manieres. Toutesfois ie representeray sa figure, auec celles d'Hercules, comme elle m'a esté enuoyée de Narbonne, où elle fut trouuée ainsi que lon faisoit les boulleuarts de la cité.

B

SIMVLACRE D'HERCVLES ET
de Cerberus, retiré du marbre antique qui
est à Narbonne.

Ceux qui se sont monstrez en la theologie poëtique
excelléts, ont interpreté par Cerberus, tous les vices que
Hercules auoit vaincus & subiuguez. Et qui plus ample
ment

DES ANCIENS ROMAINS. 195

ment vouldra entendre toutes ces allegories, lise le traicté, que Lilius Gregorius Giraldus Ferrarois a doctement escript, de la vie d'Hercules.

Lilius Gregorius Giraldus.

Nous auons veu cy dessus, comme la claue & la despouille du Lion fut donnée à Hercules, & de telle sorte painct son effigie. Il demeure à veoir les statues, qui furent faictes auec trois pommes, qu'il portoit à la main droitte: & de la gauche sa massue, qui monstroit sa vertu, qui estoit triple: C'est assauoir, sans courrous, sans auarice, & sans volupté. Et encores auiourd'huy se treuue à Rome vne grãde figure de bronze d'Hercules, qui porte vne pomme à la main (à luy consacrée) trouuée n'a pas long temps au lieu où auoit esté le grand autel, au marché des beufs.

Vertu de Hercules triple.

L'arbre du peuple estoit dedié à Hercules: & les Salies coronnez de peuple faisoyent ce sacrifice: Ce que nous lisons en Virgile, qui dit,

Le peuple dedié à Hercules.

    Tunc Salij ad cantus incensa altaria circum,
    Pòpuleis adsunt euincti tempora ramis.

Et dit encores Virgile,
    Pòpulus Alcidæ gratißima.

Ce que nous monstre estre chose certaine la medaille Grecque d'Hercules: où est representée du costé droit la figure de sa teste, coronnée de peuple: & alentour de son col, la peau du Lion pour ornement. Et de l'autre costé se monstre le Zodiac rempli de ses signes & vn Phaëthõ, qui est tombé de son char, qui estoit tiré par quatre cheuaux, auec la figure du Soleil au dessus. Et pour monstrer qu'il cherchoit chose qui estoit impossible, sont insculpez caracteres Grecs qui disent,

Interpretation de la medaille d'Hercules.

ΑΔΥΝΑΤΑ ΖΗΤΩΝ.

B 2

196　　DE LA RELIGION

MEDAILLE GRECQVE
BRONZE.

La vertu frappe de loing.

Les anciens Grecs & Romains paignirent encores Hercules la teste armée de la despouille du Lion, vn arc, sa trousse, & sa massue, pour monstrer que la vertu frappe de loing. Et tout ainsi figurée i'ay sa medaille Grecque sans inscription.

MEDAILLE GRECQVE.
BRONZE.

Ie ne

DES ANCIENS ROMAINS. 197

Ie ne puis passer oultre sans reciter, que Commode l'Empereur fut si insensé, qu'il repudia, comme infame, le surnom de sa maison. Et pour Cōmode, fils de Marc Aurele, il se feit nommer Hercules fils de Iupiter : & depuis ayant laissé l'accoustrement d'vn Empereur Romain, se vestit de la peau du lion, portant vne massue en sa main. Et en tel habit entremessoit les robes de pourpre brochées d'or : & vestu de tel accoustrement, se monstroit en public.

Folie gra-de de Commode l'Empereur.

Et non content de tout cela, il feit frapper monnoye d'or, d'argent, & de bronze, & medaillons pour sa memoire : où sont veuës aux vnes, la massue, l'arc, la trousse, & les flesches : & aux autres, la claue toute seule : & son simulacre accoustré en lieu de coronne, d'vne teste de lion, auecques l'inscription, qui est telle, HERCVLI ROMANO AVGVSTO.

MEDAILLON DE COMMODE.

B 3

DE LA RELIGION COMMODE.
BRONZE.

Hercules Romanus.

Colonia Commodiana.

Commode tomba depuis en vne si grand folie, comme recite Dion, qu'il voulut estre appellé Hercules Romain, conditeur de la cité de Rome: faisant representer sa figure par ses monnoyes en habit d'Hercules, qui conduisoit deux beufs: signifiant par cela sa nouuelle colonie: & comme s'il eust voulu mettre nouueaux habitans en la Cité de Rome. Et commanda, que Rome fust nommée Commodiene, & son exercice Commodian: comme lon voit par l'inscription de ses medailles, qui est telle, COLONIA LVCII ANTONINI COMMODIANA: & aux autres, HERCVLES ROMANVS CONDITOR.

COM

DES ANCIENS ROMAINS.

COMMODE.

BRONZE.   OR.

Entre les autres noms que porta ce Prince, fut celuy d'Hercules. Et en cette folie il estoit tellement enragé, que quand il escriuoit au Senat, parmy ses tiltres il se nommoit ainsi par ses inscriptions,

Les noms & tiltres de Cōmode l'Empereur.

IMPERATOR CÆSAR LVCIVS ÆLIVS AVRELIVS COMMODVS AVGVSTVS, PIVS, FELIX, SARMATICVS, GERMANICVS, MAXIMVS, BRITANNICVS, PACATOR ORBIS TERRARVM, INVICTVS ROMANVS HERCVLES, PONTIFEX MAXIMVS, TRIBVNICÆ POTESTATIS XVIII. IMPERATOR VIII. CONSVL VII. PATER PATRIÆ, CONSVLIBVS, PRÆTORIBVS, TRIBVNIS PLEBIS, SENATVIQ. COMMODIANO FELICI SALVTEM.

Et plusieurs statues luy furent dressées en habit d'Hercules. Et quand il marchoit par païs, il faisoit porter deuant luy la massue & la peau du lion.

Commode faisoit porter deuant luy la massue

Or

sue & peau du Lion.

Quel fut Hercules selon les Historiographes.

Or pour acheuer d'escrire la narration de nostre Hercules, reiectons toutes ces fables, & venons à la verité, qui fut telle, comme recite Halicarnasseus, qui dit: qu'Hercules fut vn gentil Capitaine de son temps, qui auoit vn exercite fort & puissant, auec lequel il alla visiter toutes les terres, qui estoyent entre la mer Oceane, regardant & cherchant ceux, qui traictoyent leurs subiects tyranniquement, lesquels il ostoit de leurs potentats: faisant punir griefuement les larrons, & guetteurs de chemins: rendant droit aux nations tant Grecques que barbares, maritimes & mediterranées: faisant edifier nouuelles citez: detourner les riuieres, qui gastoyét le païs: & plusieurs autres choses, qu'il pensoit estre necessaires pour la cómodité des humains. Ie n'auois pas deliberé d'vser de si long propos pour la description d'Hercules, sans le grand nombre des medailles que ie me suis trouué, qui m'ont contraint d'en donner aux amateurs des bonnes lettres la congnoissance, pour les contenter. Et pour la fin de ce que i'en veux escrire, ie mettray en auant Hercules Ogmion, ainsi appellé des Celtes, comme nous monstre Lucian Orateur & Philosophe Grec, par vne petite preface ou traicté, qu'il a fait de nostre Hercules Gallique: laquelle a esté autrefois rendue Latine par Erasme, & que i'ay mise en nostre langue succinctement, comme il s'ensuyt.

Hercules Ogmion ou Gallique.

Les Gaulois en leur langue maternelle ont nommé Hercules, Ogmion, & l'ont figuré par leurs painctures d'vne façon nouuelle, & non veuë. Ils l'ont retiré & figuré vieil, chanu, & decrepite, n'ayant qu'vn bien peu de cheueux par derriere, & tous blancs: sa peau estoit ridée,

Cóme Hercules estoit painct des Gaulois.

de cou

DES ANCIENS ROMAINS.

de couleur oliuastre, à cause du Soleil, comme sont les vieux mariniers: & à le veoir il ne retiroit de chose qui fust à Hercules. Toutesfois sa figure portoit son accoustremét: veu qu'il estoit vestu d'vne peau de lion, & que de sa main droitte il tenoit vne massue, & portoit à son col en escharpe vne trousse, & en sa main gauche vn arc bendé: finablement, c'estoit vn droit Hercules. Asseurément ie pensoye, que toutes ces choses fussent faictes en derision des Grecs par les Gaulois: veu qu'ils figuroyét son simulacre en ceste façon, pour se venger de ce que iadis il auoit couru le païs de la Gaule. Mais ie n'ay pas encores dit ce, qui estoit plus admirable en ce dit image: car certainement il tiroit apres luy vne merueilleuse conpagnie d'hómes & femmes, tous attachez à part l'vn de l'autre par l'oreille. Les liens estoyent petites chaines d'or & d'ambre bien faictes. Et combien qu'ilz fussent tous tirez & menez de ces chaines, qui rompét facilement, tant elles sont fragiles: toutesfois il ne s'en trouuoit pas vn, qui se vouluft reculer, & moins retirer le pied en arriere: mais tous alegres & ioyeux le suyuoyent, & en s'esbahissant de luy, tous de leur bon gré se hastoyent de le suyure, & en laschant leurs liens s'efforçoyent de marcher plus tost que luy: quasi comme s'ils estoyent marris qu'ilz fussent deliez. Et certainement ie diray volontiers, encores que ce soit chose mal à propos, c'est que le painctre, n'ayant trouué lieu pour attacher les bouts de toutes ces chaines (veu qu'en la main dextre estoit sa massue, & en la senestre son arc) il perça la langue du Dieu Hercules, à laquelle estoyent toutes ces chaines attachées. Et feit ledit painctre que tous ces hommes & femmes estoyent tirez apres Hercules, qui

Hercules auoit couru le pays de la Gaule.

C

tournoit son regard & sa veuë vers ceux qu'il menoit, en leur monstrant bon & gracieux visage. Lucian qui auoit demeuré long temps droit sur ses pieds, contemploit s'esbahissant, toutes ces choses, cóme il dit. Alors vn Philosophe, à son aduis de la sorte de ceux, qui ont de coustume d'estre en France, qui n'estoit pas sans lettres Grecques, d'autant qu'il les prononçoit tresbien & absoluëment, luy dit: Mon amy, ie te veux declairer la difficulté de ceste painctures car tu me sembles grádement esbahi & estonné. Entre nous Françoys nous n'attribuons point l'oraison à Mercure, comme vous faictes en Grece, mais nous l'appliquons à Hercules: pource qu'il est plus robuste, que n'est Mercure. Et pour le veoir vieulx, tu ne te doibs esbahir, car le beau parler ha de coustume de monstrer sa perfaicte vigueur en l'aage de vieillesse: pour le moins si les Poëtes disent vray: veu que le sens de ieunesse est enuironné de tenebres & obscurité. Et au contraire, vieillesse dit purement & nettement ce qu'elle veut dire, trop mieux, & plus clerement que la rude ieunesse. Quant à ce que tu vois, que ce vieil Hercules tire de sa langue tous ces hommes liez par l'oreille: cela ne signifie autre chose, que le langage orné. Et ne te esbahis, veu que tu sçais bien, que la langue ha certaine accointance aux oreilles. Parquoy l'on ne doibt faire ce reproche à Hercules, que sa langue est percée, pource que ie me souuiens, qu'en voz comedies y a des vers Iambiques, qui disent, que les hommes qui sont grands causeurs, ont tous la langue percée. Et pource nous autres François auons ceste opinion, que tout ce que faict Hercules, il le faict par son doulx & gratieux langage, comme vn homme sage, qui sçait persuader

en

Interpretation de la peincture d'Hercules Ogmius ou Gallique.

Prouerbe.

DES ANCIENS ROMAINS.

en foubmettant à luy tout ce qu'il veut. Les flesches & la trousse signifient ses raisons, qui son aigues, penetrantes, & legeres, qui percent noz volontez. Et pour ceste cause vous autres Grecs dictes, que la parolle est pennigere, comme vne flesche.

Parole pennigere.

Et cecy suffira pour l'intelligence de l'arc, de la pharetre, & des flesches, qui furent attribuées à Hercules, comme nous auons veu cy dessus : tout ainsi que le Dieu Apollo, (duquel nous escrirons presentement) estoit painct auecques vn arc & des flesches, desquelles il tua le serpẽt Pythus : qui l'a faict nómer à Homere Ἀπόλλων ἑκηβόλος, c'est à dire, qu'il tire de loing. Et de telle figure le representerent les Grecs, comme lon peut veoir par les medailles de Nero : où il est painct coronné d'vne coronne de laure, & sa pharetre sur le dos, & l'estoille de Phebus, auecques lettres qui disent, ΑΠΟΛΛΩΝ ΣΩΤΗΡ, c'est à dire, Apollo Conseruateur: comme par l'aigle & par le fulgure les Grecs vserent de telle façon de faire.

APOL-LO.

Homere.

Apollo Conseruateur.

CLAVDIVS NERO.
ARGENT.

DE LA RELIGION
MEDAILLE GRECQVE.
BRONZE.

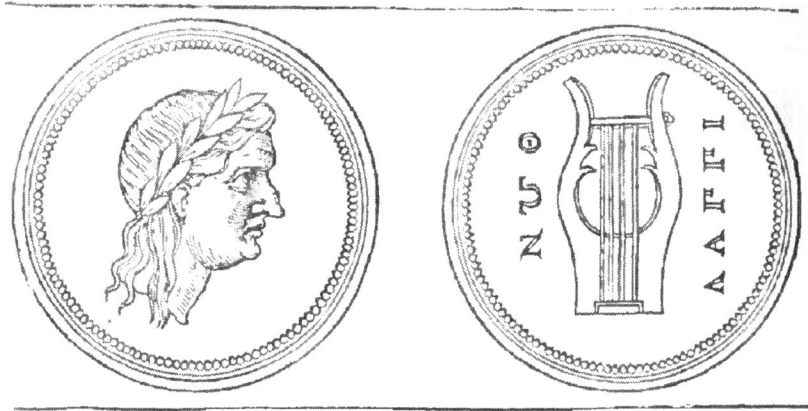

Apollo Dieu des Citharistes. Painčture d'Apollo.

L'Antiquité cuida, qu'Apollo fuſt Dieu des Citharedes: voila parquoy la lyre luy fut miſe pour enſeigne: & le feit paindre auecques les cheueux longs, & ſans barbe, tenant ſa cithare d'vne main, & de l'autre vne branche de laure: d'autrefois en habit long, qui tenoit vne patere à la main droitte, pour monſtrer ſa deité.

ANT. PIE.   CARACALLA.
ARGENT.   ARGENT.

Les

DES ANCIENS ROMAINS.

Les Grecs attribuerent le laure premierement à Apollo, non tant pour la fable de Daphné, que pour la vertu de la plante, qui est tousiours verte, & qui sert aux hommes à plusieurs choses, idoine aux purifications des sacrifices. Et non sans occasion il a esté consacré à sa flagrante chaleur: arbre plaisant à ce Dieu, lequel (comme dit Pline) n'est iamais touché du fulgure. Du laure estoyent decorez les cheueux, les pharetres, lyres & cithares. Et quand les Empereurs triomphoyent, ils portoyent la coronne de laure, & vn rameau de laurier en leurs mains. Et proprement le laure estoit dedié aux triomphes, comme dit Pline: qui l'a nommé portier des maisons des Cesars, & des grands Pontifes: messager de la Victoire, quand il estoit adiousté auecques les paquets, qui se boutoit au giron de Iupiter, s'il apportoit nouuelle ioye.

Le laure consacré au Dieu Apollo.

Le laurier n'est iamais frappé du fulgure.

Le laurier dedié aux triomphes.

Les coronnes du laurier estoyent pendues sur le deuant du portal du palais de l'Empereur : & pendoit au milieu la coronne de chesne ciuique, nommée quernée qui a faict dire à Ouide, au premier liure de sa Transmutation.

Corõnes de laurier pendues sur le portal des maisons des empereurs.

-- *Mediámque tuebere quercum.*

Et de toutes ces coronnes se treuuent pleines les monnoyes des Empereurs insculpées cóme elles sont veuës cy dessoubs.

C 3

AVGVSTE.

BRONZE.   *ARGENT.*

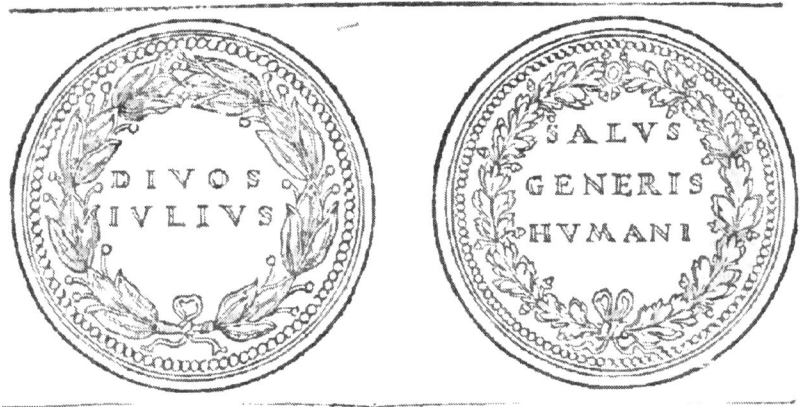

Pline.
La senteur du laurier dechasse l'infection de l'air.

Nous lisons en Pline, que si en la force de la pestilence l'on sent les fueilles du laurier, ou bien qu'elles soyent bruslées, que cela sert pour obuier à ceste contagieuse maladie. Ce qui se peut veoir par l'histoire de Commodus, qui se retira à Laurente, où estoit grande abondáce de lauriers, pour euiter la peste, qui estoit à Rome tresforte. Et luy affermerent les medecins, que la senteur du laurier estoit fort proffitable pour dechasser telle infection de l'air.

Painéture diuerse de la statue d'Apollo.

Quand les anciens Romains faisoyent paindre le simulacre d'Apollo, ils luy donnoyent vne fois son arc & ses sagettes, d'autrefois sa lyre. Et pour mostrer l'Empereur Gallien son expedition en Orient, il le feit paindre en forme de Centaure, tenant de la main droitte sa lyre, & de l'autre vn globe, accompagné de telle inscription, APOLLINI COMITI: pour monstrer qu'il aloit soubs la compagnie d'Apollo en son entreprinse de

Probus.

l'Orient Probus l'a figuré Aurigateur, estant dedás son char

DES ANCIENS ROMAINS.

char coronné de rayons, qui tenoit la bride de ses quatre cheuaux: le nommát Soleil inuincible par ces motz, SOLI INVICTO. *Le Soleil inuincible.*

Les autres Empereurs, comme Constantinus, Aurelianus, Crispus, feirent frapper son image par leurs mónoyes, qui monstroit la figure du Soleil tout nud, ayant vne coronne de rayons, & qui tenoit à la main dextre vn globe, & souuentesfois de la gauche vn fouër, auecques telle escripture, SOLI INVICTO COMITI: monstrans qu'ils auoyent vaincu & subiugué plusieurs Prouinces auecques l'ayde du Soleil.

GALLIEN.   PROBVS.
BRONZE.   BRONZE.

DE LA RELIGION

CONSTANTIN.
BRONZE.

AVRELIAN.
BRONZE.

Temple du Soleil.

Et pource que plusieurs autres ont escript que le téple du Soleil estoit de forme spherique, i'ay bié voulu mettre cy apres la medaille de Marc Antoine le Triumuir, où il a representé le simulacre du Soleil au milieu d'vn temple, qui est de forme quurée, accópagné de semblables caracteres, III. VIR. R P C. qui signifiét : TRIVMVIR REIPVBLICÆ CONSTITVENDÆ. & du costé de la teste, MARCVS ANTONIVS IMPERATOR.

M. ANTOINE III. VIR.
ARGENT.

DES ANCIENS ROMAINS. 209

Les Rhodiens firent paindre par leurs monnoyes l'effigie d'Apollo auecques ses rayes solaires, imberbe, & les cheueux longs: où est representé par leurs reuers vne rose, vne fois faicte d'vne sorte, d'autrefois d'vne autre: auecques telle inscription, ΡΟΔΙΟΝ ΑΡΙΣΤΟΚΡΙΤΟΣ: & ΡΟΔΙΟΝ, par caracteres Grecs asses esloignez l'vn de l'autre.

Monnoye des Rhodiens.

MONNOYE DES RHODIENS.
ARGENT.

MON. DES RHODIENS.
BRONZE.

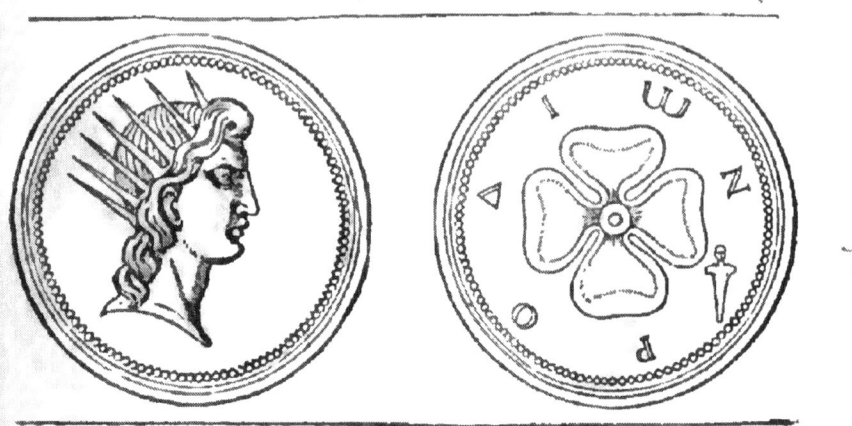

D

DE LA RELIGION

MON. DES RHODIENS.
ARGENT.   *ARGENT.*

L'Oriēt in sculpé aux medailles des Empereurs.

Par le reuers des mónoyes d'or de Traian, d'Hadrian, & d'Aurelian Empereurs se treuue insculpé l'Orient à la maniere des Grecs, representé par le Soleil, & l'escripture qui dit, ORIENS. Et par les medailles d'argent de Lucius Plautius, se treuue le simulacre de la teste d'Apollo accompagné de deux serpens, comme Pythius. Et par le reuers du dedans de la medaille lon voit vne Victoire, qui tient auecques les deux mains les cheuaux du Soleil par la bride.

Figure de la teste de Apollo accompagné de deux serpens.

TRAIAN.   AVRELIAN.
OR.   *ARGENT.*

L. PLA

DES ANCIENS ROMAINS.

L. PLAVTIVS.
ARGENT.

Ie n'auoye pas deliberé d'escrire du Colosse de Rhodes, qui estoit la statue d'Apollo, pource que i'en auoys faict mention au liure second de mes Antiquitez de Rome. Tant y a que sommairement i'en diray ce que i'en ay tiré d'vn liure Grec fort ancien, toutesfois acephale, qu'autrefois me presta feu Messire George de Vauzeles, Cheualier de Rhodes, Commandeur de la Torrette, & qu'il auoit autresfois apporté de Grece, mó voisin & singulier amy, & duquel ie n'ay voulu taire le plaisir qu'il me feit, pour auoir esté en son viuant homme liberal de ce qu'il auoit, à l'endroit de tous ses amys. Et dudict liure i'en tiray au plus pres ce qui s'ensuit.

Entre les autres miracles estoit le colosse de Rhodes, faict de bronze: dressé en l'honneur du Soleil de septante coudées de hauteur, faict par Colasses, qui consuma douze ans en tel ouurage. La base, qui soustenoit la statue, estoit de forme triangulaire, & chacune de ses extremitez estoit soustenue par soixante colónes de mar-

Colosse de Rhodes.

Descriptiõ du colosse de Rhodes. Colasses.

bre. Et par le dedans estoyent degrez, faicts à la semblance d'vne vis, par lesquels lon montoit iusques au plus hault de la machine: à la sommité de laquelle estoyent bons & variables instruments d'vn chant suaue & tresdoulce musique. Le chanter & la symphonie estoit de vers Iambiques. Et dudict Colosse estoyent veuës toutes les parties de la Syrie, & les nauires qui aloyét en Ægypte, par le moyen d'vn grand miroir, qui estoit pendu au col de la statue, qui auoit le visage tourné droit à l'Egypte. La statue se monstroit droitte, & qui tenoit à la main dextre vne espée, & de l'autre vne longue picque. Lon estimoit que la despence auoit passé trois cens talents d'or. Il tomba la cinquantiéme année apres qu'il fut faict & dressé, par vn tremblement de terre, si grand, qu'il dura sept iours entiers. Quand il fut tombé, bien peu de gens pouuoyent embrasser le gros poulce. Celuy qui achepta le bronze, en chargea des pieces neuf cens cameaux. Et cecy est la sommaire narration, que i'ay peu tirer dudict liure.

Despense de trois cés talens d'or pour faire le colosse de Rhodes.

Nous parlerons du combat d'Apollo & de Marsias, duquel Apulée au premier liure de ses Florides escript, que ce monstre vouloit contendre auec Apollo de mieux chanter: chose (comme il dit) contre raison, & que Thersites auecques vn bel homme, vn ignorant contre vn sçauant, vne beste contre vn Dieu, se voulust comparer. Les Muses assisterent au iugement, pour se mocquer de la barbarie de ce monstre, pour le faire punir de son outrecuidance & de sa folie. Et depuis que ce beau ioueür de fleustes fut vaincu par Apollo en ce combat, il le feit attacher à vn arbre, & luy feit oster le cuir de son dos, & miserablemét deschirer toute sa peau. Et

Cóbat d'Apollo & de Marsias.

DES ANCIENS ROMAINS.

Et par ce moyen tomba Marsias en la peine, qu'il auoit merité. Ce que nous a monstré Ouide en ses Fastes par ces deux vers,

Prouocat & Phœbum, Phœbo superante pependit:
Cæsa recesserunt à cute membra sua.

Et par le cachet de Nero, duquel i'ay faict retirer la graueure antique, pourra veoir le Lecteur la figure de ce combat.

Marsias escorché par son outrecuidance.

Cachet de Nero antique.

CACHET DE NERO RETIRE
de la graueure antique.

Apollo estoit accompagné de ses Muses, & tousiours painct auecques sa lyre, quád il estoit en leur cõpagnie.

DE LA RELIGION

Les Muses ont une fraternité auecques Apollo.

Aucuns ont voulu dire que les Muses ont vne certaine fraternité auecques ce Dieu, & qu'elles sont necessaires comme les Vertus. Et de là est venu qu'elles ont esté estimées vne vraye conionction de doctrine & de science.

Les Muses pourquoy vierges.

Mais disons pourquoy les Anciés les ont plustost fainctes vierges que mariées. Cornutus, ou bien Phurnutus a dit, que c'est pour le fruict qui s'engendre du iugemēt de l'ame : & sont dictes vierges, pource que les disciplines de la Vertu sont cachées, contentes de leur ornement naturel. Ledict Phurnutus dit encores, qu'elles

Les Muses demeurent par les montagnes.

demeurent par les montagnes, rendant ceste raison, que les amateurs des bonnes lettres, & que les gens studieux se delectent de se retirer à part pour estudier, & de choisir lieux separés & solitaires, qui sont par les bois & par les forestz. Qui a faict escrire à Plutarque, que les temples des Muses furent mis le plus loing des villes, qu'il fut possible.

Les Muses ont monstré aux hōmes la religion. Tripos d'Apollo.

Orpheus & Proclus ont chanté en leurs hymnes, que les Muses auoyent monstré aux hommes la religion, à laquelle nous retournerons, apres auoir monstré par figure le tripos d'Apollo, qui tant a esté celebré le temps passé.

Et pource que oultre les medailles d'or & d'argent de Vitellius & de Vespasian qui se treuuent, i'ay vne graueure tresantique, qui merite d'auoir lieu parmy les medailles : ie l'ay faict representer la premiere, comme chose rare & digne d'estre veuë : par laquelle l'on voit le

La Corneille cōsacrée à Apollo.

tripos d'Apollo, & la Corneille qui luy est consacrée : lequel est garni par les pieds d'vn costé de sa cithare, & de l'autre d'vn rameau de laurier, enseignes toutes consacrées à ce Dieu.

IASPE

DES ANCIENS ROMAINS.

IASPE ANTIQUE.

VITELLIVS.

OR. ARGENT.

VITEL

216   DE LA RELIGION

VITELLIVS.   VESPASIAN.
ARGENT.   ARGENT.

Le Soleil nommé des Pheniciens Heliogabale. Heliogabalus Empereur.

Le Soleil, que les Pheniciens ont nommé en leur langue Heliogabale, fut amené à Rome par l'Empereur Antonin, surnommé de ce nom, Heliogabalus, qui luy feit faire son temple au mont Palatin: & là (comme dit Lampridius) il voulut non seulement transferer les sacrifices des Romains, mais bien encores des Chrestiens, & des Iuifs, auec vne grande curiosité: n'ayant autre raison, sinon qu'il auoit esté ieune consacré & initié au sacerdoce du Soleil, qui est grandement honnoré des habitans de Phenice: auquel Dieu ils auoyét basti vn merueilleux temple, orné d'or & d'argent, & de belles pierres quarrées, par vne magnificence bien grande: comme recite Herodian au cinquiéme liure de son histoire bien amplement.

Le Soleil honoré des Pheniciés.

Herodiã.

Heliogabale en habit de sacerdote Phenicien.

I'ay deux medailles d'argent dudict Empereur, par lesquelles en habit de sacerdote Phenicien, il sacrifie au Soleil, tenant de la main droitte vne patere, & de la gauche, vn rameau de laurier dedié à ce Dieu. Et au dessus de l'arc, où est alumé le feu, se voit le Soleil: & lettres,

qui

DES ANCIENS ROMAINS. 117

qui difent à l'vne defdictes medailles, SVMMVS SA-
CERDOS: & à l'autre, INVICTVS SACERDOS. Et
par tel epithete a toufiours efté nommé le Soleil des
Anciens.

HELIOGABALVS.
ARGENT.   *ARGENT.*

Ie passeray outre sans faire autre mention de ce malheureux Prince, qui n'eut de l'homme, que la figure: &
prendray à descrire la Fortune, qui mit ce monstre iuf-
ques à la sommité de l'Empire: estant paincte par les
Anciens, tenant d'vne main vn cor d'abondance, & de
l'autre vn timon, où gouuernail de nauire, qu'elle reposoit souuentesfois sus vn globe: signifiants par cela,
qu'elle donnoit les richesses: & si auoit le gouuernement des choses humaines, & de tout le monde.

FOR-
TVNE.

Paincture de la Fortune.

E

TRAIAN.
BRONZE.   ARGENT.

HADRIAN.   ANT. PIE.
BRONZE.   ARGENT.

Image de Fortune couchée.

L'image de fortune fut encores painéte couchée, qui tenoit du bras gauche son cornucopie, & le bras droit appuyé sus vne roüe, qui monstroit son instabilité & inconstance, auecques l'inscription de FORTVNÆ REDVCI. Voila pourquoy Apelle painctre renommé de la Grece interrogé, qui l'auoit meu d'auoir painct la Fortune assise: il respondit, que c'estoit pource qu'elle n'auoit iamais reposé.

Apelles painctre renommé de la Grece.

ANT.

DES ANCIENS ROMAINS. 219

ANT. GETA.
ARGENT.

TRAIAN.
ARGENT.

Ce que nous auons nommé Fortune en nostre language, les Grecs l'ont nommé τύχη: & si elle estoit bonne, καλὴ τύχη: comme verra le Lecteur cy dessoubs, par vne grauure antique, que m'apporta de la Grece au retour de sa peregrination F. André Theuet d'Angoulesme, de l'ordre de Sainct François (celuy qui depuis a faict la Cosmographie de Leuant) entre plusieurs medailles Grecques, qu'il me donna, lesquelles ie representeray en leur lieu aux liure que i'ay faict des Antiquitez de Rome.

Cependant i'accompagneray nostre grauure d'vne Fortune, que i'ay insculpée dedás vn Corniol antique, tout ainsi retirée, qu'elle est par les medailles, ormis qu'elle porte vn rameau de laurier, auec son cor d'abondance: pour monstrer que la Fortune faict triompher ceux qu'elle veut.

La bonne fortune nōmée des Grecs calitychi.

Corniol antique. Fortune q̃ porte vn rameau de laurier.

E 2

220　DE LA RELIGION

| IASPE ANTIQVE. | CORNIOL ANTIQVE. |

La fortune accompagnoit le lict des Cesars. Pline.

Par les histoires nous congnoissons que la Fortune d'or accompagnoit ordinairement le lict des Cesars: & quand l'Empereur venoit à tirer à la fin, en sa presence elle estoit portée à son successeur. Pline la nomme legere, inconstante, incertaine, qui fauorise les indignes. Toutefois Fortune n'est autre chose, que la seule prouidence de Dieu, par laquelle nous receuons le bien & le mal selon nos merites.

Qu'est-ce que Fertune.

Fortune painéte aueugle. Aristophane.

La Fortune fut encores painéte aueugle: pource que souuetesfois elle donne les biens à ceux, qui ne l'ont pas merité. Et de cecy a tresbien parlé Aristophane en son Pluto Dieu des richesses: & son argument a traduit Lucian en son Misanthropos. Ledict Aristophane recite, que quand Iupiter enuoye les richesses aux bons, il est boiteux: & aux meschants, il court legerement. A Preneste fut anciennement le temple superbe de Fortune, edifié par Sylla: où estoit la statue de bronze de la Deesse, tellemét dorée, que pour l'excellèce du merueilleux artifi

Temple superbe de Fortune à Preneste.

DES ANCIENS ROMAINS.

artifice vint de là le prouerbe, que si lon vouloit louër vne belle doreure, lon disoit, que c'estoit vne doreure Prenestine. Encores commença ledit Sylla de faire vn paué en ce téple, auecques diuerses figures de marbres taillez de plusieurs couleurs, fort petits, que les Anciens ont nommé Lithostrates, où Musaique, desquels parle Pline au vintcinquiéme chapitre du trétesixiéme liure de l'Histoire naturelle, quand il escript des pauez somptueux, & comme furent agreables les Lithostrates commencez soubs Sylla, auecques petites crustules & pieces deliées de pierres variables au temple de Fortune faict à Preneste.

Doreure Prenestine Sylla.

Lithostrates. Musaiques

Et pource que la bonne Fortune accompagne souuentesfois les batailles, & les expeditions de la guerre, ie l'ay voulu mettre & colloquer au plus pres du Dieu Mars: auquel les Romains firent faire temples, luy donnant sacerdotes nommez Salies: le paignant vne fois Victeur, quand il porte la Victoire sus sa main: vne autrefois Propugnateur, Vlteur, Pacateur: alors tenant de la main droitte vne branche d'oliue, & de l'autre sa picque, ayant à ses pieds d'vn coste sa cuyrasse, & au deuant de luy targues & rondelles: accoustré de son morrion, qui est decoré d'vn panache, figuré tout nud: signifiant par cela, que ceux qui vont à la guerre, se doibuent presenter sans crainte de cueur aux ennemys. Et tout autour de la medaille se lit telle inscription, MARTI PACATORI.

MARS.

Mars Victeur, Propugnateur, Vengeur & Pacateur.

Ceux qui vont à la guerre doiuent estre sans peur.

E 3

VITELLIVS.
BRONZE.

ANT. PIE.
BRONZE.

MEDAILLONS DE
SEVERVS.

Quiris.
Mars
Quirinus.

Les autres ont painct le simulacre de Mars auecques vne haste, laquelle il auoit accoustumé de porter, nommée des Sabins, *Quiris* : & pour cela nommé Quirinus, tenant son escu de la main droitte, armé tout entierement. Et tout ainsi le nommant Vlteur, ou Vengeur, l'ont representé les monnoyes des Empereurs.

ANT.

DES ANCIENS ROMAINS.

ANT. PIE.	CARACALLA.
BRONZE.	*ARGENT.*

GORDIAN.	ALEX. MAMMEÆ.
BRONZE.	*BRONZE.*

HAD

224   DE LA RELIGION

HADRIAN.   CLAVDIVS.
ARGENT.   BRONZE.

Auguste Cesar feit faire le tēple de mars à Rome.

Le temple de Mars Vlteur fut faict à Rome par Cesar Auguste, de forme ronde : & lequel il auoit voué à la guerre de Phillippe, pour la vengeance de son pere : comme recite Suetone, & en ses Fastes Ouide, soubs ces mots,

 Templa feres, & me victore vocaberis Vltor:
  Vouerat, & fuso lætus ab hoste redit.

Dion. Dion au cinquantequatriéme liure de son histoire Romaine escript, que Cesar Auguste edifia le temple de Mars Vlteur au Capitole, où furent mises les enseignes & l'aigle que portoyent les Romains à la guerre. Et depuis ordonna le Senat & le Peuple de Rome, que le char, où il auoit triomphé, serois mis audict temple pour sa memoire.

Temple de Mars edifié par Auguste.

AVGV

DES ANCIENS ROMAINS.

AVGVSTE.
ARGENT.

L. CINNA.
ARGENT.

AVGVSTE.
ARGENT.   *ARGENT.*

Par toutes ces figures nous congnoiſſons, que les Anciens obſeruerent de paindre le Dieu Mars auecques ſon morrió, tenant vn trophée ſus ſon eſpaule, & de l'autre ſa haſte : combien que les Lacedemoniens (comme recite Pauſanias) faiſoyent faire le ſimulacre de Mars enchainé, pour le garder de s'en aller d'auec eux. Et encores que les anciens Grecs & Romains le nommaſſent

Painct ure du ſimulacre de Mars.

Pauſan. in Laconicis.

F

226　DE LA RELIGION

Vlteur & Propugnateur, ils le faisoyent toutesfois armé à l'antique de toutes pieces. Il se treuue plusieurs autres surnoms de ce Dieu Grecs & Latins, desquels pour le present ie ne feray aucune mention, reseruāt ce demeurant pour le liure second de mes Antiquitez de Rome.

VENVS.
Venus Victrice.

Et comme les Grecs & Romains nommerent Iupiter & Mars Victeurs, tout ainsi fut nommée Venus, Victrice: luy faisant porter vne Victoire sur la main droitte, & de la gauche tenant son sceptre, ayant le bras appuyé sus vn grand escu: d'autrefois tenant vn morrion, au lieu de la Victoire, sus sa main: & la pomme, par laquelle elle estoit demeurée victorieuse entre les Deesses.

Char de Venus tiré par des cygnes.

Les Poëtes ont faict tirer son char par des Cygnes: & pour cela dit Ouide,

　　-- Iunctique per aëra cygnis
　Carpit iter.

CARACALLA.　　　MACNVRBICA.
BRONZE.　　　　　ARGENT.

PLAV

DES ANCIENS ROMAINS.

PLAVTILLA.   FAVSTINA.
ARGENT.   BRONZE.

Ce que les Grecs en leur langue nommerent Ἀφροδίτη, les Latins ont nommé Venus, Deeſſe de beauté & de generation : qui fut née (ainſi qu'on faint les Poëtes) de l'eſcume de la mer. Et Cicero, au liure troiſiéme de la nature des Dieux, faiſant quatre Venus, en faict l'vne fille du Ciel & de Iupiter : de laquelle il auoit veu (comme il dit) le temple en Elide. L'autre il a faict naiſtre de l'eſcume de la mer : & la troiſiéme née de Iupiter & de Dione, qui fut mariée à Vulcan. La quatriéme Syrie, conceuë de Syrus, nommée *Aſtarte* : qui fut mariée au bel Adonis. Plato en ſon banquet a mis deux Venus : la premiere celeſte, qui incite les hommes à l'amour bonne & honneſte : l'autre inferieure & populaire, qui nous incité à lubricité. La premiere, ſans mere, fille du Ciel : l'autre de Dione & de Iupiter, la plus ieune & quaſi vulgaire. Les Pheniciens auoyent en grande reuerence la Deeſſe Venus, pour l'amour d'Adonis, qui eſtoit né en leur païs : & luy faiſoyent ſacrifices auecques pleurs & lamentations.

Venus Deeſſe de beauté.
Quatre Venus differentes.

Deux Venus ſelon Plato.

Les Pheniciens auoyent grand reuerence à Venus.

F 2

DE LA RELIGION

Laissons toutes ces superstitions, & venons à descrire comme les Anciens sans la Victoire la representerent encores en leurs simulacres: & principalement Cesar le Dictateur, qui la feit insculper par les reuers de ses medailles, accompagnée de son petit Cupido.

IVLE CESAR.
ARGENT.   ARGENT.

Char de Venus cõduit par deux Cupido.

Par le reuers des medailles d'argent du ieune Cesar l'on voit deux petits Cupido, qui en volant conduisent le char de Venus, qui tient entre ses deux bras son sceptre comme Deesse: pource qu'ils se disoyent estre descendus de la lignée de Iulus: auec telle inscription,
LVCII IVLI LVCII FILII.

IVL.

DES ANCIENS ROMAINS.

IVL. CESAR.
ARGENT

AVGVSTE.
ARGENT

Auguste Cesar dedia à Iule Cesar le temple de Venus Genitrice (depuis adorée soubs ce nom des Romains) qu'il auoit encommencé: & luy auoit faict faire vne cuirasse ledict Cesar des perles, qu'il auoit apportées d'Angleterre & d'Escoce: comme dit Pline, qui au trentesixiéme liure de l'Histoire naturelle recite, que Cesar le Dictateur feit faire la figure de Venus Genitrice par Archesilaus: laquelle pour la grand haste qu'il auoit de la dedier, il la feit mettre dedans son fore, auãt qu'elle fust acheuée.

Le Temple de Venus dedié par Auguste Cesar.

Archesilaus painctre renommé.

AVGVSTE CESAR.

ARGENT.

ANTI-NOVS.

Temple de Antinous en Arcadie.

Pausanias in Arcadicis.
Temple de Antinous magnifique edifié par Hadrian sur le Nil.

Ie n'auoye pas deliberé d'immortaliser Antinous, cóbien qu'Hadriá l'Empe. l'eust faict receuoir au nombre des Dieux immortels, sans que ie me suis trouué trois medaillons d'Antinous, que feit frapper Hadrian pour l'eternité de sa memoire: lequel il perdit sur le Nil, en sa peregrination de l'Egipte, auecques telle lamentations & regrets, qu'il feit au lieu, où il mourut, edifier vne cité qui porta le nom d'Antinous: & là il luy feit dresser vn temple & vn autel, y adioustant des sacerdotes & flamines, pour luy sacrifier. Et non content de toutes ces choses, il feit encores faire en Arcadie en la ville de Mantinée vn temple bien renommé, & feit mettre ses statues es gymnases, & par la cité, soubs l'effigie de Dionysius, ainsi que recite Pausanias.

Et pource que la medaille dudict Antinous est entre mes mains, où est representée par le reuers la figure du temple, qu'Hadriá l'Empereur feit edifier sur le Nil en son honneur, ie n'ay point voulu frauder le Lecteur studieux & amateur de l'Antiquité, de la veuë de ce bellissime

DES ANCIENS ROMAINS.

sime ouurage & somptueux edifice, que l'Empereur Hadrian print grand peine à exorner & enrichir de plusieurs belles statues & images: comme la figure nous le represente auecques l'inscription de semblables caracteres Grecs, ΑΔΡΙΑΝΟΣ ΩΚΟΔΟΜΗΣΕΝ, que nous pourrons interpreter HADRIANVS CONSTRVXIT. Et par le dessoubs du temple est veu vn Crocodile, animal particulier au fleuue du Nil, où mourut ledict Antinous: comme nous auons dict cy dessus.

MEDAILLON GREC,
D'ANTINOVS.

Ie me souuien auoir leu au liure qu'a faict de l'histoire variable Leonicus, que luy estát à Venise, luy fut móstrée vne medaille d'argent d'Antinous, où estoit escrit en caracteres Grecs, ΑΝΤΙΝΟΟΣ ΗΡΟΣ, c'est à dire: Antinous homme heroique, qui auoit quelque chose plus que de l'hóme. La teste de la medaille estoit si bié faicte que ne luy manquoit autre chose que l'esprit. Et par ce que Leonicus ne faict aucune mention du reuers de ladicte medaille, i'ay faict paindre celuy de la miéne, qui est vn mouton, pour le contentement des amateurs des bonnes

Leonicus.

Antinous homme heroique.

232   DE LA RELIGION

bonnes lettres, sans inscription toutesfois : pource que les caracteres sont si frustres & si vsez, qu'il m'a esté impossible d'en auoir sceu tirer aucun sens.

MEDAILLON GREC D'ANTINOVS.

Antinous fut de Bithynie.
A l'autre medaillō d'Antinous du costé droit se voit l'effigie de ce ieune enfant de Bithynie, qui fut d'vne excellente beauté, auecques lettres Grecques qui disent, ΟΣΤΙΛΙΟΣ ΜΑΡΚΕΛΛΟΣ Ο ΙΕΡΕΥΣ ΤΟΥ ΑΝΤΙΝΟΟΥ, & de l'autre costé, ΤΟΙΣ ΑΧΑΙΟΙΣ ΑΝΕΘΗΚΕ. que i'ay ainsi rendues Latines, HOSTILIVS MARCELLVS SACERDOS ANTINOI ACHÆIS DICAVIT.

Le cheual Pegasus.
Et au reuers de la medaille se treuue insculpé le cheual Pegasus, & Mercure auecques ses talaires, qui le tient de la main droitte, & de l'autre sa verge de paix, ou son caducée.

MEDA

DES ANCIENS ROMAINS.

MEDAILLON GREC
D'ANTINOVS.

Pour la fin de ce que ie veux escrire des temples, qui seruoyent pour nostre religion, i'ay faict representer cy dessoubs quatre temples, desquels ie n'ay peu tirer, pour estre les medailles si gastées & consumées de l'antiquité, entiere congnoissance.

NERO.
BRONZE.

TITVS.
BRONZE.

234 DE LA RELIGION

SEVERVS.   MED. DE
BRONZE.   BRONZE.

VESTA.

Palladium

Vierges Vestales.

Descriptiõ du Palladium.

Le dernier de ces quatre temples se voit de forme spherique, & qui retire fort au temple de Vesta, qui estoit tant reueré des Romains : là où reposoit le Palladium, qui auoit esté amené de Troye, & qui iamais depuis n'auoit esté veu d'homme. Toutesfois quãd le magnifique temple de Paix brusla, le malheur fut si grand, qu'il accompagna la conflagratiõ du temple de Vesta: de sorte, que le Palladium fut sauué par les vierges Vestales, qui le passerent par le milieu de la voye Sacrée, & le porterent iusques dedans le palais de l'Empereur: duquel la figure se voit par les reuers des medailles de Vespasian, & de Iulia Pia: qui n'est autre chose, qu'vne petite statue de Pallas, qui tient sa haste d'vne main, & son bouclier de l'autre.

VESP

DES ANCIENS ROMAINS.

VESPASIAN.	IVL. PIA.
ARGENT.	*ARGENT.*

CLAVDIVS.	VESPASIAN.
ARGENT.	*BRONZE.*

Quant au temple de Vesta, les Romains le firent de forme ronde, estimants que c'estoit la Terre: le faisant faire Numa, apres que par armes il eut accoustré la cité de Rome, pour adoulcir la ferocité & rudesse du peuple, deliberant la munir de loix & de bonnes meurs, introduisant premierement dedans la cité la religion.

Temple de Vesta de formé ronde. Numa.

236 DE LA RELIGION

QVINTVS CASSIVS.
ARGENT.

NERO.   VESPASIAN.
OR.   OR.

    L'Entrée du temple de Vesta estoit defendue aux hômes, côme celle des monasteres de noz Religieuses, qui sont reformées. Et pour le seruice de la Deesse furêt au commencement ordonnées quatre vierges, depuis six: & dura ce nombre asses longuement: comme la figure des medaillons de Faustine & de Lucille le representent

Nôbre des vierges Vestales.

DES ANCIENS ROMAINS.

tent : qui nous font congnoiſtre la maniere de leurs ſacrifices, pour eſtre repreſentées veſtues de leurs robbes blanches (nommées des Latins *Suffibulæ*) longuettes, & quarrées, & de telle longueur, qu'elles auoyent le moyē de les mettre ſus la teſte pour ſe voiler. La premiere deſquelles nommée Maxima (comme de noz Religieuſes & Nonnains l'Abaëſſe) tient le ſympule, vaſe ordonné pour les ſacrifices : & l'autre qui eſt deuant elle, & qui la regarde, tient de la main gauche vn petit coffre turaire appelé des Anciens *Acerra*, où elle a prins l'encens qu'elle iette ſur le feu, appaiſant la Deeſſe par l'odeur de telle ſuffumigation, ou parfum : eſtāt dreſſé l'autel auecques le feu deuant le temple de la Deeſſe : ou par le dedans eſt veu le ſimulacre du Palladium, la teſte armee d'vn cabaſſer, & qui tient de la main droitte ſa haſte, & de l'autre ſon eſcu, ſans aucune inſcription.

Accouſtrement des Veſtales.

Maxima que nous diſons l'Abaëſſe.

Acerra coffre turaire

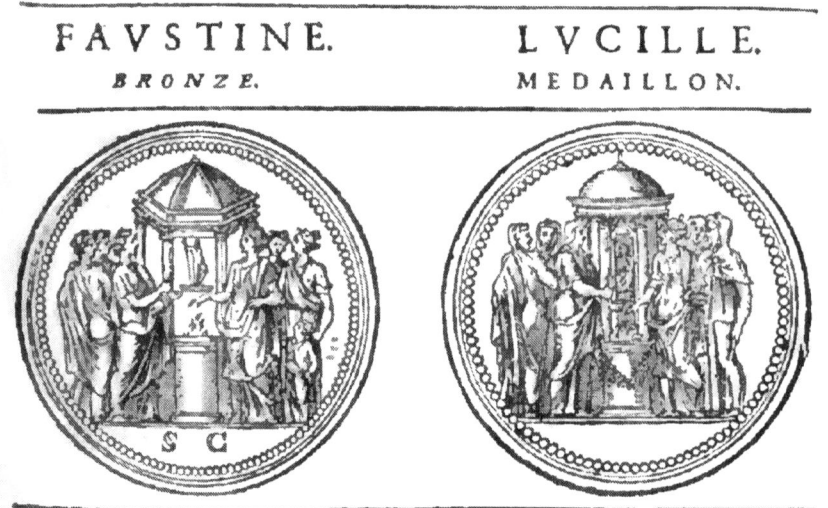

FAVSTINE. BRONZE.   LVCILLE. MEDAILLON.

Vingt Vestales urdōnees pour le seruice de Vesta.

Par succession de temps vindrēt les Vestales iusques à vingt: & si estoit necessaire qu'elles fussent nées d'vn homme libre, & falloit qu'elles fussent sans manquement de leurs personnes, estant prinses & rédues depuis l'aage de six ans, iusques à dix: & aux premiers dix ans elles aprenoyent la façon & coustume des sacrifices. Ce que monstre la medaille de Faustine, où lon voit la petite Vestale nonnain. Aux autres dix ans elles estoyent occupées & empeschées à faire leurs sacrifices: & aux dix derniers elles enseignoyent les ieunes vierges, qui auoyent esté nouuellement receuës. Et passé le terme de trente ans, elles auoyent le pouuoir de se marier. Tant y a que quasi toutes celles (comme nous lisons) qui le furent, demeurerent infortunées & malheureuses.

Passé le terme de xxx. ans se pouroyent marier les Vestales.

La principale (comme i'ay dit) estoit nommée des Romains, *Maxima*: comme nous congnoissons par deux sepultures, l'vne de Flauia Manilia, & l'autre de Clælia Claudiana, trouuées auecques leurs inscriptions de nostre temps à Rome.

Sepultures antiques.

Epitaphe de Flauia Manilia Vestale.

FL. MANILIÆ VV. MAX. CVIVS EGREGIAM
SANCTIMONIAM ET VENERABILEM MORVM
DISCIPLINAM, IN DEOS QVOQ. PERVIGI-
LEM ADMINISTRATIONEM SENATVS LAV-
DANDO COMPROBAVIT. ÆMILIVS FRATER
ET RVFINVS FRATER ET FLAVII SILVANVS
ET HIRENEVS SORORIS FILII A MILITIIS
OB EXIMIAM ERGA SE PIETATEM,
PRÆSTANTIA'MQVE.

Epita

DES ANCIENS ROMAINS.

Epitaphe de Clælia Claudiana Vestale.

CLÆLIÆ CLAVDIANÆ VV. MAX. RELI-
GIOSISSIMÆ, BENIGNISSIMÆQ CVIVS RITVS
ET PLENAM SACRORVM ERGA DEOS
ADMINISTRATIONEM VRBIS ÆTERNÆ
LAVDIBVS SS. COMPROBATA OCTAVIA
HONORATA VV. DIVINIS ADMONITIONIBVS
SEMPER PROVECTA.

Ces Vierges Vestales estoyent tenues en grande reuerence & veneration à l'endroit du peuple de Rome: comme lon voit par Tite Liue au cinquiéme liure de la premiere Decade, qui recite, qu'Albinus homme populaire voyant les vierges Vestales qui se retiroyent de Rome à pied, il commanda à sa femme & à ses enfans, qu'ils descendissent de leur chariot, pour faire monter en leur place les Vestales, pource qu'elles gardoyent le feu perpetuel par vne tresgrande deuotion. Et si par fortune il venoit à s'esteindre, elles estoyent chastiées par le grand Pontife: combien que tous les ans il estoit allumé de nouueau par les Vestales: comme nous faisons à la consecration du cierge de Pasques encores auiourd'huy. Sur l'autel des Hebrieux exterieur brusloit le feu perpetuellement, qui signifioit que les graces de Dieu ne defaillent point, mais bien ce presentent à nous de iour & de nuyt. Et par la mystique theologie des Anciens n'estoit entendu autre chose par Vesta, que le feu: pource que le feu par son continuel mouuement n'engendre rien, comme dit Phurnutus: & pour cela estoit

Veneratiõ d'Albinus à l'endroit des Vestales.

Les Vestales furent ordonnées pour garder le feu perpetuel.

La grace de Dieu se presente à nous iour & de nuyt.

Phurnutus

estoit gardée Vesta par des vierges. Nous trouuons que les Poëtes l'ont mise pour le feu souuentesfois, mesmement Ouide, quand il a dit ces vers,

Nec tu aliud Vestam quàm puram intellige flammam,
Natáque de flamma corpora nulla vides.
Iure igitur virgo est, quæ semina nulla remittit,
Nec capit, & comites virginitatis amat.

Vesta pour le feu.

Le sacerdoce estoit si venerable, que les Vestales estoyent estimées sacrosainctes. Et par leur seule autorité fut remise la paix souuent entre les citoyens de Rome.

Les Vestales estoyent estimées sacrosainctes. Vestales tondues.

Quand les vierges venoyent à se rendre Vestales, i'ay obserué qu'elles estoyét tondues, cóme sont noz Nonnains d'auiourd'huy : & leur estoit deffendu de nourrir leur poil, si nous voulons croire Pline au liure seiziéme de son histoire naturelle, quand il a dit, *Antiquior lothos est, quæ Capillata dicitur, quoniam virginum Vestaliũ ad eam capillus defertur.* Seules les Vestales pour se nourrir (pour ce qu'elles estoyent femmes) prenoyent leur reuenu du public. Et dura ceste façon de faire iusques au regne de Theodosian Empereur Chrestien, qui leur osta, à la requeste des Gentils hommes Romains, qui estoyent desia en ce temps de grandeur, d'opulence & richesses esguaulx aux Gentils, qui enuoyerent pour ambassadeur Symmachus homme patrice, de noblesse, d'eloquence & de dignité tresinsigne, iusques à Milan, où seiournoit pour lors l'Empereur, pour luy remonstrer entre les autres choses, que les vierges Vestales fussent maintenues en leurs priuileges, pour recouurer les legats & fondations, comme elles auoyent de tout temps accoustumé de faire, lesquelles leur auroyét esté ostées

Lothos capillata.

Les Vestales prenoyét leurs rentes du public. Theodosiã Empereur Chrestien.

Symmachum.

à la

DES ANCIENS ROMAINS.

à la persuasion des Chrestiens, remonstrants audit Empereur, qu'à Rome estoyent laissez si grand nombre de legats aux vierges Vestales, qu'elles auoyent le pouuoir de les distribuer aux indigens, & d'en nourir par grande pieté les poures : de sorte qu'elles ne permetroyent point mendier aucune personne du peuple, & moins des estrangiers & suruenants. Toutesfois sa legation se treuua de peu de proffit, & de moindre valeur : & quelque remonstrance qu'il sceust faire, les Vierges demeurerent sanz legats. Parquoy se plaignant Symmachus en son oraison, recite semblables paroles : *Honorauerat lex parentum Vestales virgines, ac ministros Deorum victu modico, iustisque priuilegijs stetit muneris huius integritas vsque ad degeneres trapezetas.* Et bien tost apres il dit, *Sequuta est hoc fames publica, & spem Prouinciarum omnium messis ægra decepit. Non sunt hæc vitia terrarum: nihil imputemus Austris: nec rubigo segetibus obfuit, nec auena fruges necauit: sacrilegio annus exaruit. Necesse enim fuit perire omnibus quod religionibus negabatur. Quid tale proaui pertulerunt, cùm religionum ministros honor publicus pasceret?* Aux arguments de Symmachus respond Prudentius de bonne grace par ces vers, en luy remonstrant que le port d'Hostie estoit plein des nauires chargez de blé, qui estoyent arriuez des Prouinces, pour la nourriture du peuple de Rome : & que les greniers estoyent si chargez de grain, qu'ils estoyét prests à rompre : & que l'abondance des blez & de l'annone monstroit le contraire, de ce qu'il auoit mis en auant : & qu'il ne se trouuoit homme en la ville de Rome, qui vinst aux spectacles des ieux Circenses, qui eust faim : & qu'il ne se failloit point estonner, si la terre se trouuoit

H

Legats laissez aux vierges Vestales.

Ambassade de Symmachus de peu de proffit.

Responsede Prudétius à Symmachus.

quelque fois sterile & infertile, & sans porter, autant pour la seicheresse, que pour autre chose. Et que auant que le Palladium eust esté apporté à Rome: ou Vesta, ou les Dieux Penates, Lares, & Dieux domestiques, la terre bien souuent venoit à faillir: & que par le vice de l'air autresfois estoyent suruenuz semblables accidents. Et qui plus amplement vouldra veoir ce que Prudence en a laissé par escript, lise le deuxiéme liure contre Symmachus, où il commence tout ainsi,

Prudence.

Ultima legati de fleta dolore querela est,
Paladiis quòd farra focis, vel quòd stipis ipsis
Virginibus, castísque toris alimenta negentur.
Vestales solitis fraudentur sumptibus ignes.

Remōstrāce de Symmachus contre les vierges Vestales

Et depuis luy auoir respondu suffisamment, il remōstre l'honnesteté de la virginité des Vestales, qui estoit pour lors à Rome, soubs semblables paroles:

Quæ nunc Vestalis sit virginitatis honestas,
Discutiam, qua lege regat decus omne pudoris.
Ac primùm paruæ teneris capiuntur in annis,
Ante voluntatis propriæ, quàm libera secta
Laude pudicitiæ feruens, & amore Deorum,
Iusta maritandi condemnat vincula sexus.
Captiuus pudor ingratis addicitur aris,
Nec contenta perit miseris, sed adempta voluptas,
Corporis intacti mens non intacta tenetur.
Nec requies datur ulla toris quibus innuba cæcum
Vulnus, & amissas suspirat fœmina tedas.
Tum, quia non totum spes salua interficit ignem,
Nam resides quandoque faces adolere licebit,
Festáque decrepitis obtendere flammea canis

Tempore

Tempore præscripto, membra intemerata requirens,
Tandem virgineam fastidit Vesta senectam,
Dum thalamis habilis timuit vigor, irrita nullus
Fœcundauit amor materno viscera partu,
Nubit anus veterana sacro perfuncta labore,
Desertísque focis, quibus est famulata iuuentus,
Transfert emeritas ad fulcra iugalia rugas,
Discit & in gelido noua nupta tepescere lecto.
Intereà dum torta vagos ligat infula crines,
Fatalésque adolet prunas innupta sacerdos,
Fertur per medias vt publica pompa plateas,
Pilento residens, molli seque ore retecto
Imputat attonitæ virgo spectabilis vrbi,
Inde ad consessum caueæ pudor almus, & expers
Sanguinis, it pietas hominum visura cruentos
Congressus, mortésque, & vulnera vendita pastu,
Spectatura sacris oculis, sed & illa verendis,
Vittarum insignis phaleris, fruitúrque lanistis.
O tenerum mitémque animum, consurgit ad ictus,
Et quoties victor ferrum iugulo inserit, illa
Delicias ait esse suas, pectúsque iacentis
Virgo modesta iubet conuerso pollice rumpi,
Ne lateat pars vlla animæ vitalibus imis
Altius impressa dum palpitat ense secutor.
Hoc illud meritum est, quod continuare feruntur
Excubias, Latij pro maiestate palatij,
Quòd redimunt vitam populi, procerúmque salutem,
Perfundunt quia colla comis bene, vel bene cingunt
Tempora tæniolis, & litia crinibus addunt.
Et quia subter humum lustrales testibus vmbris

H 2

DE LA RELIGION

In flammam iugulant pecudes, & murmura miscent.

Pompe des Vestales du temps de Prudence.

C'est ce que Prudence mostre de la superstition & pompe des Vestales, qui aloyent aux cirques & amphitheatres dedans leurs coches, accoustrées plus delicatement & pópeusemét, qu'il n'estoit requis à Religieuses, pour veoir le cóbat des bestes feroces cótre les Gladiateurs: & prenoyét pour delices de regarder mettre l'espée de dans la gorge d'vne personne. Parquoy il supplie l'Empereur de vouloir faire oster ce sang des arenes, & tels spectacles pleins de cruautez. Et que Rome ne soit plus contaminée de ces malheurs, disant ainsi pour la fin de ses vers,

Te precor Ausonij Dux augustissime regni,
Vt tam triste sacrum iubeas, vt cætera tolli.

De quelle matiere firent les Anciens leurs simulacres. Pausanias in Arcadicis.

Nous auons asses demeuré sus l'histoire des Dieux & Deesses, & sus les maisons sacrées & temples des Dieux, qu'adoroyét les Romains. Il demeure à veoir de quelle matiere firent les Anciens leurs simulacres, statues & images : qui furent (comme l'escript Pausanias) de ebene, de cyprez, de cedre, de chesne, de lothos, smilax, & de bouïs. Theophr. y adiouste la racine de l'oliue, qui seruoit aux Anciens pour leurs petites images : & Pline y a mis le bois de la vigne, quand il recite, que le simulacre tresancien de Iupiter en fut faict en Populonie, cité d'Italie tresantique : lequel il dit auoir veu, & auoir duré incotrompu bien longuement. Et non sans cause, comme ie pense. Car si la dureté de la matiere estoit requise pour faire l'ouurage des arbres, desquels nous auós parlé cy dessus, certainement lon trouuera qu'il ne se trouue bois

Simulacre de Iupiter en Populonie faict du bois de la vigne.

DES ANCIENS ROMAINS.

ue bois plus durable, & qui moins sente l'iniure du téps que le bois de la vigne: comme il a esté experimété par plusieurs experiences: combien que la statue de Mercure en Arcadie ne fut point faicte de la matiere de tous ces arbres, mais de celuy qui est nommé *Thya*, autremét appelé d'Homere *Troiethes*: duquel lon vsoit entre les odeurs pour les delices: qui vient principalement (comme dit Theophraste) en la contrée de Cirene: l'espece duquel tout entier, les rameaux, les fueilles, & son fruict sont quasi semblables au cyprez. Et dauantage dit l'Auteur, que de sa racine estoyent faict ouurages precieux. La cire fut encores en vsage, & le sel, duquel furent trouuées statues, n'a pas long temps, dedans vne grotte aupres de Volterre. Semblablement le voirre fut asses estimé, duquel i'ay veu plusieurs figures: & entre les autres i'ay vn vase faict en forme de la teste d'vn Æthiopien, rempli par le fond de certaine composition antique odoriferante, trouué en Daulphiné, auec plusieurs autres vases en la maison du Seigneur de la Motte, qui le presenta à feu Monseigneur d'Orleans, second fils de France, auecques vn autre vase goderonné d'asses belle forme: & lesquels me donna depuis ledict Seigneur. L'or, l'argét, le bronze, le fer, l'aymát, l'estain, le plomb, l'yuoire, l'argile, ne furent pas espargnez pour la decoration de leurs temples, fores, & palais, qu'ils accompagnerent par le dedans de pierres precieuses: finablemét de toutes sortes de marbre amenez de lointain païs.

Il est temps desormais de faire fin à ce propos, & d'escrire des sacerdoces & dignitez sacerdotales, pour suy-

Il ne se treuue bois plus durable que celuy de la vigne.

Thya, arbre autrement nómé Troiethes.

Theophraste.

De la cire & du sel firent les Anciens statues.

Vases de voirre antiques trouués en Dauphiné en la maison du Sieur de la Motte.

246 DE LA RELIGION

ure la matiere de noſtre religion. Et pour le commencement nous dirons comme les Romains eurent pluſieurs ordres & collieges de ſacerdotes, qui preſidoyent aux choſes ſacrées: comme furent le grand & petit Pontifes, Flamines & Archiflamines, les Augures au regard des oyſeaux, les Salies : & de leurs collieges, prebſtres, comme ſont noz Chanoines, qui furent donnez aux Empereurs apres leur deification, nommez les vns d'Auguſte, Auguſtales: d'Heluius, Heluiens: d'Antonin Antoniens: d'Aurelius, Aureliens : & de Fauſtine, Fauſtiniens : qui tous eſtoyent ordonnez pour la religion, pieté, ſainĉteté (qui eſt la ſcience d'adorer les Dieux, cōme dit Cicero) cerimonies, pour faire ſacrifices, pour annoncer les feſtes, dedications, conſecrations, ſupplications, proceſſions, vœux, & deuotions, & pluſieurs autres cerimonies, qu'ils faiſoyent pour honnorer leurs Dieux, & pluſtoſt Demones en leurs folles ſuperſtitiōs. Et auec telle erreur des Gentils nous pourrons ioindre la follie du peuple, en leurs diuerſes opinions, leſquels demeurerent en ſi grande inconſtance de verité, & d'ignorance ſi long temps.

Collieges des ſacerdotes Romains.

Sacerdotes auguſtales, Heluiens, Antoniens, Aureliens, & Fauſtiniens.

DES

DES SACERDOCES,
ET PREMIEREMENT
des freres Aruales, & du sacrifice nommé Ambervale.

LE sacerdoce des freres Aruales fut institué par Romulus pour faire les sacrifices publiques, aux fins que les terres portassent force blé. Et pour enseigne religieuse leur fut donné vne coronne spicée, qui estoit liée d'vne ceinture blanche. Et le nombre ne passa pas douze, comme ont dit les Anciens. Quant au sacrifice nommé des Latins *Ambervale*, il se faisoit de la truye, ou de la vache pleine, quand les champs & les blez estoyent lustrez & enuironnez auec la victime par trois fois, & tous suyuoyent les sacerdotes chantans: entre lesquels y en auoit vn coronné d'vne coronne de chesne, qui chantoit les louënges de Ceres: & depuis qu'il auoit tasté le vin & le laict, auant que de couper les blez, ils immoloyent la truye à Ceres, comme nous auons dit. Et quád le pastre venoit à lustrer ses brebis, il les arrosoit de l'eaue, & puis auecques le souffre, de l'herbe sabine, du laurier, toutes ces choses aluméés auecques le feu il aloit tout autour des troupeaux, & les perfumoit, & auecques vers sacrez, & le gasteau, qui estoit faict de millet & de laict, sacrifioit à Pales Deesse des Pasteurs. Et par telle fumigation ils pensoyent priuer de la gale, & de toutes autres maladies leurs brebis.

Sacerdoce des freres Aruales par qui institué.

Amberua le sacrum.

248　DE LA RELIGION

DES AVGVRES, ET DE la dignité Augurale.

Cicero Augur.

LA discipline & religion des Augures vint premierement de Etrurie à Rome: combien que Cicero, qui fut de l'ordre, (cōme il escript au liure de la nature des Dieux) dit au liure qu'il a faict *De diuinatione*, que le sacerdoce des Augures estoit de si grande autorité & veneration,

Sacerdoce des Augures de grāde veneration.

que les Romains ne faisoyent chose dedans & dehors la cité sans l'Augure. Et vint la dignité Augurale iusques aux premiers de la noblesse Romaine & des Empereurs, pour l'honneur & vtilité que receuoyent ceux qui estoyent de ce colliege.

M. Antoine & Lepidus Augurs.

Ce que lon peut voir par les monnoyees de Pompée & de Cesar le Dictateur, qui feit receuoir Marc Antoine & Lepidus en ce noble colliege, où ils ont figuré le lituе, le sympule, la chapeau, le vase, & les petits polets, pour monstrer la dignité de leurs sacerdoces.

IVL. CESAR.　　　POMPEE.
　ARGENT.　　　　ARGENT.

M. A VR.

DES ANCIENS ROMAINS.

M. AVR. ANTONINVS ET ÆL. VERVS.
RESTITVTEVRS.
ARGENT.

IVLE CESAR.

ARGENT.   *ARGENT*

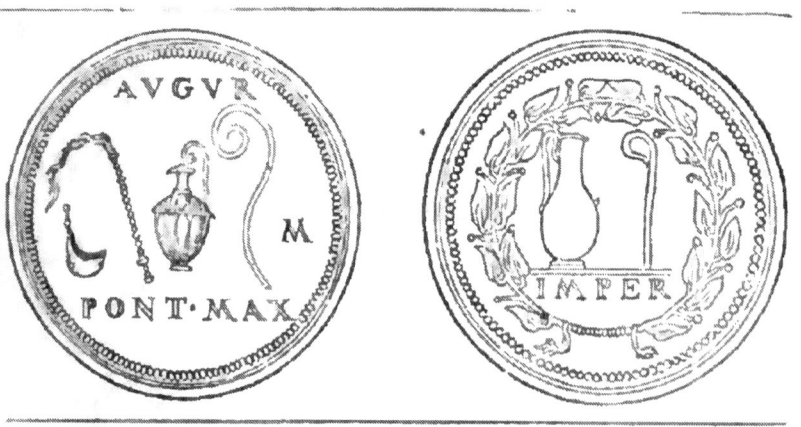

MARC ANTOINE.
ARGENT.

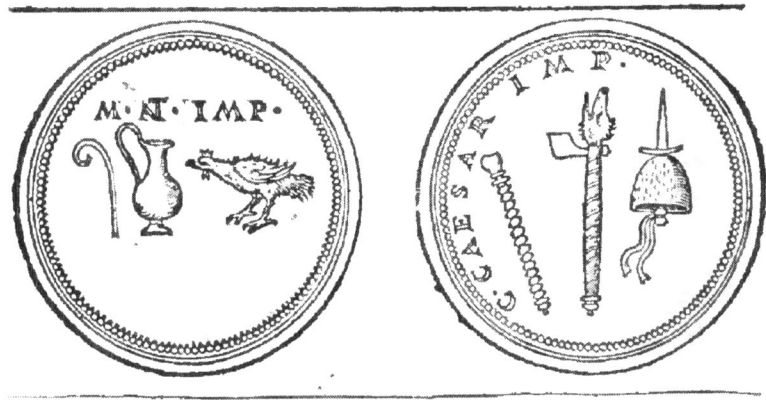

Nombre des Augures.
Au commencement que fut ordonné le colliege des Augures, ils furent constituez trois par les trois tribuz, comme le monstre Halicarnasseus : & depuis quatre. Par succession de temps, demandant le peuple plus grand nombre, furent adioustez cinq Augures de la plebe aux quatre patricies : & demeura tousiours depuis le nombre de neuf Interpretes des Dieux, la response desquels ne faisoit pas petite foy.

Auguratoire. Litue, baston augural.
Le lieu de l'Auguratoire estoit vn temple, où estoit assis l'Augur, qui auoit la teste voilée, tenant à la main le Litue, qui estoit proprement le baston Augural, enseigne de sa dignité, comme est auiourd'huy de noz Euesques la Crocc : la painctute duquel ie representeray cy dessoubs tout ainsi retireé d'vn frise antique, qui se voit encores à Rome.

BAS

DES ANCIENS ROMAINS.

BASTON AUGURAL
des anciens Romains.

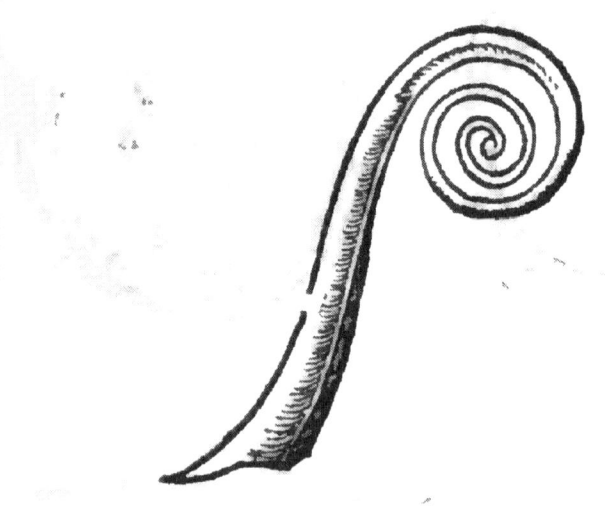

Et de ce Litue l'Augur notoit les quartiers du ciel, estant reuestu d'vne double togue, ou robe Augurale, que les Romains nommerét *Lena*, ou *Trabea*, qui estoit teincte en escarlatte. Et en tel accoustrement est representé Marc Antoine par ses medailles, où d'vn costé se lisent telles lettres, MARCVS ANTONIVS LVCII FILIVS, MARCI NEPOS, AVGVR, IMPERATOR, TERTIVM : & de l'autre se voit la teste du Soleil, auecques semblables paroles abregées, TRIVMVIR REIPVBLICÆ, CONSTITVENDÆ, CONSVL DESIGNATVS ITERVM ET TERTIVM.

Robe de l'Augur nommée Trabea.

MARC ANTOINE.
ARGENT.

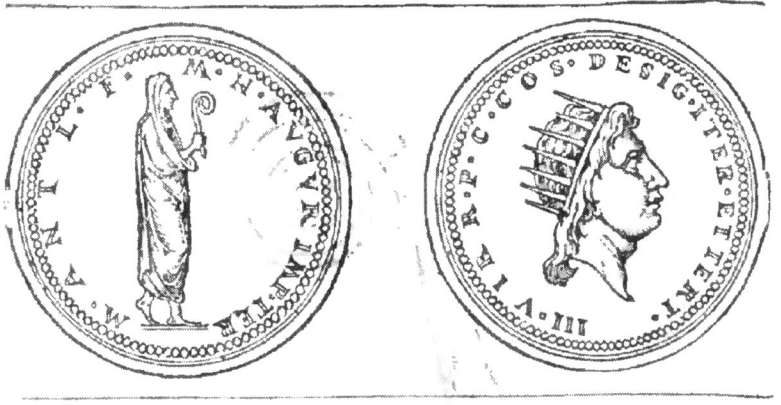

Enseignes de la religion.

Et par les medailles de Lentulus Spinter se peuuent encores veoir le Litue, le Vase, le Sympule, le Maillet & le Cousteau, qui sont toutes enseignes de leur religion.

LENTVLVS SPINTER.
ARGENT.

DES ANCIENS ROMAINS.

LENTVLVS SPINTER.
ARGENT.

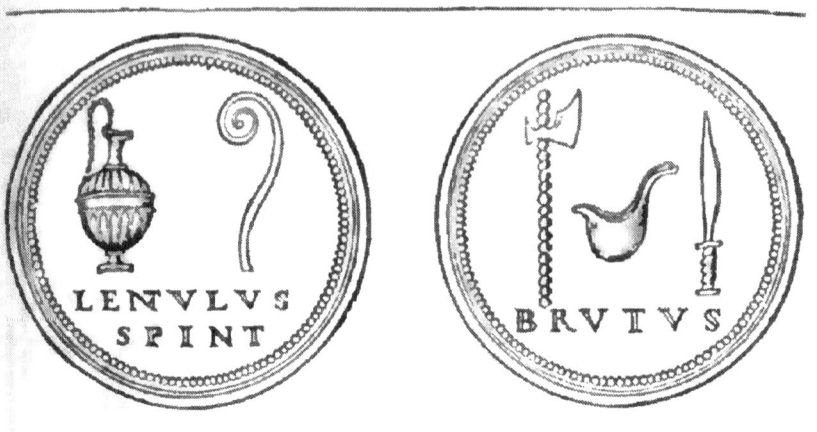

Pour le demeurant de ce que ie veux escrire de l'Augure, ie monstreray par figure retirée de la medaille d'argent d'Auguste, les sacerdotes auecques leurs robes longues, qui portent en leurs mains le sympule, & le litue, enseignes de la religion.

AVGVRES ET SACERDOTES QVI PORTENT les enseignes de la religion, pour monstrer la pieté.

DES ANCIENS ROMAINS.

Quant à la danse des poulets (nommée des Latins *Tripudium*) & de leur manger, par la diuination desquels faisoyent iugement les Augures, combien que ie les aye representé par la medaille de Marc Antoine cy dessus mise, ie ne lairray toutesfois, auant que de parler de la cage pullaire, d'en monstrer la figure retirée de la medaille d'argent de Marcus Lepidus le Triumuir, pour le contentement des amateurs des bonnes lettres, qui en pourront tirer la vraye congnoissance plus aysement.

Danse des poulets.

FIGVRE

DE LA RELIGION

FIGVRE RETIREE DE LA ME-
daille d'Argent de M. Lepidus.

DES ANCIENS ROMAINS.

Les Romains eurent les auspices en si grande recommandation, qu'ils asseoyent leur iugement, & se regloyent entierement de ce qu'ils deuoyent faire sus le manger de ces poulets : & si en leurs expeditions & difficiles entreprises ils ne faisoyent rien, que premierement ils n'eussent cõsultez les poulets : & s'ils eussent esté trouués alegres mangeans le blé qui leur estoit presenté, ils donnoyent bon presage : autremẽt les Romains n'entreprenoyẽt rien, & ne faisoyẽt point la guerre tout ce iour là.

Celuy qui auoit la charge de ces poussins, se nõmoit *Pullarius*, & la cage où ils estoyent encloz, *Cauea pullaria*: qui estoit à peu pres de telle forme & figure, qu'elle se voit à Rome en vne table de marbre, en la maison du Cardinal de Cesis, accompagnée d'vn fort beau epigramme, lequel pour n'estre point hors de nostre propos, ie mettray cy apres.

Les auspices en grande recommãdation à l'endroit des Romains.

Pullarius. Cauea pullaria.

CAGE PVLLAIRE RETIREE DV marbre & epitaphe antique, qui se voit tout entier à Rome.

K

M. POMPEIO M. F. ANI ASPRO
) LEG. XV. APOLLINAR.) COH. III. PR.
PRIMOP. LEG. III. CYREN PRAEF. CASTR.
LEG. XV. VICTR.
ATIMETVS LIB. PVLLARIVS
FECIT ET SIBI ET
M. POMPEIO M. F.   ET CINCIÆ
COL. ASPRO   SATVRNINÆ
FILIO SVO ET   VXORI SVÆ
M. POMPEIO M. F. COL. ASPRO FILIO MINORI.

Du Flamine Diale.

Varro.

Les prestres de Iupiter & de Mars furent instituez & nommez Flamines par Numa Pompilius, qui les ordonna pour la celebration des choses diuines. Marcus Varro es liures qu'il a intitulé de l'origine de la langue Latine dit, que les Anciés eurent autant de Flamines qu'ils adoroyent de Dieux: comme le Diale qui estoit à Iupiter: le Martiale, qui estoit à Mars: le Quirinale, à Romulus: le Vulcanale, à Vulcan, & plusieurs autres: lesquels cóme les nostres sont differens, que nous appellons Euesques, Archeuesques, Patriarches, Cardinaulx: tout ainsi à leur endroit ils auoyent difference aux degrez de leur dignité. Depuis la republicque ordonna Flamines aux Empereurs, qui auoyent esté receus au ciel, au nombre des Dieux, comme à Auguste, vn Flamine Augustale: à Antonin, Antonian. Le Diale specialement portoit vne robbe asses honorable, & auoit le siege d'yuoire, qui estoit dóné en ce téps là seulemét aux gráds magistrats. Seul le Flamine portoit le chepeau blác: & ne luy estoit point licite de sortir hors de sa maison sans le proter.

Dignitez sacerdotales en la religion des Romains differentes.

Accoustremét du Flamine Diale.

CHAP

DES ANCIENS ROMAINS.

CHAPEAU DU FLAMINE, RETIRÉ d'un frise antique de marbre, qui est à Rome.

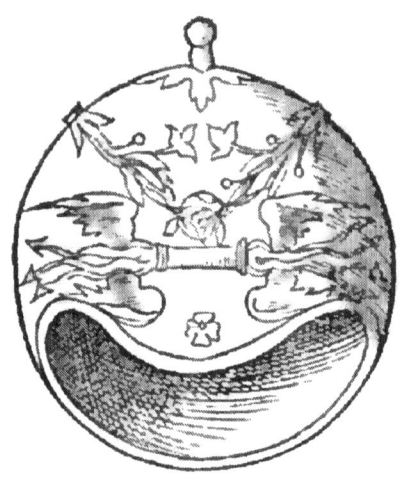

Des Salies.

ENTRE les autres institutions des sacerdotes que feit Numa Pompilius, il eleut douze hommes, qui furent nommez Salies, pour les saults solennels, qu'ils faisoyent en leurs sacrifices. A ceux cy en adiousta autres douze Tulius Hostilius. Depuis le nombre de ce sacerdoce creut de telle sorte, qu'il en fut faict vn colliege. Et quád ce venoit à l'election de ces Salies, il estoit requis qu'ils eussent & pere & mere viuants. Tite Liue dit, que ces Prebstres aloyent dansant & balant parmy la ville, chátans vers Saliaires, au mois de Mars, portants les armes celestes nommées Anciles: qui estoyent petits escus faicts à la vraye semblance de ceux, que l'on voit par les medailles d'Auguste Cesar & d'Antonin Pie.

Numa Pōpilius institua les Salies.

Tullius Hostilius.

Tite Liue.

Figure des Anciles.

K 2

260   DE LA RELIGION

AVGVSTE.   ANT. PIE.
ARGENT.   BRONZE.

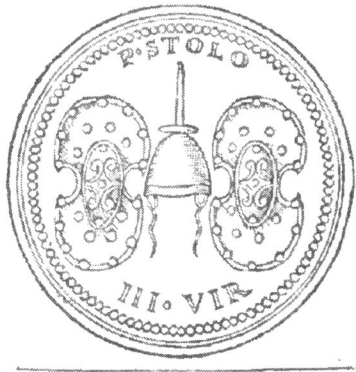 

Accouſtrement des Salies.

L'accouſtrement des Salies eſtoit vne robe honnorable de couleur violette, qu'ils trouſſoyent, & ſi auoyent la teſte armée d'vne ſalade: & auecques leurs petites dagues frappoyent en danſant leurs eſcus.

Des Sept-hommes Epulones.

Septēuirs Epulones par qui inſtituez.

PAR ce que nous pouuons comprendre & conieɥurer, les Septemuirs Epulones eſtoyent vne eſpece de ſacerdotes, qui furent inſtituez par les Pontifices, pour donner ordres aux feſtins, qui eſtoyent celebrez aux ieux que les Romains faiſoyent en l'honneur de leurs Dieux. Leurs charge eſtoit, de faire accouſtrer le ſouper des Pontifes, & annonçoyent les iours qui eſtoyent ordonnez pour le ſouper de Iupiter. Et ſi par fortune la ſolennité n'eſtoit obſeruée, ils venoyent l'annoncer aux Pontifes: & par leur aduis & conſeil les ſacrifices & cerimonies delaiſſées eſtoyent remiſes en leur entier. Les Grecs

Charge des Epulones.

DES ANCIENS ROMAINS.

Grecs les ont nommés ἱερεῖς, prebſtres, qui s'aſſembloyent pluſtoſt pour faire grand chere, que pour celebrer les choſes diuines: & qui faiſoyent office plus de paraſites, que des ſacerdotes.

L. CALDVS SEPTEMVIR
DES EPVLONES.
ARGENT.

Et iuſques à ce iour ſont demeurées à Rome taillées ces parolles en vne piramide de marbre quarrée, OPVS ABSOLVTVM DIEBVS CXXX. EX TESTAM. C. CORNELII TRIB. PLEB. SEPTEMVIRI EPVLORVM. Qui veut dire, Oeuure abſoluë en cent trente iours, par le teſtament de Caius Cornelius, Tribun de la plebe, & Sept-homme des Epulones: qui monſtre la puiſſance, qu'ils auoyent, auecques ſon inſcription, qui eſt dedans la medaille de Caldus cy deſſus miſe, où ſont lettres ſemblables, qui diſent, LVCIVS CALDVS SEPTEMVIR EPVLONVM.

Piramide antique que ſe voit entiere à Rome.

K 3

DE LA RELIGION.

Des deux, des dix & quinze hommes.

Les Deux hommes instituez par Tarquinius Superbus. Sylla augmenta le nombre des dix hômes.

LEs Deux-hommes furent instituez par Tarquinius : & par succession de temps Aulus Sextius & Licinius Tribuns de la plebe mirent le nombre iusques à dix : & alors en furent faicts & eleuz cinq de la noblesse, & cinq du peuple : & demeura ce nombre iusques au téps de Sylla, qui en feit adiouster encores cinq : & tousiours furent depuis quinze hommes pour faire les sacrifices.

Charge des xv. hommes pour faire les sacrifices.

Leur charge estoit de lire les liures sacrez, & vers de la Sybille, & d'interpreter les choses & accidéts, qui suruenoyent au peuple de Rome. Et si presidoyent aux sacrifices, que lon faisoit à Apollo. Ce que monstre son tripos, qui a esté graué par les medailles de Vitellius & de Vespasian, auecques lettres semblables, QVINDECIM VIR SACRIS FACIVNDIS.

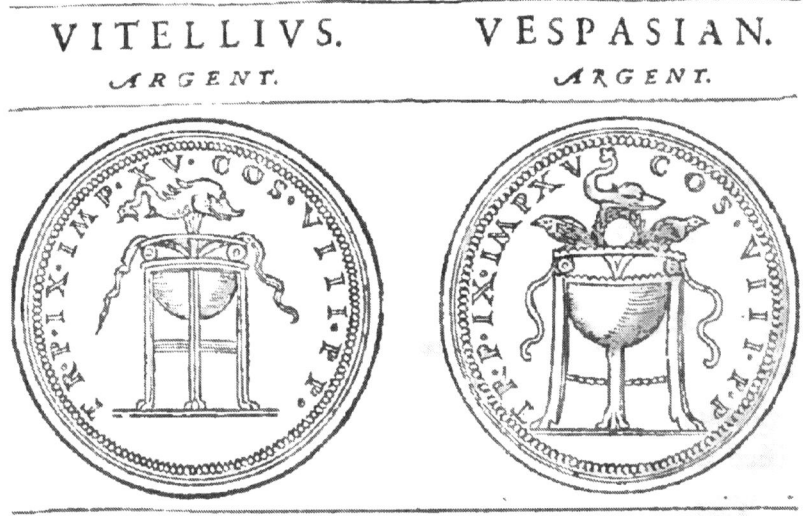

VITELLIVS.   VESPASIAN.
ARGENT.   *ARGENT.*

Du grand Pontife.

ENTRE les Pontifes, qui furent eleus par Numa, fut faict le grand Pontife: & long temps apres ils ne furent creez d'autres personnes que des Senateurs. Et quand le grand Pontife venoit à mourir, les petits Pontifes en elisoyent vn autre en sa place: cóme nostre grand Pontife d'auiourd'huy est eleu par les Cardinaulx. Au gràd Pontife estoyent soubmises les choses sacrées, tant publicques que priuées: & non seulement ils auoyent la charge des cerimonies, mais bien encores des choses celestes, des funerailles, & prodiges. Et propremét la charge estoit de garder la religió, d'interpreter les choses diuines, & de les auoir signées, & escriptes. C'est à sauoir à quels arcs ou autels, à quels Dieux, & quelles victimes, iours, & temples l'on deuoit faire sacrifice. Et sur tout il deuoit prendre garde, que nouuelles coustumes & estranges ne fussent receuës en la cité de Rome, qui fussent cause de troubler les cerimonies de la religion, & de leurs Dieux. Quant à la dignité du grand Pontife, Cicero en l'oraison qu'il a faict pour sa maison, l'a tresbien monstré soubs ces mots: *Cùm multa diuinitus Pontifices, à maioribus nostris inuenta atque instituta sunt, tum nihil praeclarius, quàm quòd vos eosdem & religionibus Deorum immortalium & summae Reip. praeesse voluerunt: vt amplissimi & clarissimi ciues Rempub. bene gerendo, Pontifices religiones sapienter interpretando, Rempub. conseruarent.* Et pour la decoration de sa puissance & dignité sacrosaincte, il portoit le chapeau, faict de la propre manicre

Election du grand Pontife.

Charge du grand Pontife.

Les Romains ne receuoyent point nouuelles coustumes en leur religion.

Dignité du grand Pontife.

Chapeau du grand Pontife.

niere, qu'il se voit par les medailles de Cesar le dictateur, accompagné du simpule, & lettres qui disent, CÆSAR IMPERATOR, PONTIFEX MAXIMVS. Et par les autres monnoyes se voyent la patere, & le chapeau, accompagnés du lituē, enseignes des dignités de l'Augure, & du grand Pontife.

IVLE CESAR.

ARGENT.   *ARGENT.*

Figure du chapeau du grand Pontife. Toutesfois par les frises des marbres antiques qui sont à Rome, où sont representées toutes les enseignes de la religion, la figure du chapeau du grand Pontife est mieux veuë, que par les medailles dudict Cesar.

LE

LE CHAPEAU DU GRAND
Pontife des anciens Romains.

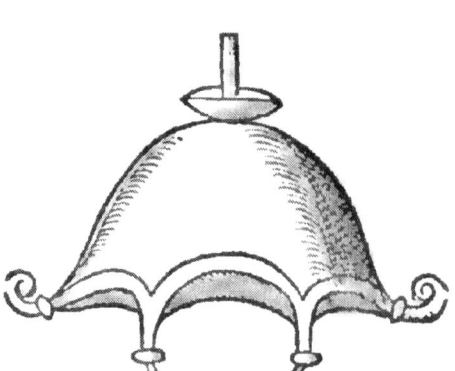

Apres auoir escript des Pontifes, il ne sera point hors de propos de monstrer la solennité, cerimonies, & façon de faire de leurs consecrations: pour estre chose si ridicule, qu'elle merite estre recitée tout ainsi que Prudence l'a laissée par escript, qui dit: Quand le grand Pontife venoit à estre consacré, il entroit dedans vne fosse expressement faicte, en son habit Pontifical, ayant sa mitre sus la teste, sa robe de soye succinte & troussée. La fosse estoit couuerte, apres qu'il estoit entré dedans, d'vn petit pont de bois, qui estoit percé de tous costez, Alors le Victimaire & ministres des sacrifices amenoyent vn taureau, qui auoit les cornes garnies de bouquets & de roses, auquel le front reluisoit pour l'or qui estoit par dessus. Et estát arriuée la victime sus le milieu dudict pont, où elle deuoit estre immolée, le Victimai-

Consecration des Pontifes.

L

re luy ouuroit la poictrine auecques vn cousteau sacré:

Cousteau sacré.

& de là sortoit vne grãde abondance de sang tout bouillant, qui s'espandoit par les troux, qui estoyent expressement faicts sur ledict pont:qui tomboit cõme vne rosée sus la teste du grand Pontife, qui la presentoit à chascune goutte de sang. Et apres qu'il estoit bien ord & bien sale, toute sa personne bien puante, il presentoit encores ses oreilles, le nez & les ioües, & se frottoit les yeux & les leures de ceste liqueur, sans pardonner à sa bouche, ou à sa langue, qu'il arrosoit de ce sang noir. Cela faict, les Flamines leuoyent le pont, & tiroyent le grand Pontife dehors, qui se presentoit horrible de regard, monstrant sa teste, sa barbe, sa mitre, sa robe, comme si ce fust esté vn yurongne. Et tout ainsi accoustré & sordide il estoit adoré & salué de chascun, apres qu'il auoit esté laué de ce vilain sang, qui estoit sorti de ce beuf mort. Les autres cerimonies estoyẽt, le festin, qui estoit accoustré pour les petits Pontifes, Flamines, Archiflamines, & autres dignitez sacerdotales: qui se faisoyent magnifiquemẽt, & non point auecques moindre despẽ

Souper des Pontifes.

ce, que le souper des Pontifes: duquel a parlé Macrobe, que ie reciteray, pour monstrer la façon de leurs magnifiques banquets. A l'entrée du souper(comme il dit)

Herissons de mer.

furent seruis herissons de mer, qui sont gros & ronds, & couuers de longues espines, asses mauuaise viãde, cõme lon dit: des huitres crues, tãt qu'il plaisoit à chascun d'en manger: puis apres des pelorides & spondiles, qui sont

Pelorides. Spondiles. Tourdes.

sorte de moules: des tourdes ou griues, q̃ les Romains estimerent tant, que quand ce venoit à les seruir à table, ils ne tastoyent d'autres viandes, que premieremẽt elles ne fussent mãgées. Et vindrent les irritamés de la gueule

iusques

DES ANCIENS ROMAINS.

iusques là, que du téps d'Auguste elles estoyent farsies, pour estre trouuées meilleures. Puis apres des asperges dessoubs vne poule grasse, qui estoit vne viande friáde, que Caius Annius Fannius defendit à Rome par edict de n'estre presentée à table, & que l'on ne seruist que de poules, qui ne fussent point engressées. Et qui vouldra sçauoir cóme les Anciens les faisoyent grasses, lise Colu melle & Varro, qui enseignent de la gueule ingenieuse la façon de faire. Puis fut mis vn plat d'huitres & pelori des. Et ce qu'il nomme *balanos nigros, balanos albos*, ne peut estre exprimé de nom François : non plus que *spondylos*, & *glycymeridas*, que lon dit estre vne espee de moules : des orties de mer, qui sont poissons nommez barbarement Cud'asnes : des becquefigues, ramiers, vne longe de san glier & cheureau, des poules & becquefigues en paste, ou bien armez de farine : des pourpres, & bures, que les Latins ont nommés *purpuras & murices*, qu'autrement se peuuent nómer limaz de mer. De ces couquilles tiroyét les anciés ceste liqueur pretieuse pour teindre les robes, & pour les manger : qui a faict dire à Seneque en la pre miere epistre de son quatorziéme liure semblables pa roles : Cóbien de sortes de couquilles apportées de loin tains païs passent par l'estomach insatiables des hómes ? O personnes malheureuses, qui ne cógnoissez, que vo stre appetit est plus grád, que vostre ventre ! Au second seruice furent mis sus table la vre d'vn sanglier, vn plat de poisson cuit dedans la poile, auec leur saulce : vn plat de sommade, qui se faisoit de la tetine d'vne truye, qui auoit nouuellement cochóné. Et tát plus estoit la tetine remplie de laict, d'autant plus estoit elle viande de plus grande recommandation. Les canars ne furent pas ob-

Grues farsies du téps d'Auguste.

Edict de C. Annius Fannius à Rome.

Balani.

Orties de mer. Becquefigues. Pourpres.

Liqueur precieuse pour tein-dre les robes.

Exclamation de Seneque. Vre de sanglier.

Sommade.

L 2

268　　　DE LA RELIGION

liez pour en máger la poictrine, qui est gracieuse, le demeurant inutile : des cercelles boullies, lieures, volailles rosties, d'amydon, & des pains de la marche d'Ancone: qui se faisoyẽt apres que la farine auoit detrempé neuf iours en tisane ou alique, & puis pestrie & rostie auecques raisains de Damas, & mis dedans vn four en vn pot de terre, iusques à ce qu'il se rompist:& pour leur dureté ils ne pouuoyent estre rompus sans estre mouillez auecques le laict, & le mulse, comme dit Pline. C'est le souper & l'appareil des viandes des Pontifes, farsi d'vn si grand nombre d'entremetz.

Pains de la marche d'Ancone.

Pline.

Des Augustales, & de leur colliege.

L'ORIGINE & creation des Augustales & de leur colliege fut premierement ordonnée à Rome par Tibere Cesar, apres qu'il eut faict dresser vn temple à Auguste, que Caius Caligula consacra apres la mort de Tibere: comme le monstre sa medaille de bronze.

Tibere Cesar fondateur des Augustales

C. CESAR CALIGVLA.
BRONZE.

Et

DES ANCIENS ROMAINS.

Et pour la reuerence d'Auguste à Lyon fut dressé vn autel, & faict vn temple, là ou toutes les Prouinces de la Gaule auoyent mise particulierement chacune vne statue, pour sa decoration, au lieu où s'assemblent la Saone & le Rhosne : comme recite Strabo au liure quatriéme de sa Geographie & description du monde. Ce pourroit bié estre le lieu ou à present est l'Abbaye d'Aisnay, où sont encores dressées colonnes fusiles de grosseur inestimable, lesquelles, à mon iugemét, pourroyent estre des reliques & demeurant du temple, qui fut par la cómune despence des Gaulois edifié à Cesar Auguste apres sa edification. Et là pouuoit estre le colliege des sacerdotes Augustales: ce que nous móstre clerement l'antique pierre de marbre, qui se voit à Lyon en l'eglise de S. Pierre les Nonnains.

Temple d'Auguste fait à Lyō

Strabo.

Colonnes fusiles au temple d'Aisnay.

```
        IOVI   O.   M.
  Q. ADCINNIVS VRBICI
     FIL. MARTINVS SEQ.
  SACERDOS ROMÆ ET AVG.
 AD ARAM AD CONFLVENTES ARA-
  RIS ET RHODANI FLAMEN
  II. VIR IN CIVITATE
        SEQVANORVM.
```

Par le present epitaphe nous congnoissons que non seulement à Rome, mais à Lyon, & quasi par tout le monde furent fondez collieges & prebstres à l'honneur d'Auguste nommez des Romains *Sextum-viri Augustales*. Ce que monstre le monument, qui est encores à la porte S. Iust lez Lyon.

Colliege des Augustales nōmés des Latins Sextum-viri Augustales

L 3

D.   M.
CALVISIÆ VRBICÆ ET
MEMORIÆ SANCTISSIMÆ
P. POMPONIVS GEMELLILNVS
IIIIII. VIR AVG. LVGVD.
CONIVGI CARISSIMÆ
ET INCOMPARABILI.
POSVIT.

Trāquillus Sergius Galba Auguſtales.

Par ſucceſſion de temps le colliege des Auguſtales vint en telle reputation, autorité & dignité, que Tranquillus eſcript, que Sergius Galba, depuis Empereur, fut receu entre les ſodales Auguſtales par grand honneur.

Alciat Iuriſconſulte renommé.

Il ſuffira pour le preſent d'auoir entendu l'origine & creation du colliege des Auguſtales, & que *Sextumuiratus* eſtoit vne eſpece de ſacerdoce: pource qu'Alciat Iuriſconſulte renommé, amateur ſingulier de l'Antiquité, aux annotatiós qu'il a faict ſus les trois liures du Code, nie auoir eſté entendu, quels eſtoyent les Sextumuirs, & quelle eſtoit leur charge iuſques à preſent: remettant le Lecteur au liure troiſiéme de mes Antiquités de Rome, où i'ay eſcript (parlant de Claudius Ceſar) plus au long de l'autorité des Decurions (que nous pourrons nommer Eſcheuins) qui eſtoyent ceux, qui donnoyent ces prebendes par les Prouinces. La cité de Lyon ne demeura gueres apres que Plancus par l'autorité du Senat de Rome y eut mis nouueaux habitans, qu'elle ne vinſt à paſſer d'hommes, de ſomptuoſité, d'edifices, de magnificence, de richeſſes, pour les foires tant celebrées par tout le monde, toutes les autres villes de Gaule. Et cecy i'ay traicté bien amplemēt audict troiſiéme liure, pour le debuoir & pour l'obligation, où ie demeure tenu à la terre naturelle de ma natiuité, & de ma patrie.

Decurions autrement nommez Eſcheuins.

Louanges de la cité de Lyon.

Des

Des sacerdotes de la Mere des Dieux.

Es Sacerdotes de la Mere des Dieux, nommez *Galli*, furent instituez pour faire ses sacrifices auec des cymbales & tabourins: & le plus grand de tous estoit nommé *Archigallus*. Et sus le commencement du prin-temps, comme recite Herodian, les Romains auoyent de coustume de faire vne grand feste tous les ans à la Mere des Dieux en pompe solennelle : & en ce iour ils portoyent deuant le simulacre de la Deesse les plus precieux meubles, qu'ils eussent, comme vases d'excellent ouurage, d'or & d'argent, & autre matiere plus riche. L'on donnoit congé à vn chacun le iour de la feste de passer le temps en toute sorte, & aler en masque en tel accoustrement que bon luy sembloit. Et n'y auoit magistrat, ny dignité si grande, ne si honnorable, auquel il ne fust permis de changer d'habillemens. En faisant ceste feste nommée, *Megalesia* (c'est adire les grands ieux) Maternus auoit deliberé de tuer Commode : mais estant la conspiration descouuerte, il fut pris, & eut la teste trenchée. Lors Commode estant tresioyeux d'auoir eschappé celle fortune, n'oblia pas de sacrifier triomphamment à la Mere des Dieux, luy rédant graces de ce qu'il auoit esté preserué d'vn tel inconuenient. Et en sa feste porta luy mesme les reliques sainctes de la Deesse, & en toute deuotion se mit en deuoir de luy faire honneur. Le peuple de son costé feit ieux & solennitez pour le salut & conseruation du Prince : & furent nommez les ieux dessudicts SOTERIA, c'est à dire, sacrifices de salut. Toutes les autres fables de la Mere des Dieux nous laisse

Galli, sacerdotes de la Mere des Dieux. Archigallus.

Feste solennelle de la Mere des Dieux.

Megalesia

Sacrifices de salut nõmez Soteria.

laisserons aux plus curieux. Et qui en vouldra veoir d'auantage, lise Tite-Liue au vintetneufiéme liure de ses Decades.

Tite Liue.

Nous auons veu cy dessus les temples & autels, les simulacres des Dieux, les noms des sacerdoces: desormais pourra veoir le Lecteur ce que i'ay peu obseruer de la charge qu'ils auoyent, & pour la fin leurs vœux, & la cerimonie de leurs sacrifices. C'estoit doncques l'estat des sacerdotes de faire les supplications, que nous appelós processions, pour remercier leurs Demones de quelque victoire, ou bié pour detourner l'ire de Dieu. Et quand les sacerdotes faisoyent leurs supplications parmy les rues, ils portoyét le simulacre de Iupiter: & par les quarrefours estoyent dressez reposoirs, pour y mettre son simulacre. Ce que lon faict encores en France à la solennité de la feste Dieu.

L'estat des sacerdotes.

Supplications.

Coustume des Anciés gardée en France.

Ie me souuiens d'auoir veu vne medaille de Domitian, où estoit representée par le reuers vne procession des Anciens Romains, marchants les petits enfans de cueur tous les premiers, en apres les sacerdotes, vestus de leurs surpelis, estants tous coronnez, & tenants à la main vne branche de laure: & les suyuoit l'Empereur en sa robe de pourpre. Et sans doubte les adoratiós, oblations, vœux, sacrifices, & oraisons, son les degrez par lesquels il fault monter pour chercher Dieu. Et sur toute chose l'oraison a vne grád force, quand elle est adressée à Dieu, qui nous entéd, quand elle est faicte de bon cueur, & repoulse plusieurs maulx, que sans cela nous pourroyent suruenir. Ce que nous a faict entendre Ouide, qui a dit.

L'ordre des processions des Anciés.

Force de l'oraison.

Ouide au 5. li. des Fast.

Flecti

DES ANCIENS ROMAINS.

Flectitur iratus voce rogante Deus.
Sæpe Iouem vidi, cùm tam sua mittere vellet
Fulmina, thure dato sustinuisse manum.

Par l'oraison s'exercent toutes les autres vertus: car la force de l'oraison est telle, qu'elle attire l'hõme au ciel: pource qu'elle se faict auecques la foy, que nous auons à Dieu, qui nous defend de toutes passiõs humaines. Et par ceste cause nous suscite l'espoir, que le Seigneur seurement nous defendra, & deuiendrons par le moyen de l'oraison charitables, deliberez d'amender nostre vie, & ne retourner plus à pecher, comme nous auons faict. Et d'auantage nous sommes fortifiez, pour ne faillir plus si facilement. Et finablement nous deliberons de viure iustement, & d'entrer en la compagnie de temperance, ayants du tout arresté de vaincre tous les accidents, qui nous pourroyent assaillir. Ce qui a faict dire à Pythagoras homme plein de doctrine, que le vray fondemét de la vie saincte estoit la reuerence de Dieu. Car si nous auons prins de luy nous & noz biens, il n'y a point de doubte que nous & noz biens sont à luy, comme chose deuë. Parquoy il ne se trouuera chose plus gracieuse, ny plus plaisante à son endroit, que l'oraison & religion. Et à ce que disoit Plato, à vn homme de bien il est necessaire d'honnorer Dieu, & assister aux choses diuines. Le Createur pour sa volonté libre faict bien à tous ceux qui l'adorent, & qui le prient & inuoquent son ayde. Et quand nous sommes mescongnoissants & ingrats du bien que nous auons receu de luy, soubdainemét nous venõs à tomber en quelque calamité & misere: & alors se courrouce Dieu contre nous: lequel faut appaiser

Pythagoras.
Le vray fondement de la vie saincte est la reuerẽce de Dieu.

Plato.

M

274 DE LA RELIGION

Le Createur s'appaise auecques l'oraison.

auecques l'oraison, qui nous deliure de toute tribulations. Et quand nous ferons le commandemét de Dieu, nous serons tousiours entendus de luy: si nous voulons croire la sentence d'Homere, qui a dit,

Ὅς κε θεοῖς ἐπιπείθηται, μάλα τ' ἔκλυον αὐτοῦ.

Celuy est ouy de Dieu qui faict ses commandemens.

C'est à dire, Il est ouy des Dieux, qui fait leur commandement.

Vœux publiques des Romains.

Venons à la charge qu'auoyent les Sacerdotes de faire les vœux publicques tous les ans, apres les calédes de Ianuier. Ce que Tacitus recite au seiziéme de ses Annales. Et Pline second en son Panegyrique dit, que la coustume des Romains estoit, de nómer les vœux pour l'eternité de l'Empire, pour la santé des citoyens, & principalement pour la santé des Princes. Et proprement ce

Nuncupare vota.

que les Latins disent *Nuncupare vota*, n'est autre chose que de les vouër, faisant sacrifices publicquement. Et cecy est la raison, qui nous faict veoir caracteres, qui disent, VOTA PVBLICA, QVINQVENNALIA, DECENNALIA, VICENALIA, TRICENALIA, QVADRICENNALIA par les monnoyes des Empereurs.

SEVERVS. ANT. GETA.
ARGENT.   ARGENT.

SCRI

CRISPVS.	IVLIANVS.
BRONZE.	ARGENT.

CONSTANTINVS.	IVLIANVS.
BRONZE.	BRONZE.

DE LA RELIGION

MAXIMIANVS.   DIOCLETIANVS.
BRONZE.   BRONZE.

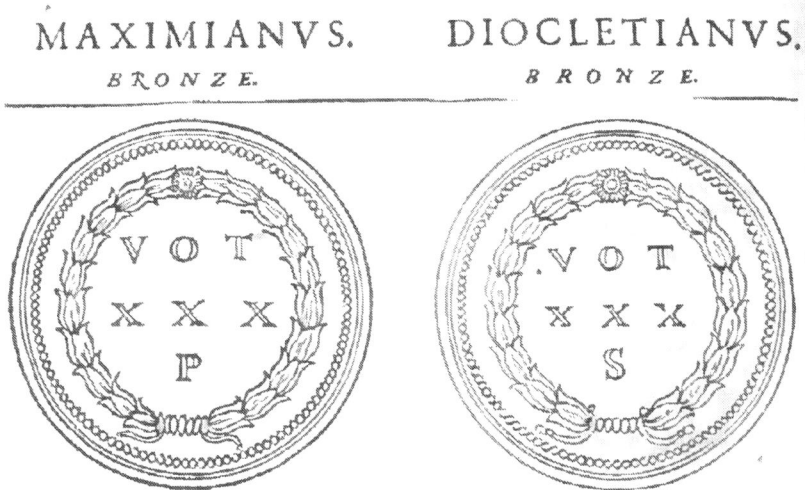

Sacrifices pour les vœux.

Et quand ceste deuotion enuers les Dieux se faisoit, les prestres & Flamines en leur habit sacerdotal sacrifioyent publiquement en la presence des Consuls, Preteurs, Censeurs, qui prenoyent les vœux publiques, en la presence toutesfoys du peuple.

CARACALLA.   CRISPINE.
BRONZE.   MEDAILLON.

Tous

DES ANCIENS ROMAINS.

Tous ces magistrats faisoyent escrire ces vœux en marbre & tables d'airain: & si estoyent frappées medailles, qui monstroyent les années qu'ils demandoyent pour les rendre, qui estoyent vne fois pour cinq ans, pour dix ans, d'autresfoys pour vingt ans, pour trente, & bien souuent vindrent les Romains iusques au nombre de quarante.

Les vœux estoyent escripts en marbre & tables d'airain.

Et par les monnoyes de Maxentius & Decentius se trouue l'inscription de VOTIS QVINQVENNALI-BVS, MVLTIS DECENNALIBVS, enrichie de chappelerz, qui sont garnis par la sommité, du labarum: & tout autour de la medaille sont semblables lettres abregées, VICTORIÆ DOMINORVM NOSTRO-RVM AVGVSTORVM ET CÆSARVM.

Vœux quinquennales & decennales.

MAXENTIVS.   DECENTIVS.
BRONZE.   BRONZE.

278   DE LA RELIGION

CONSTANTINVS.
BRONZE. *BRONZE.*

Marbres où sont insculpez les vœux.

    Du temps de Pape Paule furent trouuez à Rome marbres, où eſtoyent inſculpées deux Victoires faictes à la ſemblance de celles, que lon voit par les medailles cy deſſus miſes, qui viennent deſia ſoubs la declination de l'Empire, & qui degenerent de la bonne antiquité: où dedans vn eſcu, qui eſt faict de forme ouale, ſe liſent lettres qui diſent, CÆSARVM DECENNALIA FE-LICITER.

ESCV

DES ANCIENS ROMAINS. 179

ESCV DE FORME OVALE
retiré du marbre antique.

✱✱

Et par les medailles d'Antonin Pie, & de Marc Aurele lon voit les vœux, qui auoyét esté vouëz pour vingt ans, soubs telles parolles, VOTA SVSCEPTA VICENNALIA, & le sacerdote qui promet de les rendre en sacrifiant.

Vœux vouëz pour vingt ans.

ANT. PIE.	M. AVRELE.
ARGENT.	BRONZE.

LFA

278 DE LA RELIGION

FLAVIVS IVLIVS CRISPVS.
BRONZE.

Vœux tricenales & quadricenales.

I'ay deux medailles d'argent, l'vne de Valens, l'autre de Theodosius, où sont insculpez par leurs reuers, les vœux tricenales & quadricenales, faicts par les Romains: comme monstre la sculpture de l'image de Rome, qui porte de la main droitte le globe, & la croix par dessus, qui sont les enseignes des Empereurs Chrestiés.

VALENS.   THEODOSE.
ARGENT.   ARGENT.

Ces

DES ANCIENS ROMAINS.

Ces vœux publicques se faisoyēt auecques vne grande solennité, demādant le peuple aux Dieux la vie longue de l'Empereur, la seureté de l'Empire, sa maison grāde, la force de l'exercite, la fidelité du Senat, la bonté du peuple, le monde en paix, & la victoire contre les ennemys: comme lon voit par les medailles cy dessus mises, où l'inscription est telle, VICTORIA DOMINORVM NOSTRORVM AVGVSTORVM ET CÆSARVM. Et depuis les premiers Empereurs ont esté continuez ces vœux iusques auiourd'huy. Et quand les Romains estoyent venuz au terme qu'auoit esté dict, ils rendoyēt aux Dieux ce qu'il auoyēt promis, comme chose deüe. Ce que Pline Second escripuant à Traian a monstré, disant, qu'ils auoyent voüé les vœux pour sa santé, qui contenoyent le salut publicque, qu'ils auoyent accomplis:& là ils auoyent prié les Dieux immortels, de leur donner tousiours le moyen de les faire, & de les rendre tout ensemble. Et quand ces vœux s'accomplissoyent par les Romains, ils faisoyent publicquement dresser autels, alumer feux, faire sacrifices, mener danses & banqueter parmy les rues, faisants grand chere, se resiouyssants publicquement par vn deshonneur publicque, estimants pieté & religion ce qui se debuoit plustost nommer impieté, pour la licence qu'ils auoyent de mal faire. Les ieux se faisoyent encores par les amphitheatres: les compagnies des Aurigateurs couroyent parmi les cirques: les bestes estoyent mactées : les Gladiateurs desirés. Depuis les Cesars montez sus eschaffaults faisoyent diuiser au peuple le congiaire, qui estoit vne di-

Ce que demādoyent les Romains aux Dieux en leurs vœux publicques.

Pline Second.

Solennité aux vœux des anciens Romains.

Congiaire.

DE LA RELIGION

ſtribution de grands dons de largeſſe: criant le peuple à haulte voix,

De noſtris annis augeat tibi Iupiter annos.

Celebratiõ des ſacrifices des ieux ſeculaires.

Quand le Flamine, Archiflamine, ou le ſacerdote venoyent à faire les ieux publiques, le Pontife eſtoit reueſtu d'vne robe de lin toute blãche, laquelle luy tomboit iuſques ſur les talons: qui ſignifioit la fermeſſe d'vne reſplendiſſante vertu. Les prebſtres chantoyent hymnes & peanes ſacrez en celebrant les vertus de leurs Dieux, par le moyen deſquels ils auoyent receu pluſieurs biens. Les autres commençoyent à iouër des fluſtes, de la lyre, ou cithare. Le miniſtre des ſacrifices tenoit le beuf, & le Victimaire auecques ſon maillet l'aſſommoit: comme la figure cy apres miſe le repreſente.

FIGVRE

DES ANCIENS ROMAINS.

FIGVRE RETIREE DE LA medaille des ieux seculaires d'Auguste.

284 DE LA RELIGION

Ieux seculaires de Domitian & de Geta.

Et toutes ces cerimonies se pourront veoir encores par les medailles de Domitian & de Geta, en la representation des sacrifices, qui se faisoyent en leurs ieux seculaires.

DOMITIAN.
BRONZE.   *BRONZE.*

DOMITIAN.   ANT. GETA.
BRONZE.   *BRONZE.*

Adoration des Gentils.

Quand ces sacrifices estoyent faicts par les temples, le peuple s'agenouilloit pour adorer les Dieux, ou l'Empereur (ayants les genoulx & vne certaine humilité & obeyssan obeyssance, comme dit Pline) assistoit, observant en cela les sainctes coustumes en l'honneur de la religion.

Et tels gestes deuotieux de mettre le genouls à terre i'ay obserué par les medailles de Domitian.

DOMITIANVS CESAR.
BRONZE.

La coustume des Pontifes estoit de sacrer les images des Dieux pour les adorer: non pour elles, cōme dit Plato, mais pour la representation de ceux, par le benefice desquels ils auoyēt receu tant de biens. Et comme nous adorōs la figure du petit agneau de Dieu, pource qu'elle represente IESVS CHRIST: & semblablement la figure de la Colombe, pource qu'elle denote le SAINCT ESPERIT: tout ainsi les Gentils auoyent en singuliere recommandation le fulgure de Iupiter: par lequel ils monstroyent la figure de leur grand Dieu, cuidāts qu'il les gardoit de la tempeste, & qu'il eust vne certaine vertu, apres qu'il estoit sacré par le grand Pontife.

Plato.

Les Romains eurent en grā de reuerēce le fulgure de Iupiter.

AVGVSE.
BRONZE.

ANT. PIE.
BRONZE.

Et ce que les Gentils faisoyent en leurs ridicules superstitions, nous auons transferé à nostre religion Chrestienne, en faisant consacrer & benistre nos petits Agnus Dei & nos cloches, qui prennent par ce moyen vne vertu pour chasser la tempeste & le mauuais temps. Et tout ainsi le sel & l'eaue, par leurs benedictions & exorcismes, prennent vne force & vertu pour dechasser les mauuais espritz.

Force du sel & de l'eau apres auoir esté sacrée.

Apres auoir longuement discouru, ie me suis souuétesfois esbahi, cóme les Gentils demeurerent si longuement en leur religion faulse, superstitieuse & controuuée, laissants la nostre qui est vraye & venue de Dieu. Mais quelle fausse opinion estoit entrée en si grand nombre de gens sages, modestes & vertueux, que de croyre que ce grand Pere omnipotent Iupiter Optimus Maximus eust esté vaincu d'vn si grand nombre de voluptez detestables entre gens de bien, & de croire qu'il auoit le pouuoir, comme Tonant & Fulgurateur, de ietter son fulgu

Nostre religion est venue de Dieu.

Faulse opinion des Gentilz.

DES ANCIENS ROMAINS. 287

fulgure & ses sagettes où bon luy sembloit : ouurage certainemét de leurs Demones & mauuais esperitz, qui les ont tenus si longuemét en cest erreur. Aussi bien pou uoyent croire les Romains, que IESVSCHRIST auoit resuscité les morts, comme leur Æsculapius, qu'ils firét monter au ciel tout fouldroyé, & de penser qu'il estoit né d'vne vierge, comme ils cuyderent que Vesta estoit vierge & mere des Dieux. Et si estoyent bien aueuglez de refuser de croire que nostre Seigneur auoit rendu la veuë aux aueugles, veu qu'ils asseuroyét que Vespasian l'Empereur auoit faict vn tel miracle en Alexandrie. Poures Romains, poures Gétils aueuglez d'ignorance, dignes certainement de grand pitié & de cópassion, qui adiousterent foy à toutes ces fables, sans auoir congnoissance de ces mauuais Demones, qui les ont gardez longuement de renoncer à ces folles superstitions.

Demones des anciés.

Miracle faulx de Vespasian en Alexandrie.

C'est l'obseruation que i'ay peu faire sommairement de noz Pontifes & ministres des Dieux, de leurs deuotions, de leurs vœux & coustumes. Et pource ie passeray oultre, apres auoir recité, que ceux qui auoyent souffert vne grande tempeste & tourmente de mer, & estoyent eschappez d'vn naufrage, auoyét de coustume de faire estacher tables contre les murailles sacrées des temples, où estoit painéte l'histoire des vœux qu'ils auoyét faicts & de la fortune qu'ils auoyent eschappé : comme tesmoigne Horace en ses Odes, disant ainsi,

Coustume de ceux qui auoyent eschappé vn naufrage de mer.

--Me tabula sacer
Votiua paries indicat humida
Suspendisse potenti
Vestimenta maris Deo.

Il est

DE LA RELIGION

Par quelle raison commencerent les Anciēs à sacrifier.

Il est temps desormais de venir aux cerimonies de noz sacrifices. Et si lon demādoit pourquoy les Anciens commencerent à sacrifier, ie respondray, que c'estoit pour trois choses. La premiere, pour honorer Dieu: l'autre pour l'vtilité du sacrificateur, qui demandoit santé estimée entre les biens diuins: & la troisiéme, pour luy demāder pardō de ses faultes, pour apres deuenir meilleur, & pour receuoir de luy vne medicine de l'ame languissante. Et en tous leurs sacrifices commencerent les prebstres premierement d'immoler, c'est à dire, sacrer l'hostie, apres auoir mis sus le front de la beste, qui deuoit estre mactée, de la farine, de l'orge rousti & du sel detrempez ensemble, qui estoit appelé *Mola*, de laquelle vsoyent les Anciés en leurs sacrifices. Ce que nous a monstré Pline au dixseptiéme liure de l'histoire naturelle, qui dit, que Numa institua d'adorer les Dieux auecques le blé, & supplier auec la mole salée: mais auāt touteschoses ils se purgeoyēt en se lauant d'eaue, quand ils faisoyent sacrifice aux Dieux celestes. Et quand il falloit liter, que nous disons appaiser les Dieux, & les resioir, c'estoit asses, comme dit Macrobe, de se ietter de l'eaue par dessus, & suffisoit le seul arrosement de l'eaue: qui a faict dire à Virgile, quand il parle de Dido, qui se mit à faire les choses sacrées aux Dieux Inferes:

Cerimonie des Romains en leurs sacrifices.

Mola des Anciens.

Institution de Numa pour adorer les Dieux.

Macrobe.

Virgile.

Annam, chara mihi nutrix, huc siste sororem,
Dic corpus properet fluuiali spargere lympha.

Purgation des Romains auecques l'eaue sacrée.

Et là ou ledict Poëte recite la sepulture de Misenus, il monstre la coustume des sacrifices, où estoyent purgez les assistans auecques vne branche de laure, ou d'oliue, quand id dit,

Idem

DES ANCIENS ROMAINS.

Idem ter socios pura circuntulit unda,
Spargens rore leui, & ramo felicis oliuæ.

Au lieu toutesfois d'vne branche de laurier ou d'oliue, les Romains vsoyent d'vn aspergile, qui se voit de telle façon par les medailles & frises antiques, qui sont à Rome.

Aspergile.

L'ASPERGILE
des anciens Romains.

Qui trempoit en l'eaue, en laquelle la torche (qui seruoit à l'autel, où ils auoyent celebré les choses diuines) auoit esté premierement esteinte. Et de là vint l'eaue de Mercure aupres de la porte Appie, de laquelle le peuple de Rome s'arrosoit la teste, inuoquant Mercure, cuydás par cela effacer leur pechez, specialement les periures & menteries. J'ay toutesfois obserué, qu'à l'entree de leurs temples les anciens Romains faisoyent dresser vn benestier de marbre triomphant, là ou les sacerdotes & le peuple prenoyent de l'eaue, quand ils entroyent en

Benestier des Anciés.

O

leur temples, pour faire leurs sacrifices. La painctute
duquel ie representeray cy-apres, tout ainsi comme ie
l'ay retirée de l'antique.

FACON DV BENESTIER
antique, qui se voit encores auiourd'huy.

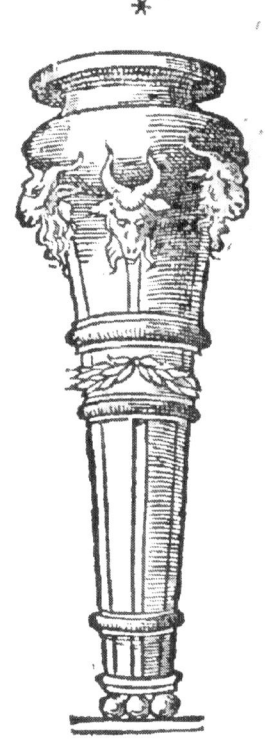

Benestier portatif. Car le petit vase, que nous verrons cy dessoubs, qui est retiré du marbre antique, où sont painctes les enseignes de la religion, seruoit de petit benestier portatif, comme celuy qui se porte par noz eglises encores auiourd'huy.

PETIT

PETIT BENESTIER PORTATIF,

semblable à celuy, duquel nous vsons en noſtre religion.

Les Hebrieux à l'entrée de leurs temples auoyent vn grand vaſe faict en forme de cuue, nómé des Latins *Labrū*, là ou les ſacerdotes, qui vouloyent faire le ſeruice diuin prenoyent de l'eaue pour ſe lauer les pieds & les mains. Et pour faire leur eaue beniſte ils prenoyēt les cédres du bois de la victime, qui auoit eſté bruſlée, apres que le ſacrifice auoit eſté acheué, les faiſants mettre dedās vn vaſe, où ils iettoyēt de l'eaue par deſſus: & en prenant vn rameau d'iſope, qu'ils plōgeoyent en l'eaue, ils arroſoyét & purgeoyent les aſſiſtants. Cóbien que i'ay obſerué, que ſur la fin de leur ſacrifice, quand le feu venoit à s'eſteindre, ils iettoyent par deſſus petites pieces de bois de cedre, de l'iſope, & du cumin: & de la cendre de ces trois choſes ils faiſoyent de l'eaue ſacrée.

Cuue des Hebreux nommée Labrum.

L'iſope ſeruoit d'aſpergile aux Hebreux.

Il faut toutesfois noter, qu'en tous les sacrifices des Anciens il se trouuoit trois manieres de purgations: c'est assauoir la tede, le soulfre, & l'eaue. Ce que Pline au seiziéme de ses liures preuue, quand il a dit, que la tede entre les arbres qui portent la resine, est aggreable pour son feu, & pour la lumiere des sacrifices. Du soulfre, (comme dit Proclus) vsoyent les sacerdotes aux purifications auecques l'asphalte, ou bitume, & de l'eaue de mer, pource que le soulfre purifie pour l'acuité de son odeur. Et Pline escript que le soulfre ha lieu aux religions, pour purger les maisons auecques sa fumée. En apres les prebstres s'abstenoyent & ieusnoyent, pour venir seurement à l'autel: comme nous lisons de Numa Pompilius, quand il vint à prier pour les blez, qu'il se abstint des femmes & de manger de la chair. Et Iulian l'Empereur (si nous voulons croire Spartian) se contenta de manger des herbes & des poix à son souper. Car, à ce que dit Porphyrius, l'vsage de la chair ne sert de rien pour la santé, mais plustost l'empesche & luy nuict: pource que la santé perdue se recouure par vne abstinence & viure bien petit. C'est par sobrieté, par charité, & par la religion que nous deuons estre purgés: car depuis que l'ame est restituée en santé, elle ne craint point les concussions qui peuuent suruenir. La pureté & netteté se doit garder en nostre façon de viure, & par les œuures que nous faisons chasser toutes choses qui offensent l'entendement & l'esprit. L'abstinence garde ceux, qui la font, de tous vices. Par la sobrieté nous rendons nostre esprit pur & net: & par le ieusne nous extenuós le corps: qui feit garder aux Pythagoriens la table soubre & sacrée, & par telle temperance venir à viure longue

Trois manieres de purgation aux anciés Romains.

Proclus.

Vertu du soulfre.

Abstinence de Numa Pōpilius & de Iulian l'Empereur.

L'vsage de la chair ne sert de rien pour la santé.

Louenges d'abstinence & de sobrieté.

Table sacrée des Pythagoriés.

DES ANCIENS ROMAINS.

longuement. Les Brachmanes ne receuoyent en leur colliege & en leur ordre, que ceux, qui se voloyent abstenir de la chair, du vin, & des vices. La sobrieté est nõ seulement profitable pour l'ame, mais encores pour le corps : pource qu'elle chasse les maladies, qui ont coustume de venir par trop grande repletion. La sobrieté esguise l'esprit, & le reuoque à tous ses offices particuliers. Brief il ne se treuue rien de plus louable à l'endroit des hommes, que la sobrieté. Et si bien nous regardons Tite Liue au trentecinquiéme, nous trouuerons que le ieusne fut obserué par les Anciens, quand il monstre, que pour les prodiges les Dix-hommes, par le commandement du Senat, regarderent les liures Sibilins : & apres ils firent leur raport, qu'il estoit necessaire d'instituer le ieune à la Deesse Ceres, commandás qu'ils fussent continuez de cinq ans en cinq ans. Quant à la chasteté, elle proffite à l'ame & au corps. Ce que iadis monstrerent les sacerdotes des Atheniens, qui furent nommez des Grecz Hierophantes : & pour rendre leurs sacrifices plus chastes, ils se chatroyent en beuuant du ius de la cigue. Encores n'estce pas tout : car nous deuõs estre libres de toutes passions, qui blessent le cueur, & peruertissent le iugement de la raison : comme lon peut veoir par les ambitieux, qui sont pleins de ces passions, que Cicero en ses Questions Tusculanes, a nommées maladies du cueur pestiferes. Il fault laisser & fuir toutes ces affections sensitiues, imaginations & opinions tant differentes, pour venir à vne vraye affection diuine, qui nous conduira à la bienheureuse & perpetuelle fin. Et pour l'eaue, de laquelle les Anciens se lauerent,

Brachmanes.

La sobrieté est proffitable à l'ame & au corps.

Le ieusne obserué par les Anciẽs.

Liures Sibilins.

A quoy proffite la chasteté. Hierophãtes des Grecz.

Ce qu'il faut laisser pour venir à la beatitude.

Penitence est le vray arrosemēt de salut.

pour effacer leurs pechez, venons à nous lauer par vne penitence, qui est le vray arrosement de salut: & suyuons la sentence de Seneque *in Thieste*, quand il a dit,

Quem pœnitet peccasse, penè est innocens.

Et cela nous seruira de vray soulfre & de vray bitume, si bien nous regardons ce que entre les Poëtes Gentils a dit Ouide en son liure de Ponto,

Ouide.

Sæpe leuant pœnas, ereptáque lumina reddunt,
Cùm bene peccati pœnituisse vident.

Les Anciēs vserent de l'aumosne. Spartian.

Quant à l'aumosne qui estoit vne autre maniere d'expiation, en vserent encores les Anciens: comme nous a donné à entendre Spartian en la vie d'Antoninus Caracalla, qui dit soubs semblables parolles, *Non tenax in largitionem, non lentus in eleemosynam.* Et ce mot de *eleemosyna* se treuue vnique (ainsi que ie pense) entre les liures des Gentils, duquel vsent les Chrestiens ordinairement. Nous lisons en Homere, là ou il faict parler vn ieune adolescent à Antinous Procus, qui se courrouce contre luy, de ce qu'il auoit oultragé vn pouure homme, qui demādoit l'aumosne à la porte, luy remonstrāt que le Dieu celeste l'en feroit repentir: qui nous faict congnoistre en quelle recommādation estoit l'aumosne à l'endroit des Romains, & des Grecs.

Homere.

En quelle recommandatiō estoit l'aumosne à l'endroit des Romains.

Il estoit encores obserué entre les anciens Romains, que celuy qui debuoit celebrer les choses diuines pour nettier sa conscience, confessoit auoir failli: qui estoit la premiere voix de leurs sacrifices, comme en nostre religion la confession des pechez precede les actes diuins. Car la coustume des sacrificateurs estoit de se confesser auant que de sacrifier, & demander à Dieu (comme dit

Les prestres Romains se confessoyēt auant que sacrifier.

dit Pythagoras en ses carmes dorez, & Orpheus en ses hymnes) c'est assauoir choses iustes & raisonnables. Les autres Dieu ne les escoutoit point, comme ils disent.

Apres la confession le prebstre, ou la crie publique, qui precedoit les choses sacrées, disoit semblables parolles, *Hoc age*, pour inciter le peuple à silence, & pour estre ententif aux mysteres diuins: & auecques vne verge qu'il portoit, faisoit faire place, & taire les assistants. Car aux sacrifices des Dieux deuant toutes choses, lon vsoit de taciturnité & fidelle silēce: comme tesmoigne Vergile soubs ces mots,

— *Hinc fida silentia sacris.*

Pource qu'il est manifeste, que tous biens viennent & cōsistent de silence & taciturnité. Le prebstre commandoit *fauere sacris*, ou *fauere linguis*. Et propremēt *fauere*, comme dit Festus, *est bona fari*. Et de ces mots Latins i'ay voulu vser, pour ne sortir point hors des termes de noz sacrifices. Toutesfois les anciens Poëtes vserent de ce mot *fauere*, pour monstrer le silence, qu'il faloit garder pour deuëment acheuer les sacrifices.

Quand le prebstre venoit à l'autel pour sacrifier, il estoit coronné d'herbes nómées verbenes: pource qu'elles estoyent estimées & tenues heureuses en tous les sacrifices: & si estoit necessairemēt requis, qu'elles fussent tirées & arrachées d'vn lieu sacré. Et combien que nous auons nómé abusiuement toutes herbes & brāches sacrées, verbenes, cōme sont le laure, l'oliue, & le myrthe: toutesfois Menáder dit que c'estoit le myrthe. Et de ces verbenes vsoyent les prebstres en leurs purifications, cōme pour sa pureté, du penthaphillon (que nous appellons

Aux sacrifices des Dieux vsoyent les Romains de silence.

Tous biens viennēt de silence.
Qu'est-ce que fauere.

Verbenes.

296　　DE LA RELIGION

Vertu qu'e-stimerēt les Anciens e-stre en l'oliue.

lons Quintefueille) & des rameaux de l'oliue, lesquels disoyent estre les Anciens de si grāde netteté & pureté, que si vne femme impudique venoit à la planter, elle demeuroit sans porter fruict, où bien l'arbre venoit à seicher.

FIGVRE DE L'AVTEL AC-coustré tout autour de fueillages, comme il est à l'antique marbre.

A chascun Dieu estoit consacree son herbe ou arbre. Esculus. Venus se delecte des bonnes senteurs.

Et combiē que la coustume estoit de decorer l'autel desdictes branches & fueilles, si est ce que à chascun Dieu estoit dedié particulieremēt son herbe ou son arbre, pour la decoration de son autel: comme à Iupiter d'esculus, qui est vne espece de chesne: du laure à Apollo: l'oliue estoit à Minerue, & à Venus le myrthe, pource que c'est vn arbre odorifere, & que Venus se delecte

des

DES ANCIENS ROMAINS.

des bonnes senteurs. Le pain seruoit au Dieu Pan: & aux Dieux Inferes, le cyprez, arbre qui ne reiette iamais, quand il est couppé, comme de l'homme mort lon n'espere iamais rien: & pour ceste cause il estoit mis en la tutelle des Dieux Inferes. Le liairre estoit à Bacchus, le peuple à Hercules, cõme lon a peu veoir par leurs medailles. Et comme chascun Dieu auoit son arbre ou herbe consacré particulierement, tout ainsi ils auoyent diuerses & differentes victimes. Le bouc estoit immolé à Bacchus, pource qu'il est nuysant aux vignes, & mange les raisins. A Ceres estoit mactée la truye, pource qu'elle gaste les blez: le chien & la biche à Diane: le cheual à Neptune, qui fut le premier qui trouua le moyen de dompter & de bien picquer vn cheual: à Faunus, la cheure: le taureau à Iupiter: le coq à Æsculapius: l'oye à Isis, & plusieurs autres, qui seroit chose trop prolixe à mettre par escript. Le Flamine ou le prebstre qui faisoit le sacrifice, estoit vestu d'vne robbe de toile de lin pure & blanche, que les Latins ont nommé *Alba vestis*, & le vulgaire vne aulbe: pource que la couleur blanche est gracieuse à Dieu: & se disoit pure & religieuse la robe, celle qui estoit sans macule & sans figure, & de laquelle ceux qui deuoyent faire le diuin seruice, vsoyent aux iours des festes solennelles: pource que le lin sort de la terre: & toutes choses que la terre porte, sont estimées pures & mundes. Encores auiourd'huy noz prebstres à la pompe de leurs sacrifices sont vestuz de linge blanc. Telle coustume lon diroit auoir esté translatée des Ægyptiens sacerdotes, qui auoyent leurs habits de lin tres aggreables, & de l'espece du lin qui est appelé *xylon*: &

Le cyprez ne reiette iamais, quand il est couppé.

Le liairre dedié à Bacchus.

Animaux immolez aux Dieux & Deesses.

L'aulbe habit des sacerdotes Romains.

Ce que la terre porte est estimé pur & net.

P

298 DE LA RELIGION

Robe xyline des Prestres.
Pline.
Cicero.

de là fut nommée la robe zyline, comme Pline le monstre au dixneufiéme liure de l'histoire naturelle. Et Cicero dit en ses Loix, que la couleur blanche est principalement entre les autres agreables à Dieu: & que les teinctes ne deuoyent point estre receuës sinon aux accoustremens militaires, qui seruoyent pour les gens de guerre. Et tel habit estoit commun aux prebstres des autres téples, qui estoit si large & si long, que sans estre troussé il trainoit iusques à terre, si bien nous regardons l'antique sacrifice cy dessoubs mis.

SACRIFICE RETIRÉ DU marbre antique qui est à Rome.

Les

DES ANCIENS ROMAINS. 299

Les prebstres estoyent encores vestuz d'vne tunique painctc, & par dessus la tunique vne couuerture pectorale. Ce que monstre Tite Liue aux gestes de Numa Pópilius, quand il dit, qu'il crea à Iupiter vn Flamine Diale perpetuel, & le decora d'vne robe insigne de la selle curule. Item il ordonna douze Salies au Dieu Mars, & vne tunique paincte, & dessus la tunique vne couuerture pectorale d'airain (comme ont noz prebstres Chrestiens) mais d'or & d'argét, broderies & pierres precieuses. Il luy bailla d'auantage vn chapeau de laine bláche, nommé *Albogalerus*, dont vsoit le Flamine Diale, c'est à dire, le prebstres de Iupiter. Et pource que les Flamines ne le pouuoyent porter au temps des chaleurs, ils se lierent la teste d'vn filet : car il ne leur estoit permis d'aler la teste nue. Toutesfois aux iours des festes il leur estoit necessaire de prendre leur chapeau, pour monstrer la dignité de leur sacerdoce.

Oultre toutes ces choses les prebstres auoyent la teste rase, à la maniere des Ægyptiens. Ce que nous enseigne Pline, & deuát Pline Herodote, qui escript, que les prebstres portoyent leurs cheueux ailleurs, mais en Ægypte, non. Et Cómodus Antoninus se feit raire, pour porter (comme dit Lampridius) le simulacre d'Anubis. Suiuant telle coustume Isiaque lon diroit que lon a defendu à noz prebstres de nourrir leurs cheueux, combien que les escripuains ecclesiastiques l'interpretét autrement, & principalement S. Hierosme, qui dit, que la raseure de teste est la deposition de toutes choses temporelles : & que par la couronne que portent les sacerdotes, est designée la coronne du Royaume celeste.

P 2

Tuniques des prestres Romains.

Albogalerus du Flamine Diale.

Le chapeau monstroit la dignité du sacerdoce.

Pline. Herodote.

Lápridius

S. Hierosme. Que signifie la coronne que portent les prestres.

Pour suyure la cerimonie de noz sacrifices, quand ce venoit à sacrifier, le sacerdote portoit la main iusques à sa bouche, & se tournoit comme font noz prestres en nostre religion. *Et sunt vertigines in sacris à Numa instituta.* Les ioueurs de flustes & les citharedes estoyent receus aux sacrifices, qui chantoyent hymnes & peanes, pour garder que les assistans ne feissent autre chose que d'estre attentifs au sacrifice. l'ay obserué que les flustes desquelles ils vsoyent es choses sacrées, estoyent de bouis : & celles qui seruoyent pour les ieux, estoyent d'argent. Si l'hostie estoit grande, elle marchoit pour estre immolée, auecques le front & les cornes dorées, enrichie de petits chappelets, & patenotres dorez, qui luy pendoyent des cornes deça & dela, accompagnée des Victimaires, qui souuentesfois estoyent à demy vestus des peaux des bestes, qu'ils auoyent immolées. Ce que nous a monstré Ouide, quand il a dit,

-- *Indutáque cornibus auro   Victima.*

Et Virg. cleremét l'a donné à entendre soubs tels mots,

Et statuam ante aras aurata fronte iuuencum.

Et Pline au trentetroisiéme liure de l'histoire naturelle recite, que lon ne pensa autre chose aux sacrificer pour faire honneur aux Dieux immortels, que d'immoler les grandes hosties auec les cornes dorées. Et de cecy l'histoire presente nous rend certains, & de ce que nous auons escript cy dessus.

Institution de Numa.

Hymnes chātes aux sacrifices.
De quelle matiere estoyent les flustes des sacrifices.

Ornement des Victimes.
Victimaires à demy vestus.
Ouide.

Virgile.

Pline.

FIGV

DES ANCIENS ROMAINS.

FIGVRE RETIREE DV MArbre antique qui se treuue à Rome.

Si la victime petite debuoit estre immolée, elle estoit coronée du rameau de l'arbre, qui estoit dedié au Dieu, auquel se faisoit le sacrifice: ou bié elle estoit accoustrée d'vne iusule de laine, de laquelle pendoyent deux liens, qui sont nommez en Grec ταινία, & vitta, en Latin. Et en tel ornement demeuroit la victime deuant l'autel, sans estre liée: chose qu'estoit ordinairement obseruée (comme dit Pline) de ceux qui faisoyent les sacrifices: toutesfois il fault entédre, que c'estoit la coustume, ce pendát que lon faisoit le sacrifice: car au parauant les victimes

Immolatiõ des petites victimes. Insule de laine.

Pline.

DE LA RELIGION

Iuuenal.

estoyent liées, comme nous monstre Iuuenal en disant,
Sed procul extensum petulans quatit hostia funem.
Et si par fortune la victime, quand elle estoit menée à l'autel, eust resisté violentement, & qu'elle eust esté tirée par force iusques là, ou qu'elle eust prins la fuitte, ou qu'elle eust crié, depuis qu'elle auoit esté frappée par la Victimaire, ou qu'elle fust tombée sus vn autre costé

Signes des mauuaisau gyres pour les Victimaires.

qu'elle ne debuoit, les Romains penserent que cela leur annonçoit vn malheureux augure, & que la victime estoit offerte oultre le vouloir des Dieux : & l'hostie qui s'en estoit fuye, estoit mactée la part où les ministres des sacrifices l'auoyent arrestée. Et la beste qui demeuroit

Sacrifice acceptable aux dieux.

de son bon gré, ils estimoyent que c'estoit par le moyen de la diuine volonté : & que le sacrifice estoit acceptable aux Dieux quand elle se monstroit patiéte. Ce que nous lisons en Virgile par ces mots,
Et ducens cornu stabit sacer hircus ad aram.
& cóme lon peult veoir par la medaille Grecque d'Hadrian.

MEDAILLE GRECQVE
D'HADRIAN,
BRONZE.

Depuis

DES ANCIENS ROMAINS. 303

Depuis les Victimaires furent introduits pour appriuoiser & domestiquer les bestes, pour obuier aux choses qui pouuoyent suruenir & troubler les sacrifices. Et de là vint la superstition des victimes, & d'espreuuer si la beste refusoit d'estre tirée iusques à l'autel. Toutesfois Cesar (comme recite Tranquillus) desprisa telle religion : & encores que la victime refusa le sacrifice, il ne laissa pour cela de combattre auecques la bonne fortune. Et comme les hosties deuoyent estre preparées pures & entieres : tout ainsi les sacerdotes qui deuoyent celebrer les sacrifices, s'ils n'estoyent de mesme qualité, ils n'estoyent point receus à la celebration des choses diuines : comme le monstre Pline, parlant de Sergius, au septiéme liure de l'histoire naturelle. Il estoit donc requis, que toutes ces bestes fussent entieres & saines, sans estre blessées en nul endroit & sans macule. Et pour cest affaire vserent les Anciens d'vne grande diligence, & principalemét ceux qui offroyét ces bestes. Les Sacrificules, Ministres & Victimaires, & encores les sacerdotes tresexperts & exercitez en ces affaires, cherchoyent par tout le corps de la victime, depuis l'extremité du pied iusques à la teste : de sorte qu'il estoit impossible, qu'vne seule macule fust cachée. Et la raison de toute ceste curiosité n'estoit autre, que pour mettre hors de coulpe ceux, qui les offroyent pour les macter. Les victimes des Anciens Romains furent la brebis, la truye, le Beuf & la cheure : & fut l'opinion des Anciens de prendre les bestes les plus douces, & les plus priuées. Et qu'il soit ainsi les beufs, les cheures, & les brebis se laissent conduire par
chacun

Charge de Victimaires.

Audace de Cesar.

Qualitez requises aux victimes des anciens.

Victimes des Romains.

304   DE LA RELIGION

Beſtes qui ſeruent grãdement à la vie de l'homme.

chacun. Ce ſont beſtes qui aydent grandement à la vie humaine, les moutõs portent la laine propice pour couurir le corps: les beufs labourent la terre, & la preparent pour ſemer le blé, nourriſſement treſneceſſaire pour la vie de l'homme. Du poil des cheures faiſoyent les Anciens feultres pour la pluye: & les peaux des brebis & moutõs eſtoyent couſues enſemble, pour ſeruir de manteaux aux ſoldats: & pour ceux encores que la neceſſité contraignoit de demeurer aux champs ſoubs le Soleil.

Accouſtrement du ſacerdote Romain.

Au cõmencement du ſacrifice, le ſacerdote Romain tenant ſon ſymple, venoit voilé & couronné de laure, accompagné du chore des petits enfans, qui chantoyẽt les louënges des Dieux, & en leur cõpagnie les ioueurs de fluſtes & citharistes: car bien peu ſe faiſoyẽt ſans muſique leurs cerimonies. Et tout ainſi eſtoit accouſtré le ſacerdote Romain, comme la medaille de Longinius Triumuir le repreſente.

LONGINIVS III. VIR.
ARGENT.

Le

DES ANCIENS ROMAINS.

Le prebstre qui faisoit le sacrifice, tenoit l'autel auecques la main: car s'il n'eust tenu l'are, ils estimoyent que les Dieux n'estoyent point appaisez. Ce que nous a môtré Virgile au quatriéme des Æneides soubs ces mots,

Talibus orantem dictis, arásque tenentem
Audiit omnipotens.

Le sacerdote tenoit l'autel en sacrifiant.

Le prebstre tourné du costé d'Orient auecques meditations & solennelles prieres prioit les Dieux en grande deuotion. Et se faisoyent voulontiers ces prieres de matin, estimans les Anciés que c'estoit le temps le plus idoine pour sacrifier. Et l'opinion qu'ils auoyent estoit telle, qu'il leur sembloit, que les Dieux assistoyent alors au temple, pour receuoir leurs oraisons. Par cecy nous congnoissons, que les Romains faisoyent leurs sacrifices & deuotions droit à l'Orient, comme nous faisons encores auiourdhuy. Ce que Porphyrius a monstré: qui veut que les entrées des temples & les statues soyent dressées à l'Orient. Et ce ie pense auoir leu dedans l'Architecture de Vitruue, quand il parle de la situation des temples des Dieux immortels.

Les Romains faisoyët leurs prieres & sacrifices de matin.

Les Romains faisoyët leurs sacrifices droit à l'Orient. Porphyrius.

Q

FIGVRE ANTIQVE RETI-
tirée de la colonne de Traian.

※ ※

Vaporatiõ de l'encẽs.
Apres la vaporation de l'encés les primices & fruicts (que les Grecs ont nommez προοθύματα) estoyent mis sus l'autel auant le sacrifice, comme l'antique painctutre le monstre.

FIGV.

DES ANCIENS ROMAINS.

FIGVRE DE L'ARE, OV estoyent mis les premices & fruicts auant que de sacrifier.

Et telle façon de faire estoit augure de la future fertilité des fruicts: & aussi pour rendre graces à la diuine bonté de ce qu'ils estoyét paruenus à vne plus douce & gracieuse façon de viure, que de manger des glands & de l'orge, comme lon faisoit anciennement. Les grains de l'orge se nómoyent ὀλαὶ & ὀλοχύται, quand ils estoyent meslez auecques le sel (*Sic miscellaneam intelligunt Græci ex hordeo & sale materiam*) qui se mangeoyent tous entiers au commencement, auant que l'vsage de moudre fust trouué. Le sel se iettoit par dessus, non pour la naturelle fertillité, ou pour rendre graces aux Dieux de leur nourriture, mais pource que c'estoit le symbole d'amytié. Et aux hostes & amys anciennement lon presentoit le sel deuant toutes choses, pour monstrer la fermesse de l'amytié, & pour donner à congnoistre cóme de plusieurs

Grains d'orge nómez ola & vla.
Pourquoy se mesloit le sel auecques l'orge.
Fermesse d'amytié representée par le sel.

Q 2

DE LA RELIGION

eaues fusiles se faict vne chose solide: tout ainsi que ceux qui viennét & s'assemblent de plusieurs & diuers lieux, se font d'vn mesme cueur & volonté. Le prebstre apres tout cecy, iettoit entre les cornes de la victime la mole: en apres versoit du vin. Ce que dit Virgile à ce propos,

-- Frontíque inuergit vina sacerdos.

signifiant par cela, que l'hostie estoit mactée, c'est à dire augmétée, & si seruoit pour l'exploration de la victime pour prouuer si elle auoit point de peur: & sans la mole salée ils estimoyét que le sacrifice n'estoit point aggreable aux Dieux. Et cela ils estimerent vne grand force pour mouuoir & appaiser la diuine bonté. Le prebstre prenoit le vin du prefericule, vase ainsi nommé des Anciés, qui estoit ordinairemét porté par vn des ministres succint de leurs sacrifices: duquel la figure se veoit à Rome par vn antique marbre, où il est dressé sus vn autel.

La mole.
Virgile.

Exploration de la victime.

Prefericule.

FIGVRE DV VASE NOMMÉ
Prefericule, retiré de l'antique marbre.

DES ANCIENS ROMAINS. 309

Il fut obserué aux sacrifices des Anciens, que le prebstre deuant qu'il vinst à verser le vin sur la teste de la victime, il le liboit, c'est adire il le tastoit tout premier legerement auecques le sympulle, qui estoit vn petit vase, qui se voit ainsi representé par la figure de plusieurs marbres & medailles.

Sympulle.

SYMPVLLES RETIREZ D'VN frise antique de marbre, qui est à Rome.

Apres toutes ces choses le sacerdote prenoit du poil entre les cornes de la victime, qu'il iettoit sus le feu, qui estoit alumé sus l'autel, comme premiere libation. Ce que Virgile a dit au sixiéme des Æneides,

Et summas carpens media inter cornua setas,
Ignibus imponit sacris.

Et la maniere, de laquelle faisoyent les Ministres le feu des sacrifices sur les autels, estoit de bois sec. Car sans feu il n'estoit pas licite de faire aucun sacrifice : comme en nostre religion le seruice diuin ne se faict iamais sans

Les Romains ne faisoyent point sacrifice sans feu.

Q 3

DE LA RELIGION

feu: non pour obuier aux tenebres, mais pour monſtrer en adorant ſigne de ioye. Et ce lon peut veoir cleremẽt par le Candelabre des Anciens.

CANDELABRE DES ANCIENS Romains, tout ainſi figuré, qu'il ſe voit par les marbres antiques.

Bois de mauuais augure.

Il n'eſtoit point permis de prẽdre le bois de l'oliuier, du laurier, & de l'eſcorce du cheſne pour faire le feu des ſacrifices: pource que les Anciens diſoyent, que tous ces bois eſtoyent de mauuais augure. Et quand ce venoit à mettre le feu ſus l'autel, le ſacerdote l'alumoit auecques *Torche de tede.* vne torche, qui eſtoit faicte de tede: tant ils obſeruerent la cerimonie de leurs ſacrifices. Et ſi eſtoit requis que le prebſtre gardaſt de ne commettre point d'erreur, & de garder l'ordre de leurs cerimonies. Car ce qu'auoit eſté approuué de long temps auec grãd labeur (comme dit Iamblichus) c'eſtoit contre raiſon de le changer, pour

choſe

DES ANCIENS ROMAINS.

chose qui suruinst. Cela faict, le prebstre portoit le cousteau deuant l'immolation depuis la teste de la victime iusques à la queuë: qui est ce que Maro a voulu dire,

— Et tempora ferro
Summa notat pecudum.

Le prebstre commandoit en apres au Victimaire de supposer les cousteaux aux victimes. Et de semblables mots ils vsoyent en leurs sacrifices: ausquels les noms de mauuais augure estoyent euitez. Et de telle parolles a vsé Virgile, expert en toutes ces cerimonies, quand il a dit, Supponunt alij cultros.

Et de là est venu que les Anciens disoyent macter, c'est adire augmenter. Les Victimaires & ministres qui estoyent instruicts, succints, troussez, & en ordre de faire le sacrifice, frappoyent la victime dessus la teste auecques des maillets, qui se treuuent de semblable façon par les frises antiques, qui sont à Rome.

Cerimonie auant que de tuer la victime.

Supposer les cousteaux.

Les Victimaires & ministres des sacrifices estoyent troussez.

FIGVRE DES MAILLETS,
desquels frappoyent la victime les Anciens.

312　DE LA RELIGION

Et sans commandement il n'estoit point permis aux ministres de macter la victime.

Habit du ministre au Victimaire different.

Et pource que l'habit du ministre au Victimaire estoit different, i'ay consideré que la figure du sacrifice, que i'ay faict paindre cy dessoubs, en monstrera la differéce, & seruira nostre paincture pour oster le doubte, qui pouuoit sortir entre les amateurs des Antiquitez & des bonnes lettres.

FIGURE RETIREE DV marbre antique, qui est à Rome.

Toutesfois il faut entendre, que ceux qui seruoyent aux mysteres antiques des choses sacrées, & qui precedoyent

DES ANCIENS ROMAINS.

doyent les Victimes aux grandes mactations de cent beufs (qui estoyent nommées des Grecs Hecatombes) comme Tubicines & Liticines, que nous dirons Trompettes & Clerons, & ceux qui conduisoyent les bestes, & qui seruoyent pour porter les vases & bassins aux mysteres de la pompe de leurs sacrifices, estoyent tous coronnez & succints, cóme l'antique figure le monstre:

Hecatombes.

TVBICINES ET LITICINES, qui precedoyent les victimes aux pompes des sacrifices.

314　　　DE LA RELIGION

Façon de parler des Anciens.

La victime souuentesfois estoit mactée auecques le cousteau, que le sacerdote commandoit au Victimaire de pouser dedans la gorge de la victime, pour euiter ce mot de coupper: comme ils disoyent de macter au lieu de tuer: noms qu'ils estimerent & façon de faire de parler non conuenables à leurs cerimonies. Et le cousteau nommé *Secespita*, duquel vserent les Victimaires, est representé cy dessoubs, retiré d'vn frise antique, qui se voit tout entier à Rome.

Cousteau nommé Secespita.

COVSTEAV DVQVEL LES VICTI-maires couppoyent la gorge aux victimes.

Pateres des Anciens.

Apres que la victime estoit par terre, les vns aportoyent des pateres, vases ainsi nommez des Anciens, propices pour receuoir le sang de la beste. Et comme la figure antique le represente, qui en monstre la façon, tout ainsi comme l'escript Virgile,

Virgile.

　　-- *Tepidúmque cruorem*
　　Suscipiunt pateris.

VICTI

VICTIMAIRES ET MINIstres, qui tuent la victime.

Les autres tenoyent des disques, grands plats ou bassins, qui seruoyent pour mettre les intestins de la victime, dont la façon se voit telle en plusieurs lieux de l'Italie & de nostre Gaule.

Painture du disque.

DE LA RELIGION

FIGVRE DV DISQVE DES anciens Romains, retiré du marbre antique.

Carpuscules & encarpies.

Ces choses ne se faisoyent sans signification : pource qu'ayants les Anciens sacrifié les beufs, ils faisoyent à lors mettre bassins auecques testes de taureaux despouillez de leur chair, accompagnez de festons (que les Grecs ont nommé carpuscules, ou encarpies) aux frises de leurs temples sacrez, pour monstrer la pieté de la religion, & la deuotion qu'ils auoyent aux cerimonies de leurs sacrifices : comme lon peult veoir par les marbres, qui sont sus la grand'porte du cloistre de Sainct Iust lez Lyon.

FIGV

FIGVRE RETIREE DV MARbre antique qui est à Lyon.

※※

Les testes aussi desdicts beufs & taureaux estoyent insculpées dans ces frises, sans disques ou festons, ayans seulement autour des cornes leurs patenotres, ou chappelets, desquelles elles auoyent esté decorées viuantes, qui pendoyét contre bas : comme nous monstre le marbre antique qui est à Rome, où sont taillées vne partie des enseignes de la religion.

Testes des Taureaux.

318   DE LA RELIGION

TESTE DE TAVREAV DES-
pouillée de sa chair, mise entre les ensei-
gnes de la religion.

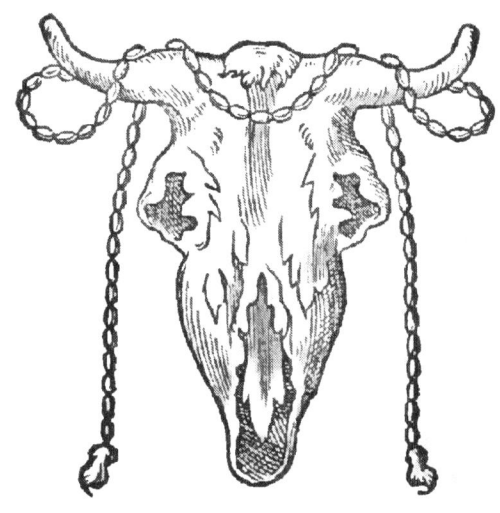

          Et comme les testes des beufs estoyent là mises, pour monstrer la pieté & religion, qu'ils auoyent à l'endroit de leurs cerimonies & sacrifices: semblablement les testes de moutons, y estoyent painctes & taillées, tout

Testes des ainsi qu'elles se voyent par le frise antique desusdict,
moutons. duquel i'ay faict retirer la presente figure.

                                                  TESTE

TESTE DE MOUTON, MISE
entre les enseignes de la religion par
les Anciens.

Les ministres des sacrifices escorchoyent la victime, qui auoit esté mactée: & faisoyent mettre souuentesfois la peau parmy les autres enseignes de la religion: pource que les Romains se couchoyent dedans les temples, & dormoyent sus lesdictes peaux, attendants que les Dieux leur donnassent responce de ce qu'ils demandoyent. Ce que nous lisons en Virgile, qui dit,

Pellibus incubuit stratis, somnósque petiuit.

Les Iuifs (comme recite Strabo au seiziéme liure de sa description du monde) auoyent de coustume de veiller & dormir en leurs temples pour eux & pour les autres. Et les Romains pour prendre, en se reposant & en songeant, les responces des Dieux, prenoyent les peaux qui estoyent pendues en leurs temples pour dormir dessus: car les Dieux (comme dit Cicero) parlent auecques ceux qui dorment.

Coustumes des Romains de dormir sur les peaux des victimes dedans les temples.

Coustume des Iuifs.

PEAV

PEAU DE LA VICTIME
mise parmy les autres enseignes de la religion.

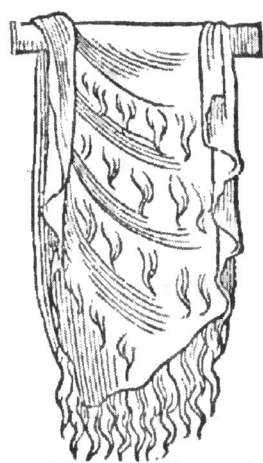

Constantin Cesar.

Et quant aux veilles que faisoyent les Romains, Cóstantin le Grand changea ceste façon de faire, pour les insolences que lon y faisoit, en prieres qui se font de iour: comme recite Eusebius Pamphilus au quatriéme liure qu'il a faict de sa vie.

Enclabris.

La victime mactée, le Flamine ou le prebstre faisoit dresser vne table nommée *enclabris*: & de là est venu, que les vases qui seruoyent pour les sacrifices, estoyét nom-

Enclabria.

mez *enclabria*. Et là ils faisoyent mettre la victime toute ouuerte, pour chercher diligemment les intestins (qui

Qu'estoyét ce que les intestins.

estoyent le cueur, le poulmon, & le foye) auecques vn cousteau de fer. Et consultoyent les Dieux s'ils auoyent esté bien contentez & pacifiez. Les Grecs (comme reci-

Pausanias.

te Pausanias) apres qu'ils auoyent regardé les intestins
des

DES ANCIENS ROMAINS.

des aigneaux, des cheureaux & des veaux, annonçoyét *Aruspices.*
les choses qui debuoyent aduenir. Les Aruspices obseruoyent les flambes de feu, qui se faisoyent des victimes,
que lon brusloit. Apres que les sacerdotes auoyent bien
regardé les parties interieures de leurs victimes, ils faisoyent diuiser les mêbres des bestes par leurs bouchiers
(ainsi ie puis nommer les ministres de leurs sacrifices) &
puis iettoyent de la farine sus les parties diuisées, & mises dedans vne corbeille les offroyent à celuy qui auoit
faict le sacrifice. Et alors estoit l'hostie parfaicte.

Le cousteau, duquel estoit demembrée la victime, &
duquel vserent les sacrificateurs: estoit nommé des Latins *Dolabra Pontificia.* Tite Liue a nommé *Seua* le cousteau, duquel ils couppoyent la gorge à la victime, autrement nommé *à secando, Secespita.* Et proprement les
petits cousteaux, desquels estoyét tuées les petites victimes, estoyent nommez *Cultri.* Ce que nous pouuons entendre par Ouide au quinziéme liure de sa Metamorphose, disant ainsi, *Dolabra Pontificia. Seua. Secespita. Ouide.*

   -- *Percussusque sanguine cultros*
     Insicit.

Combien qu'il y a d'autres cousteaux, que portét les veneurs, nommez des Latins *Venatorij cultri.* Et de ceuxlà a faict mention Tranquillus en la vie de Claudius
Cesar, par ces mots, *Reperti equestris ordinis duo in publico
cum dolone & venatorio cultro.* Les Iuifs en leurs circoncisions vsoyent de cousteaux de pierre. La façon de ceste
coignée Pontificale est retirée cy dessoubs en la propre
maniere, qu'elle se treuue par les sacrifices des marbres
antiques qui sont à Rome.

Cousteaux de veneurs
Trāquillus
Les Hebreux en leurs circoncisions vsoyent de cousteaux de pierre.

S

COIGNEE PONTIFICALE, ACCOMpagnée du cousteau, retirez de l'antique.

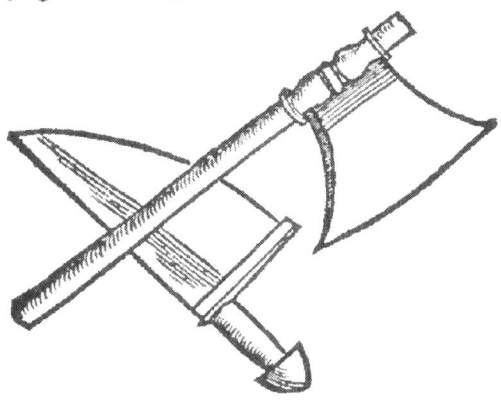

Cousteaux pour demēbrer la victime.

Quant au cousteau, duquel le Victimaire demébroit la victime, il estoit faict à la vraye semblance de celuy, que i'ay faict paindre cy apres, retiré de l'antique marbre, comme celuy qui est representé cy dessus.

COVSTEAV DVQVEL ESTOIT demembrée la victime par le victimaire.

***

La

DES ANCIENS ROMAINS.

La diuersité de ces cousteaux me fera mettre la figure de ceux, que portoyét ordinairement pendus à leurs ceintures les Victimaires, quand ce venoit à sacrifier & macter les victimes: chose qui tousiours seruira pour donner le plaisir aux lisants de pouuoir entendre la façon, quand ils les verront retirez des frises antiques, qui sont à Rome.

Diuersité des cousteaux des sacrificateurs.

COUSTEAUX QVE LES Victimaires portoyent ordinairement pendus à leur ceinture.

**
*

Par les sacrifices qui se monstrent en la colonne de Traian, aysement sera cogneu ce qui a mis souuentesfois en doubte les gens de sçauoir, qui trauaillent pour la congnoissance du sacrifice, que faisoyent les anciens Romains.

DE LA RELIGION

SACRIFICE ANTIQVE RETIRÉ
de la colonne de Trayan, qui est Rome.

Depuis que le prebstre auoit regardé la victime, & qu'il auoit faict presenter au sacrificateur les meilleures pieces, il les iettoit sus l'autel, pour les brusler dedans le feu : combié que le plus souuét l'hostie estoit seulement immolée, & la chair demeuroit aux sacerdotes, apres que le sang auoit esté respandu sus les autels: si bié nous entendons Virgile, quand il dit,

Virgile.
    Sanguinis & sacri pateras.

Et

DES ANCIENS ROMAINS.

Et aux grands sacrifices, nommez des Grecs ὁλκαυτώματα, la victime se iettoit entiere dedans le feu : comme nous lisons en Virgile soubs ces mots,

Et solida imponunt taurorum viscera flammis.

La chair n'estoit pas si tost dedans le feu, que le prebstre iettoit par dessus de l'encens, coste & autres choses odoriferates, selon le pouuoir du sacrificateur, qu'il prenoit d'vn petit coffre thuraire, nommé des Latins *Acerra*, ainsi taillé aux antiques marbres de leurs cerimonies.

Holocautomata.

Acerra coffre thuraire.

PETIT COFFRE, OV TENOYENT
leur encens les sacrificateurs.
⁂

Ie pense que c'estoit pour suffoquer la senteur de la chair, qui se roustissoit. Et apres toutes ces choses, le prebstre versoit du vin sus les autels : & à l'heure tout estoit parfaict, combien que le sacrifice estoit estimé plein & parfaict, qui se faisoit d'vne truye, d'vn taureau,

Sacrifice plein & parfaict.

S 3

326　DE LA RELIGION

Sacrifice nommé des Romains Solitaurilia.

d'vn bouc, & d'vn mouton : encores que les Atheniens le feiſſent de la truye, du mouton, & du taureau: ſacrifice nommé des Romains, *Solitaurilia*, qui eſtoit faict par les Cenſeurs au terme de cinq ans, pour luſtrer la cité de Rome. Et par la painctute du ſacrifice cy apres mis, eſt veu le ſacerdote, qui veut ſacrifier, accompagné de ſon petit miniſtre des ſacrifices, du Sacrificule, & du Victimaire, qui tient ſon maillet, pour macter les victimes qui ſont le taure, le mouton, & la truye.

SACRIFICE RETIRÉ DV marbre antique, nommé des Romains Solitaurilia.

Le

DES ANCIENS ROMAINS. 327

Le nom seul designe l'immolation de diuerse espece des trois hosties, comme elles sont painctes cy dessus, lesquelles estoyent toutes entieres & saines : car *solum* en la gue Tusque, ne veult dire autre chose, que tout entier. Ce que monstre Tite Liue, qui nomme les traits soliferrez, pource qu'ilz estoyent tous de fer.

Au demeurant de leurs sacrifices, les prebstres accoustroyent la cene. Et estoit permis à ceux qui assistoyent aux sacrifices d'en manger. Du residu des autres membres, selon l'ordonnance de la loy, pouuoit le sacrificateur emporter vne portion à ses domestiques & familiers, & en faire part à leurs amys: comme lon fait en nostre religion du pain benist, qui est presenté tous les dimanches en noz eglises. I'ay obserué que les Romains mangeoyét tous debout en leurs temples, auecques des petits pains ronds, qu'ils seruoyent en l'honneur des Dieux : comme lon faict à la cene le ieudi absolu, en la grand' eglise de Lyon. Et ce pendant qu'ils mágeoyent, estoyent chantées les louënges des Dieux. Apres que les mysteres estoyent acheuez, ceux qui auoyent esté aux sacrifices, mangeoyent ensemble dedans le temple, & faisoyent cuire leur chair dedans vn vase nommé *Olla*, qui est retiré de l'antique en telle façon.

Que veut dire Solum en langue Tusque.
Tite Liue.

La cene.

Petis pains ronds faicts en l'honeur des Dieux.

Olle.

OLLE

328　DE LA RELIGION

OLLE, VASE OV FAISOYENT
cuire leur chair les sacrificateurs.
⁎⁎

Marbre antique qui est à Beau Ieu.

I'ay encores obserué par la sculpture d'vn marbre, qui se voit pour ce iour sus la porte du grand temple de Beau Ieu, ce que i'ay escript cy dessus. C'est qu'apres que la victime auoit esté mactée & presentée à l'autel, le Victimaire la chargeoit sur ses espaules, & l'emportoit pour l'aler mettre en pieces, & la faire cuire: comme lon voit par le ieune Victimaire, qui porte le pot & le cuilier, & par le sacrificule, qui porte vn panier de la main droitte, où estoit la mole salée.

FIGV

DES ANCIENS ROMAINS.

FIGVRE DV MARBRE ANTI-que qui se voit sur la porte de l'Eglise de Beau lieu en Beauiolois.

⁂

La raison qui faisoit manger les Anciens ensemble, n'estoit point pour se remplir de viandes: car là ils tastoyent la chair legerement, plustost qu'ils ne la mangeoyẽt: mais c'estoit pour entretenir l'amytié auecques telle façõ de viure, qu'estoit remplie de bons enseignemens, qu'ils rapportoyẽt en leurs maisons, plus enuieux de la vertu. En apres ils offroyẽt de leurs biens, comme gens de pieté, selon que leur pouuoir & faculté le por-

Raison qui faisoit mãger les Anciẽs ensemble dedans les temples.

T

toit. Et telles offertes estoyent distribuées à ceux qui estoyent en necessité: que pleust à Dieu, que telle coustume fut retournée à nostre vsage. Et en mangeant lon chantoit hymnes & cantiques accommodez aux louenges diuines, qui estoyent, c'est assauoir à Diane, vn hymne, qui se nommoit *hyppingos*: à Apollo, *pæan*, *vel hyporchema*, qui se chantoit principalement pour faire cesser la force de la peste. L'hymne d'Apollo & de Diane se nommoit *prosodia*: à Ceres, *iulus*, pour le froment. Les hymnes Veneriens estoyent appellez erotiques, come si tu disois amatoires, & pleins d'amour: à Dionysius, *dithyrambus*, hymne obscur & entremeslé. Les yurongnes auoyent leurs hymnes à part, duquel Aristophane a parlé *in Ranis*, qui se disoit Κραιπαλόκωμος, pource que les Grecs nomment Κραιπάλη, la tremeur & tremblement de la teste qui vient du vin, & Κῶμος, comessation ou banquet, ou bien (si tu veux) festin plein d'intemperance & yurongnerie.

Quand les choses diuines estoyent faictes, & les cerimonies acheuées, le prebstre disoit les derniers mots. Ce que monstre Virgile, quand il dit.

— *Dixitque nouissima verba.*

C'est à dire, *Ilicet*, pour mostrer qu'il estoit temps de s'en aler: come noz prebstres disent à la fin du seruice diuin, *Ite, missa est*. Et ce mot donnoit à entendre à ceux qui auoyét esté au sacrifice, qu'il estoit temps de se retirer. Tous ces sacrifices se faisoyent en leurs temples & basiliques, que les nostres pour l'vsage de nostre religion ont vsurpé. Et la raison, que du commencemét les Princes auoyent de coustume d'estre assemblez en ces basiliques.

DES ANCIENS ROMAINS.

Et deuant le siege, qui estoit ordonné pour le Prince, ou pour celuy qui rendoit la iustice, estoit mis vn autel auecques grande dignité, & autour de l'autel le chore tresbeau. Le demeurát de la basilique, côme les ambulations, portiques, & galeries, estoyent ordonnées pour donner lieu cómode au peuple pour se pourmener, attendant que le sacrifice se feroit. Et certainement il n'est rien, en quoy il soit necessaire de mettre plus de diligence, d'esprit, d'industrie, & de cure, qu'à bien edifier noz temples, & de les decorer de choses triomphátes & magnifiques: pource que le temple qui est bien serui & bié orné, apporte grand' decoration à la cité, ou il est. Et si nous faisons palaiz, & grand edifices pour nostre demeurance, que debuons nous faire à Dieu Immortel, que nous appellons à nostre sacrifice & a nos prieres? Et se trouuera chose bien duisante pour decoration de la pieté, d'auoir temples qui delectent nostre courage, & nous detiennent auecques leur grace & admiration. Et en cela les Anciens asseuroyent que la pieté estoit honorée, quád nous frequentions noz temples, & faisions sacrifices aux Dieux. Ce que nous ont mostré par leurs medailles Cesar Auguste, Vespasian, Nerua, Marc Aurele, tous bons Empereurs, dediez à la religion, où lon peut veoir les enseignes d'vne gracieuse volonté, & la pieté par les vaisseaux, & autres choses que nous auons veu par figure, qui sont asses congnues par la declaration que i'en ay faict cy dessus, où nous auós veu quelle estoit la religion des anciens Romains.

Chores dedans les basiliques. Portiques & galeries.

Le temple bié serui apporte grád' decoration à la cité ou il est.

Côme estoit anciennement honorée & prisée la pieté de la religion.

| ANTON. PIE. | M. AVRELE. |
| ARGENT. | ARGENT. |

Religion des Egyptiens.

Maintenát il demeure à escrire de celle des Egyptiés, qui furent les premiers qui leuerét les yeux au ciel, considerants le mouuement, l'ordre & la qualité des choses celestes: & qui penserent que le Soleil & la Lune fussent Dieux, donnants au Soleil le nom d'Osyris, & à la Lune

ISIS. d'Isis, qui fut encores adorée côme deesse des Romains: ce que monstre la medaille cy dessoubs mise où est representé par le reuers vn Cynocephale, duquel i'ay escript ailleurs assés amplement.

MEDAI

DES ANCIENS ROMAINS.

MEDAILLE D'ARGENT.

Et entre les autres sacrifices Commode l'Empereur (comme dit Spartian) honora ceux de la Deesse, laquelle est representée dedans sa medaille, tenant vne sphere à la main, comme mere des arts, & vne amphore pleine d'espis de blé, qui monstre la fertilité du païs de l'Egypte.

L'Egypte mere des arts.

COMMODE CESAR.
BRONZE.

La coustume des Egyptiens d'adorer leurs Dieux fut premierement pure & chaste, sans entremesler cruau-

Coustume des Egyptiens.

T 3

334　　　DE LA RELIGION

d'adorer leurs dieux

té: pource qu'en ce temps là (comme depuis) le sang des bestes n'estoit pas repandu en leurs sacrifices, mais offroyent les fruicts de la terre, desquels ils mangeoyent. Ce que firent encores les Romains, qui les presentoyét sus leurs autels, comme i'en ay monstré la figure cy dessus. Et auecques les racines & fueilles qu'ils brusloyent ensemble, gardants les fruicts qui estoyent presentez à l'autel, ils litoyent & appaisoyent les Dieux celestes dé la fumée & exhalation.

SACRIFICE RETIRÉ DU marbre antique, qui se veoit à Rome encores auiourdhuy.

⁂

DES ANCIENS ROMAINS. 335

En ce temps là (comme dit Porphyrius) l'encens, la myrrhe, la casse, le soulphre, & le saffran n'estoyent pas en vsage, mais l'herbe verte, qui monstroit la puissance de la terre: & telle litation, qui propremét se faisoit des herbes, fut nommée des Grecs θυσια. Depuis la coustume vint d'appaiser les Dieux auecques les bestes: & les premiers qui les tuerét, furét Hyperbius & Promotheus: & de la vint la superstitió des victimes, & les loix données à ceux qui faisoyent les sacrifices: C'est assauoir d'eprouuer la beste, si elle estoit entiere & saine, & si elle refusoit d'estre tirée iusques à l'autel. Ils elisoyent les taureaux en leur presentant la farine, & les cheures auecques des ciches: car si ces bestes eussent refusé à manger ces viades, les Anciens conceuoyent de là, qu'elles n'estoyent pas entieres & saines. Apres suruint vne façon de faire, qui estoit l'oblation de la myrrhe & du saffran, & depuis ils firent vne boucherie de leurs sacrifices.

Porphyrius.
Litation nommée Thysia.
Hyperbius & Promotheus premiers sacrificateurs des bestes.

Les autres ceremonies des Ægyptiés estoyent de saluer les Dieux de matin, que les Anciens nommerét adorations. Ce que monstre Vitruue au quatriéme liure de son Architecture, quand il cómande, que les temples & edifices des Dieux soyét ordonnez de telle façó. S'ils sont pres des rues publicques, que les passants les puissent regarder, & deuant faire salutatiós, c'est à dire adorations. Ce diuin seruice, qu'ils faisoyent de matin, ont suyui ceux de nostre religion Chrestiéne, qui disent l'office de matines, & gardét encores ce que les Ægyptiés faisoyent, l'heure premiere, seconde, & tierce, que nous auons nómées prime, tierce & sexte: lesquelles ils auoyét legitimes pour leurs cerimonies & sacrifices: & là ils chan

Cerimonies des Ægyptiens. Vitruue.

Heure premiere, seconde & tierce.

chantoyent hymnes & louënges, qu'ils auoyent en leurs liures rituels, qui estoyét faicts de chartres hyeratiques, c'est à dire sacrées, qui estoyent dediées seulement (comme dit Pline) aux volumes religieux : & là ils escripuoyent par figures & caracteres des bestes, des oyseaux, & autres choses seruants aux secrets de leurs cerimonies, que Tacitus, Macrobius, & Marcellinus disent estre nómées Hieroglyphes : dont estoyent insculpez les obelisques, desquels Pline au liure trentesixiéme de l'histoire naturelle escript ainsi : Les sculptures & effigies, que nous voyons, sont lettres des Ægyptiens. Et telle lecture de leurs lettres & de leurs liures estoit impenetrable, & sans chemin, ormis à ceux, qui estoyent de leur religió, & de leur colliege : & ceux là en auoyent la congnoissance, & non autres. Et quand Orpheus (ainsi que dit Iulius Firmicus) ouuroit aux hommes estrangers la cerimonie des sacrifices, il ne demádoit autre chose à ceux qu'il receuoit en cest ordre sur le premier portal du temple, que la necessité de iurer : & auecques vne certaine & terrible autorité de la religion, il leur faisoit promettre de ne decouurir point les secrets de la religion aux prophanes, c'est à dire à ceux, qui n'estoyent point iniziez, & de leur ordre : pource que toutes ces choses souffrent vne grand perte, quand elles sont mises dedans les cueurs de gens perdus & desesperez : mais bien fault qu'elles soyent receuës entre gens qui soyent separez de tous vices, c'est assauoir entiers, pudiques, sobres, & modestes. Et quand premieremét les sacerdotes des Ægyptiens venoyent à prendre leurs ordres des choses sacrées, la coustume estoit de leur donner des presents, & ils

Liures rituels faicts de papier sacré.

Lettres Hieroglyphes des Aegyptiēs

Orpheus.

Defense de ne publier point les secrets de la religion.

DES ANCIENS ROMAINS.

ils faisoyent vn festin à ceux, qui auoyent assisté à leur reception. Puis le premier prebstre (que nous pourrions nommer en nostre religion l'Euesque) les enseignoit, & leur bailloit vn liure qui estoit en role, côme sont ceux des Hebreux encores auiourd'huy.

Les Romains eurent autre façon de faire leurs dignitez sacerdotales, comme le grand Pontife, les petits Pontifes, Flamines, Archiflamines, & Protoflamines: tout ainsi que nous auons le Pape, les Cardinaulx, Euesques Archeuesques & Patriarches: collieges, côme sont chanoines: & satellites, côme sont les Cheualiers de sainct Iean de Ierusalem Et à tous ceux là obeissoyent les Anciens par grande reuerence & honneur, obseruants par grand cure leur religion. Ce que nous monstre la tresnoble sentence de Cicero, *De Aruspicum responsis*, où il dit, Que les Romains, encores qu'ils ne fussent de nombre esgaulx aux Espaignols, de force aux Gaulois, d'astuce & cautelle aux Africans, & de science & discipline aux Grecs, & d'esprit aux Latins, que de pieté & religion, & auecques la seule sagesse (par laquelle ils auoyét regardé, que toutes choses estoyét regies & gouuernées par l'ayde des Dieux Immortels) ils auoyent vaincu toute maniere de gens & estrangeres nations.

Et depuis le plus petit iusques au plus grand, les Anciens eurent plusieurs benefices, qu'ils tenoyent auecques la dispence du grand Pontife. Ce que tesmoigne Tranquillus en la vie de Claudius Cesar, & Tite Liue au trentiéme dit, que le fils de Fabius Maximus auoit deux sacerdoces, quand il fut creé Pontife. Et de ces benefices le reuenu estoit tel & si grand, que de ceux là

Dignitez des Romains sacerdotales.

Collieges. Satellites.

Les Anciës auoyët des benefices.

Tranquillus.

V

non seulement ils entretenoyent leurs familles, mais estoit le moyen de venir à la pompe de leurs triomphes. Et nourrissoyent les prebstres leurs femmes & enfans de leurs benefices, comme de leur patrimoine & reuenu: & s'ils tenoyent des offices publicques, & suyuoyent la gendarmerie, & exerçoyent la marchandise, tout ainsi que la fortune le donnoit. Et furent ces sacerdoces semblables à ceux, que nous autres Chrestiens nommons, par vn nom plus propre, benefices. Et de ces sacerdoces, comme des benefices, il s'en trouuoit deux especes, les vns qui estoyent à la collation des Pontifes, de la Republique, & des Princes. L'autre, dont les fruits, la rente & la charge demeuroit à la maison, & à la famille, & perpetuels successeurs. Et tels sacerdoces furent nommez des Anciens gentilicies, que les nostres nomment droit de patronage. Et de ceux là parle Cicero *De Aruspicum responsis*, soubs ces mots, Il y a en cest ordre plusieurs personnes, qui ont faict les sacrifices gentilicies en ce mesme temple. Et si le reuenu de tous ces benefices estoit grand, il ne le fault point trouuer estrange: car les Romains, quand ils venoyent à construire, fonder temples & religions, ils adioustoyent fonds & possessions, gages & reuenuz, dont la nourriture des prebstres prouenoit auecques les oblations. Et faisoyent les Roys & Empereurs fondations semblables à celles, que nous appellons Royales, & dont les prestres prenoyent le reuenu par les mains du Questeur: comme les nostres les prennent du Receueur du domeine. Ce que monstre Tite Liue, quand il dit, que Numa institua les Flamines & les vierges Vestales, & ordonna leurs gages & reuenu du public

Prebstres des Romains.

Sacerdoces gentilicies.

Reuenu grand des benefices des anciens Romains.

Fondatiōs royales.

DES ANCIENS ROMAINS.

public. Ce que les autres fondateurs (il ne fault point doubter) obseruerent tousiours depuis. Et si nous regardons curieusement, nous congnoistrons que plusieurs institutions de nostre religion ont esté prinses & translatées des cerimonies Ægyptienes, & des Gentils: comme sont les tuniques & surpelis, les coronnes que font les prebstres, les inclinatiõs de teste autour de l'autel, la pompe sacrificale, la musique des temples, adorations, prieres & supplications, processions & letanies: & plusieurs autres choses, que noz prebstres vsurpent en noz mysteres, & referent à vn seul Dieu IESVS CHRIST ce que l'ignorance des Gentils, faulse religion & folle superstitions representoit à leurs Dieux, & aux hommes mortels apres leurs consecrations.

✶

FIN DE LA RELIGION ET
Antiques Cerimonies des Romains.

Institutiõs des Gẽtils. Cerimonies translatées des Egyptiens & des Gentils.

Fause religion des Gentils.

INDICE DES MATIERES
PRINCIPALES, DIEVX ET
DEESSES CONTENVES EN
ce present œuure.

⁎

AESCVLAPIVS. 112
APOLLO. 203
AVGVSTE CESAR. 67
ANTINOVS. 203

BACCHVS. 142

CERES. 144
CONCORDE. 24
CHASTETÉ. 120
CLEMENCE. 139
CONGIAIRE. 152
CONSECRATION. 76

DIANE. 85
DES SACERDOCES DES ANCIENS ROMAINS. 245
DES FRERES ARVALES. 247
DES AVGVRES. 248
DV GRAND PONTIFE. 263
DV FLAMINE DIALE. 258
DES AVGVSTALES. 268
DES SALIES. 259
DES DEVX, DIX ET QVINZE HOMMES. 262
DES SEPT-HOMMES EPVLONES. 260
DES SACERDOTES DE SYBELE. 271

EQVITÉ. 126
ETERNITÉ. 140
ESPERANCE. 32

FORTVNE. 217
FOY. 32

V 3

FELICITÉ.	123.169	NEPTVNE.	106
FECONDITÉ.	173	NOBLESSE.	155
GENIVS.	163	ORIENT.	210
HERCVLES.	191	PAIX.	10.141
HERCVLES ROMAIN.	197	PIETÉ.	134
HONNEVR.	36	PROVIDENCE.	72
IVPITER.	41	ROME.	176
IVNO.	50.171	ROMVLVS.	175
IANVS.	19		
ISIS.	332	SYBELE.	97
ITALIE.	180	SANTÉ.	117
IVSTICE.	124	SOLEIL.	107
LARES.	164	TERRE.	143
LIBERTÉ.	120		
LIBERALITÉ.	151	VENVS.	226
		VESTA.	234
MARS.	221	VERTV.	37
MERCVRE.	166	VICTOIRE.	128
MINERVE.	52.103	VOEVX DES RO-	
MONNOYE.	126	MAINS.	274

FIN.

TABLE DES CHOSES
MEMORABLES, QVI SE
TREVVENT EN CE
present œuure.

À Brutus apparut son mauuais esprit	164
Abstinence de Numa Pompilius & de Iulian l'Empereur, quand ils vouloyent sacrifier aux Dieux.	292
Acerra, petit coffre où tenoyēt leur encens les sacerdotes.	134. 237. 325
Accoustrement des Salies, sacerdotes du Dieu Mars.	260
Accoustrement des vierges Vestales.	237
Accoustrement du Flamine Diale.	258
Accoustrement du prestre qui faisoit le sacrifice.	297. 307
Adorations des Gentilz.	284
Aegiuchus, surnom de Iupiter.	56
Aegypte, mere des arts & bonnes disciplines.	333
Aesculape, Dieu de la santé.	113
Agate antique grauée d'vn Neptune.	108
Aigle consacrée à Iupiter.	46
Aigle qui emportoit aux cieux l'ame des Empereurs à leur consecration.	83
Alba vestis.	297
Albogalerus, chappeau du Flamine.	299
Alciat Iurisconsulte renommé, grād amateur de l'Antiquité.	270

Alexan

Alexander Seuerus fils de Mammea. 59
Alexander Seuerus tenoit en son laraire l'image de IESVS
CHRIST. 165
*Alpha & Ω, commencement & la fin, n'est autre chose que le
Createur.* 188
Amatiste antique grauée du triomphe de la Iudée. 13
*Ambassade de Symmachus à Theodosian l'Empereur touchant
les vierges Vestales.* 240
Amoindrir par fauseté le pris de l'argent est chose fort detestable.
128
Ance, ville en Lyonnois. 133
Animaux immolez aux Dieux & Déesses. 297
Animaux, qui seruent grandement à la vie de l'homme. 304
Animaux, qui sont en la tutelle de Diane. 92
Anoblissement du soldat Romain, qui auoit faict acte de vertu.
156
Antinous estoit de Bithynie. 232
Antinous, homme heroique. 231
Antonio Fantussi painctre de nostre temps excellent. 103
Antonin Pie feit dresser vn temple à son predecesseur Hadrian.
70
Antonin Pie restituteur du temple d'Auguste. 70
Apelles painctre renommé entre ceux de la Grece. 218
Apollo conseruateur. 203
Apollo Dieu des Cicharistes. 204
Arbres consacrez aux Dieux & Déesses. 296
*Arc triomphal de Tite Vespasian dressé à Rome par le Senat en
son honneur.* 9
Arche couuerte de lames d'or au temple de Salomon. 9
Archesilaus statuaire excellent. 123.229
Archigallus principal des sacerdotes de Sybele. 271

Asper

Aspergile des anciens Romains. 289
Auguratoire des Anciens. 250
Auguste Cesar edifia le temple de Mars vlteur au capitole. 224
Auguste Cesar feit faire l'autel de Paix à Rome. 16
Auguste Cesar receu au nombre des Dieux. 68
Autels dressez pour l'eternité d'Auguste Cesar. 71
Aux vierges Vestales estoit deffendu de nourrir leur poil. 240

B

Bacchanales representées aux medailles de Nero & d'Antonin Pie. 150
Bacchantes, Bacches, ou Mimalonides, sacerdotes de Bacchus. 148
Bassins & testes de taureaux pourquoy mis par les Anciens aux frises de leurs temple. 316
Bellissime responce du Philosophe Anacharsis à vn homme qui luy reprochoit qu'il estoit Barbare. 159
Bellona Déesse de la guerre. 104
Benestiers des Anciens, tant Hebreux que Romains. 291
Bibliotheque au temple d'Hadrian commun à tous les Dieux. 8
Bibliotheque bellissime au temple d'Auguste en Alexandrie. 67
Bois de la tede agreable aux sacrifices. 297
Bois de la vigne fort durable. 245
Bois de mauuais augure pour le feu des sacrifices. 310
Bons & mauuais Anges, ou Esperitz. 164
Bottines de Diane nommées Endromides. 90

C

Cachet de Nero l'Empereur. 213
Caducée symbole de paix. 14.18.168

X

Caducée verge de Mercure entortillée de deux serpens. 168
Cage pullaire des Anciens. 257
Caius Memmius premier des Romains qui celebra les Cereales. 144
Candelabre qui estoit au temple de Salomon. 9
Candelabre des anciens Romains. 310
Cassidoine antique grauée d'vn Iupiter assis en son throsne 58
Cassidoine, pierre consacrée à Iupiter Fulgurateur. 57
Celebration de la feste de Diane en Ephese. 86
Cene des prebstres Romains. 327
Ce que doibt auoir l'homme noble. 162
Ce qu'il fault laisser pour venir à la beatitude. 293
Ce que la terre porte est estimé pur & net. 297
Ceres ennemie mortelle de la guerre. 145
Cerimonies des Romains aux consecrations de leurs Empereurs. 81
Cerimonies des Romains en leurs sacrifices. 288
Cerimonies des sacerdotes auant que la victime fust mactée. 309
Changement d'estat faict perdre la noblesse. 158
Chappeau de Mercure nommé Galerus, & Petasus. 167
Chappeau du Flamine. 299
Chappeau du grand Pontife. 263
Char de Bacchus tiré par deux Tigres ou deux Onces. 150
Char de Ceres tiré par deux serpens. 144
Char de Iuno tiré par des paons. 50
Char de Neptune tiré par cheuaux. 110
Char de Sybele mené par deux lions. 97
Char de Venus tiré par des cygnes. 226
Char de Venus conduit par deux Cupido. 228
Charge des Maistres des monnoyes des anciens Romains. 129

Char

Charge des Quinze-hommes. 262
Charge des sacerdotes Romains. 272
Charge des Sept-hommes Epulones. 260
Charge des Victimaires. 303
Charge du grand Pontife. 263
Chasteté des Hyerophantes, sacerdotes des Atheniens. 293
Cheure de la Nymphe Amalthea, nourrisse de Iupiter. 56
Chien de bronze, faict par vn merueilleux artifice. 46
Chiffre de CHRIST painct aux medailles des Empereurs. 187
Chores dedans les basiliques des Anciens. 331
Chose bien difficile que d'oster vn peuple de sa loy. 41
Claue & peau du lion pourquoy donnée à Hercules. 191
Claudius l'Empereur monstre encommencé & non acheué de nature. 77
Cicero fut de l'ordre des augures. 248
Coignée Pontificale, de laquelle estoit demembrée la victime. 321
Colasses feit le colosse de Rhodes. 211
Colliege des Saliés. 259
Colliege des sacerdotes Augustales à Lyon. 269
Colonnes dressées à Rome à l'honneur de Traian & d'Antonin Pie par le senat. 78
Colonie Commodiene. 198
Colosse de Rhodes. 211
Combat d'Apollo & de Marsias 212
Comme Hercules estoit painct des Gaulois. 200
Comme Iupiter fut painct des Anciens. 59
Comme les Anciens ordonnerent les temples de leurs Dieux. 40
Comme les femmes Romaines estoyent purgées par les sacerdotes de Iuno. 176
Comme les Phenyciens sacrifierent à la Déesse Venus 227

X 2

Comme paignirent les Lacedemoniens le simulacre de Mars. 225
Comme paignirent les Rhodiens l'effigie d'Apollo. 209
Comme se faisoyent les pains, que les Latins ont nommé panes Picentes. 268
Commode l'Empereur acheptoit la foy de ses soldats à deniers contants. 34
Commode l'Emp. dict Hercules Romain. 198
Commode l'Emp. en accoustrement d'Hercules. 197
Commode l'Emp. faisoit porter deuant luy la massue & peau d'Hercules. 198
Commode repudia le surnom de sa maison, 197
Commode sacrifia à la mere des Dieux, ayant eschappé la mort. 271
Concorde fort estimée entre les Empereurs Romains & leurs gendarmes. 27
Côfession des pechez gardée & vsitée des sacerdotes Romains. 294
Conflagration du temple de Paix à Rome. 10
Conflagration du temple de Vesta. 234
Congiaire, liberalité faicte au peuple. 152. 281
Consecration des Empereurs Romains. 76. 80
Consecration des Pontifes. 265
Consecration du cierge de Pasques. 239
Conspirations de Maternus contre Commode l'Empereur. 271
Constantin le Grand adora IESVS CHRIST, & luy feit temples magnifiques.
Consualia, festes de Neptune. 110
Coronnes de laurier pendues sur le portal des maisons des Empereurs. 205
Coronnes triomphales, ciuiques, murales & autres enseignes de vertu. 156

Corne

Cornes de cerfs estachées aux temples de Diane. 88
Corniol antique graué d'vn Aesculapius. 114
Corniol antique graué d'vne Fortune. 219
Corniol antique graué d'vn Mercure assis sus vn Cancre de mer. 170
Corniol antique graué d'vn Mercure tout droit. 171
Corniol antique graué d'vn Neptune. 109
Corniol antique insculpé d'vn Satyre, qui meine vn bouc à l'autel. 147
Couleur blanche agreable à Dieu. 297
Cousteau des Anciens duquel ils demembroyent les victimes. 296
Cousteaux que les Victimaires portoyent pendus à leur ceinture. 323
Coustume des Aegyptiens d'adorer leurs Dieux. 333
Coustume des Anciens aux funerailles. 158
Coustume des Iuifs de veiller en leurs temples. 319
Coustume des Romains de dormir sur les peaux des victimes dedans leurs temples. 319
Coustume retenue des Anciens à la feste Dieu. 272
Couuerture du temple de Pantheon, d'argent. 6
Cultri, petits cousteaux desquels estoyēt tuées les petites victimes. 321
Cultri venatorij. 321

D

Danse des Bacchantes representée par les medailles. 150
Danse des poulets, nommée tripudium. 255
Danse d'vne mesure appellée Pyrrique. 83
Deesse de nature. 102
Defence d'Orpheus de ne publier les secrets de la religion. 310
Definition de Chasteté. 120

X 3

Definition de Iustice. 124
Definition de Liberté. 121
Definition de Noblesse selon Sceuola. 157
Definition de Noblesse selon Aristote. 158
Definition de Pieté. 134.135
Definition de Prouidence. 72
De la concorde des Princes prouient le salut du peuple. 26
Demones des anciens Romains. 135
De quelle matiere firent premierement les anciens les simulacres des Dieux. 21.244
Discription de la Rome painéte aux medailles de Vespasian. 178
Despence de trois cens talents d'or pour la façon du colosse de Rhodes. 212
Despence du temple de Iupiter Capitolin à Rome. 46
Deuise de la prouidence. 72
Deuise de la velocité accompagnée de la tardité. 170
Deuotion de Loys IIII. Empereur à l'endroit de la religion Chrestienne. 132
Deuotion des femmes Romaines. 172
Deux especes de benefices des sacerdotes Romains. 338
Deux Venus selon Plato. 227
Diane auoit la charge des enfans apres qu'ils estoyent nez. 157
Diane conseruatrice adorée en Sicile. 99
Diane Deesse de la venerie. 87
Diane & la Lune estoyent vne mesme chose. 87
Diane nommée des anciens Ceruicide. 88
Diane dicte Taurobolos. 94
Diane pourquoy nommée Tauropola. 93
Diane Taurique. 93
Diane triforme. 103

Diane

Diane Venatrice. 89
Dict d'Epicure. 72
Dieu est appaisé par l'oraison. 273
Dieux des anciens Romains meritent plustost d'estre appellez Demones. 135.246.272
Dieux & Deesses representez par leurs animaulx. 47
Difference entre le noble & genereux. 161
Difference qui est entre la definition de Noblesse d'Aristote, & celle de Sceuola. 159
Dignité des Decurions. 270
Dignité du grand Pontife. 263
Dignitez sacerdotales des anciens Romains. 338
Dignitez sacerdotales en la religion des Romains differentes. 258
Dinocrates Architecte renommé. 86
Disque des anciens. 315
Dissention entre Neptune & Pallas. 105
Diuersité de noms de Diane. 87
Diuersité des cousteaux des sacrificateurs. 323
Dolabra Pontificia 321
Domitian l'Empereur feit dresser un temple à la Deesse Santé. 119
Donatif, liberalité faicte aux gendarmes. 152
Donatifs figurez par un suggeste qui se treuue faict par les medailles en forme d'un dé 34
Doreure Prenestine. 221
Droit public & priué. 125
Du temps des Romains il n'estoit point permis de iurer par le Genie du Prince. 165
Duumuirs instituez par Tarquinius Superbus. 262

Eaue

E

Eaue beniste des Anciens. 291
Eaue de Mercure. 289
Edict de C. Annius Fannius à Rome. 267
Election des Salies. 259
Election du grand Pontife. 267
Eleemosyna, mot qui se treuue vnique entre les liures des Gentilz. 294
Enclabris, table seruant aux sacrifices. 320
Enclabria, vases des sacrifices. 320
En la victoire lon ne sent point le labeur. 189
En l'vnion & concorde demeuroit la seureté du peuple de Rome. 28. 29
En quelle recommandation estoit l'aumosne à l'endroit des Rommains & des Grecs. 294
Enseigne du labarum, comme portée à la guerre. 188
Enseigne sacrée a IESVSCHRIST. 188
Enseignes de la religion des Romains. 135, 252
Enseignes de la Victoire. 185
Enseignes de Mercure. 167
Enseignes des Empereurs Chrestiens. 280
Entrée du temple de Vesta defendue aux hommes. 236
Epydaure, ville d'Esclauonie, auiourdhuy nommée Raguse. 113
Epigramme qui est à Lectore ville de Gascoigne. 96
Epitaphe de Clælia Claudiana Vestale. 239
Epitaphe de Flauia Manilia Vestale. 238
Epitaphe de Sabina Tranquillina femme de Gordian l'Empereur. 96
Epitaphe trouué a Turin. 157
Epithetes d'Hercules. 193

Epithe

Epithetes du Dieu Mars. 23
Eroſtratus bruſla le temple de Diane en Epheſe. 86
Erreur des Gentils à la congnoiſſance d'vn ſeul Dieu. 41
Eſculus, eſpece de cheſne. 296
Eſperance l'vnique conſolation des hommes. 31
Eſtoille de Iupiter. 61
Eſtoille de Mercure. 167
Eternité de l'Empire Romain. 141
Exclamation de Senecque côtre l'eſtomach inſatiable des hômes. 267
Exemple du loup & du lion. 161
Exemple ſingulier de pieté. 139
Exploration de la victime. 308

F

Façon de faire de ceux qui auoyent eſchappé vn naufrage de mer. 287
Façon de parler des Anciens en leurs ſacrifices. 311. 313
Façon des temples qui doibuent eſtre edifiez aux Dieux & Deeſſes ſelon l'opinion de Vitruue. 49
Faulſe opinion des Gentilz. 286
Faulſe religion des Gentilz. 339
Felicité, pourquoy painĉte des Romains tenant le caducée. 169
Feſte ſolennelle de la Mere des Dieux, faiĉte tous les ans par les Romains. 271
Figure de Cerberus tiré des enfers par Hercules. 193
Figure de Iuno Lucina. 172
Figure de la Deeſſe Equité. 126
Figure de la Deeſſe Venus. 228
Figure de la Pieté. 134
Figure de la Terre adorée des Anciens. 143

Figure de Roine Deesse.	176
Figures des Anciles, armes celestes.	259
Figure differente de la Prouidence.	74
Figure du Dieu Apollo.	203
Figure du Dieu Genius.	163
Figure du sympulle.	309
Figure du Tibre fleuue.	178
Figure du tripos d'Apollo.	214
Figure du vase nommé Prefericule.	308
Fin du sacrifice.	330
Flamines & les Vestales prenoyent leur reuenu du public.	338
Flamines ordonnez pour les Emp. qui auoyent esté deifiez.	258
Flustes de bouïs & d'argent.	300
Folle superstition des Romains.	55. 76. 84
Force de iustice.	325
Force du sel & de l'eaue sacrez.	286
Fortune painéte aueugle.	220
Fortune pourquoy painéte couchée par Apelles.	285
Fortune pourquoy tenant vn rameau de laurier.	219
Fulgure de Iupiter tenu en grande reuerence par les anciens.	262
Fuscine sceptre de Neptune.	107

G

Gal en la tutelle de Mercure, & pourquoy.	169
Galerus chappeau de Mercure.	48. 167
Galli, sacerdotes de la Mere des Dieux.	271
Genius Dieu de nature.	163
Genius & les Lares sont vne mesme chose.	164
Gestes & triomphantes victoires des Romains resplendissent par tout le monde.	179

Grains

Grains d'orge meslez auec du sel se mangeoyent auant l'vsage de mouldre. 307

Griues farsies en grande recommandation du temps d'Auguste. 267

Gymnase & bibliotheque au temple d'Hadrian commun à tous les Dieux. 8

H

Habit des Victimaires. 300
Habit des Ministres aux Victimaires different. 312
Habit des Tubicines & Liticines des sacrifices. 313
Hecatombes, mactations de cent beufs. ibidem
Heliogabale, ainsi nommé le Soleil des Pheniciens. 216
Heliogabalus l'Empereur painct en habit de sacerdote Phenicien. 216
Hercules a couru le pays de la Gaule. 201
Hercules Ognius ou Gallique. 200
Hercules painct des anciens tenant trois pommes. 195
Hercules pourquoy painct des anciens tout nud. 191
Hercules pourquoy painct vieil des Gaulois. 202
Hermes, Mercure, ainsi nommé des Grecz. 167
Hippocrates a consommé la medecine. 113
Hippocratia, feste en l'honneur de Neptune. 110
Hyperbius & Promotheus premiers sacrificateurs des bestes. 335
Hymnes accommodez aux louanges des Dieux & Deesses. 330
Hymnes chantez aux sacrifices. 300
Hymnes des yurongnes. 330

I

Iacquomo Strada Antiquaire Mantuan. 22. 44
Ianus Dieu de la paix & de concorde. 21
Ianus Geminus. 17. 19

Ianus pourquoy painct des Anciens à deux visages. 21
Ianus premier edificateur des temples. 5
Ianus Quadriforme. 22
Ianus reduist les hommes sauuages à toute humanité & douceur. 20
Iaspe antique graué de la teste de bonne fortune. 220
Iaspe antique graué d'vn formis. 73
Iaspe antique graué du tripos d'Apollo. 215
Ida, mont en Candie & en Phrygie. 97
Ieusne institué à la Deesse Ceres par les Anciens. 293
Ieux publicques ou seculaires des Anciens. 281
Ieux seculaires de Domitian l'Emp. & d'Antoninus Geta. 284
Image d'AEsculapius. 114
Image de la Deesse Chasteté. 120
Image de la Mere des Dieux. 98. 100. 101
Image de la Paix, Deesse adorée des Romains. 13. 145
Image de Liberalité Deesse. 153
Infule de laine de laquelle estoit decorée la victime. 301
Institution de Numa Pompilius pour adorer les Dieux. 288
Interpretation de la painture d'Hercules Gallique. 202
Isis Deesse adorée des Romains. 332
Italie figurée par les medailles des Empereurs. 180
Italie iadis Dame & maistresse de tout le monde. ibid.
Italie pourquoy painte auec le Cornucopie. ibidem
Iule Cesar a passé tous les Princes en misericorde & clemence. 139
Iule Cesar deprisa la superstition des Romains és victimes. 303
Iulio de Calestan Parmesan, singulier amateur de l'antiquité. 149
Iuno auoit la charge des femmes enceintes. 172
Iuno femme & sœur de Iupiter. 171
Iupiter Ammon. 55

Iupiter

Iupiter Anxurus. 66
Iupiter Capitolinus. 41
Iupiter Conseruateur. 62
Iupiter Croissant. 56
Iupiter Custos. 65
Iupiter Eleus, ou Olympius. 60
Iupiter Fulgurateur. 64
Iupiter Propugnateur. ibidem
Iupiter seul coronné d'oliue. 66
Iupiter Stateur. 65
Iupiter stateur de l'Empire Romain. ibidem
Iupiter Victeur. 53.59
Iupiter Ulteur. 64

L

L'aigle qui porte la teste de Iupiter & de Iuno. 49
L'abarum enseigne principale des Empereurs. 184
L'abondance de tous biens vient de la concorde. 34
Labrum, cuue des Hebreux. 291
La Cheure consacrée à Iupiter. 56
La Chouëtte consacrée à AEsculapius. 115
La Chouëtte dediée à Minerue. 52.104
La Colombe symbole de chasteté. 120
La Corneille consacrée à Apollo. 214
La Corneille diuise de Concorde. 29
La Corneille en la tutelle de la Deesse Concorde. 29
La diligence & la vertu font dresser expeditions d'immortelle renommée. 40
La garde de la cité de Rome demeuroit entre les mains de Iupiter, de Minerue, & de Iuno. 55

La iustice faict regner les Princes. 124
La puissance de faire battre la monnoye appartenoit aux Tribuns. 131
L'araire des anciens Romains. 165
Lares & Lemures. 164
Lares filz de la Lune & de Mercure. 166
Largesse vient d'vn noble cueur. 144
La truye consacrée à Ceres. ibid.
La vertu frappe de loing. 196
La Victoire pourquoy painéte tenant le caducée de Mercure. 183
La vraye noblesse est en la vertu. 159
Le Belier consacré à Iupiter. 55
Le Bouc immolé à Iuno. 173
Le Bouc pourquoy sacrifié à Bacchus. 147
Le Chappeau deuise de liberté. 122
Le Cheual consacré à Neptune. 110
Le cyprez ne reiette iamais quand il est couppé. 297
Le Daulphin dedié à Neptune. 106
L'Empire de Rome auoit forme de liberté. 129
L'espieu donné à Diane pour le sanglier. 88
Le formis symbole de la prouidence. 72
Le Gal, le Bouc, l'Escorpion, la Mouche, animaux qui apartiennent à Mercure. 170
Legats en grand nombre laissez par les Romains aux vierges Vestales, & depuis ostez à la persuasion des Chrestiens. 240. 241
Le ieusne obserué des Anciens. 293
Le laure consacré à Apollo. 205. 216. 296
Le laure dedié aux triomphes. 205
Le Paon & l'Austriche consacrez à Iuno. 50
Le sacerdote Romain tenoit l'autel en sacrifiant. 305

Le sel symbole d'amitié. 307
Le serpent dedié à AEsculapius. 115
Le serpent painct auecques la Déesse Santé aux monnoyes des Empereurs. 119
Le serpent symbole de prudence. 115
Le simulacre d'Hercules representoit la vertu. 38.189
Le Soleil honoré des Pheniciens. 216
Le temple bien serui apporte grand decoration à la cité où il est. 331
Les Anciens auoyent des benefices. 311
Les Anciens vserent de l'aumosne. 294
Les armes & les lettres sont deux choses qui font viure leurs possesseurs eternellement. 157
Les auspices en grande recommandation à l'endroit des Romains. 257
Les Gouuerneurs Romains faisoyent cogner monnoie d'or & d'argent à Lyon. 132
Les grands honneurs naissent de la racine de vertu. 38
Les lettres rendent le nom des Princes immortel. 15
Les liures Sybillins reposoyent au temple de Iupiter Capitolin. 46
Les Muses ont monstré aux hommes la religion. 214
Les Muses pourquoy faintes demeurer par les montaignes. 214
Les muses pourquoy vierges. ibidem
Les Pheniciēs auoyent la Déesse Venus en grande reuerence. 227
Les Quinze-hommes presidoyent aux sacrifices d'Apollo. 262
Les Romains faisoyent leurs sacrifices de matin & droit à l'Orient. 305
Les Romains ne faisoyent point sacrifice sans feu. 309
Les Romains sur tous garderent la religion. 5
Les trois iambes deuise de la Sicile. 91
Les vertuz des predecesseurs ne seruent que d'exemple. 159

Les vierges Vestales prenoyent leurs rentes du public. 240
Lettres hierogliphes des AEgyptiens. 336
L'homme vitieux qui presche sa noblesse par les faicts de ses Maieurs, s'enterre de luy mesmes. 159
L'honneur fait maintenir la foy promise. 36
Liairre dedié à Bacchus. 297
Liberalité d'Auguste Cesar. 152
Liberalité d'Hadrian & d'Alexander Seuerus figurée par leurs medailles. 154
Liberalité de Marc Aurele. 153
Liber erigea un temple à Iupiter Ammon. 55
Liberté rend heureux l'homme qui la possede. 121
Liqueur pretieuse pour teindre les robes. 263
Litation faicte d'herbes, nommée des Grecz Thysia. 335
Lithostrates ou Musaiques des Anciens. 221
Litue, baston augural des Anciens. 250
Liure de l'Auteur de Imaginibus, siue de natura Deorum. 103.
147
 Des epigrammes de toute la Gaule. 95
 Des animaux feroces & estranges. 161
 XII. Des Antiquitez de Rome. 19. 270
Liures rituels aux temples des Anciens faicts de papier sacré. 336
Loix Decemuirales. 131
Loix des Macedoniens, Amazones & Scythes contre celuy qui n'auoit faict à la guerre preuue de sa vertu. 156
Lothos capillata. 140
Louange de l'abstinence & sobrieté. 292
Louange de la cité de Lyon. 270
Louanges de la paix. 15. 146
Louanges de liberalité. 151

Louan

Loüanges de liberté. 121
Loüanges de l'Italie. 181
Loys IIII. Empereur Prince belliqueux. 132
Lucerne antique de bronze trouuée à Lyon. 166
Lupercal lieu sacré à Rome au Dieu Lupin. 173
Lysimachus, l'vn des successeurs d'Alexandre. 53

M

Machaon fils d'Aesculapius. 113
Mactation des beufs pourquoy defendue aux sacrifices de Ceres. 144
Maillets des Anciens, desquels le Victimaire frappoit les victimes. 311
Mains dextres diuise de concorde. 35
Mains dextres representées des deux costez aux medailles antiques. 35
Maison de Cicero consacrée par Clodius à la Déesse Liberté. 121
Maniere de faire des sacerdotes Lupercales, quand ils couroyent parmy les rues de Rome. 173
Manteau de pourpre bellissime au temple de Iupiter Capitolin à Rome. 46
Marc Antoine en habit d'Augur. 251
Marc Antoine & Lepidus Augurs. 248
Marcellus voüa le temple d'Honneur & de Vertu. 36
Marius edifia vn temple à Honneur & à la Vertu. 36
Mars pourquoy nommé Quirinus. 222
Mars pourquoy painct tout nud. 221
Marsias vaincu par Apollo, & escorché. 213
Massue & peau du lion pourquoy donneés à l'antique Hercules. 193

Maxentius Conseruateur de tout le monde. 176
Medailles d'or & d'argent trouuées à Reims. 100
Medailles d'argent trouuées en Lyonnois. 133
Medaillons frappez pour la memoire des Empereurs. 197
Megalesia festes de la Mere des Dieux. 271
Mercure Dieu d'eloquence. 171
Mercure Dieu des marchants. 167
Mercure adoré par les Gaulois. 169
Mercure inuenteur de plusieurs choses necessaires aux hommes. 171
Mercure pourquoy nommé Pacifere. 168
Messire George de Vauzeles Cheualier de Rhodes, homme liberal à l'endroit de ses amys. 211
Minerue fondatrice d'Athenes. 104
Minerue preside à la memoire. 106
Minerue Victorieuse. 53
Miracle faulx de Vespasian l'Empereur en Alexandrie. 287
Mola des Anciens, & comme elle se faisoit. 264
Monnoye des Princes sacrée. 126
Monsieur le Thresorier Grolier grand amateur de l'Antiquité. 36
Myrthe, arbre consacré à la Déesse Venus. 296

N

Nauire de marbre Thassie à Rome. 117
Neptune Equestre ou Cheualier. 110
Neptune pourquoy sainct Dieu de la mer. 111
Noblesse de sang seule est comme vne nuée & côme le vent. 160
Noblesse des antiques maisons se treuue ruinée par les vices. 162
Nombre des Augures des anciens Romains. 250

Nombre des vierges Vestales ordonnées pour le seruice de la Déesse. 236
Noms de mauuais augure euitez aux sacrifices des Romains. 311
Noms diuers de la Mere des Dieux. 99
Noms & tiltres de Commode l'Empereur. 199
Nostre religion est vraye & venue de Dieu. 286
Numa Pompilius edificateur du temple de Vesta. 235
Numa Pompilius fondateur du temple de Ianus. 17. 22
Numa Pompilius institua les Salies. 259. 299
Numa Pompilius premier edificateur du temple de la Foy. 36
Nuncupare vota. 275

O

Oeuure vertueuse est plus excellente que la vertu. 161
Offertes des Romains faictes aux temples estoyent données aux pauures & indigens. 330
Ola & Vla. 307
Oliue dediée à Minerue. 105. 296
Oliue deuise de la paix. 13
Oliue de Pallas. 105
Once animal consacré à Bacchus. 150
Onice antique grauée d'vn AEsculapius. 114
Onice antique insculpée d'vn Mercure. 170
Onice antique insculpée du cheual de Neptune. 111
Onices antiques grauées chascune d'vn Bacchus. 149
Oraison attribuée à Hercules par les Gaulois. 202
Ordre des Philosophes Brachmanes. 239
Ordre des processions des Anciens. 272
Ordres & collieges des sacerdotes Romains. 246
Orient insculpé aux medailles des Empereurs. 210

Z 2

Ornement des grandes hosties, qui debuoyent estre immolées. 300
Ornement des petites victimes. 301

P

Painéture de la Déesse Ceres. 144
Painéture de la Déesse Eternité differente. 140
Painéture de la Déesse Fortune. 217
Painéture de la Déesse Iustice. 125
Painéture de la Déesse Liberté. 121
Painéture de la Déesse Victoire. 182.188
Painéture de Minerue. 103
Painéture de Noblesse. 162
Painéture diuerse d'Apollo. 206
Painéture du Dieu Bacchus. 147
Painéture du Dieu Mars. 225
Painéture du simulacre de Neptune. 107
Pains ronds faicts en l'honneur des Dieux. 327
Paix vniuerselle du temps de Vespasian l'Emp. 13
Palladium de Troye. 136.235.237
Paludament manteau royal. 188
Par les images les Anciens entendirent la noblesse du sang. 158
Par quelles raisons commencerent les Anciens à sacrifier. 288
Parolle pennigere comme vne fleche. 203
Pateres, vases des Anciens. 314
Penitence est le vray arrosement de salut. 294
Perle de Cleopatra, singulier ouurage de nature. 5
Petrus Gilius amateur singulier de l'Antiquité. 95
Peuple arbre dedié à Hercules. 195.297
Phidias sculpteur renommé entre ceux de la Grece. 5
Θγάτοπες, ainsi nommez des Grecz les Sept hommes Epulones. 261

Pieté

Pieté enuers les parents.	136
Pieté enuers noz enfans.	137
Pieté de la Cigongne à l'endroit de ses parents.	137
Pieté, qui assemble les deux freres Titus & Domitian.	138
Pin arbre dedié à Sibele.	97.101
Pin arbre dedié au Dieu Pan.	279
Plautille femme d'Antoninus Caracalla.	36
Pompe des Vestales du temps de Prudence.	244
Populonie cité d'Israel tresantique.	244
Portes du temple de Ianus fermées par trois fois.	17
Pourquoy furent adioustées deux cornes aux statues & medailles de Lysimachus.	54
Pourquoy les anciens paignirent le Cheual de Neptune auec la queuë du daulphin.	111
Pourquoy les Empereurs feirent insculper leurs visages à leurs monnoyes.	118
Pourquoy ont fainct les Poëtes Minerue estre née de la teste de Iupiter.	103
Pourquoy paignirent les Atheniens la Victoire sans aisles.	184
Prebstres d'Augustes nommez Sextum-viri Augustales.	269
Prebstres de Iupiter & de Mars par qui instituez.	258
Prebstres des Romains estoyent mariez & exerçoyent la marchandise.	338
Prebstres des Romains portoyent la teste rase.	299
Prebstres & Flamines ordonnez pour le seruice des temples des Empereurs consacrez.	79
Presericule, vase des sacrifices.	308
Primices & fruicts mis sus l'autel auant le sacrifice.	307
Principale des Vestales nommée Maxima.	237.238
Processions des anciens.	272

Proserpine femme de Pluto. 171
Purgation des Romains auec l'eaue sacrée. 288

Q

Qualitez requises aux Victimes pour estre agreables aux Dieux. 303
Quatre Venus differentes descriptes par les anciens. 227
Que demandoyent les Romains aux Dieux en leurs vœux publicques. 281
Qu'est ce que Fauere, proprement. 295
Qu'est ce que Fortune. 220
Qu'est ce que Quiris en langage des Sabins. 222
Qu'est ce qui meut les Romains de creer les Triumuirs des monnoyes. 128
Qu'est signifié par le serpent d'AEsculapius. 114
Qu'estoit signifié par Iupiter & Iuno. 171
Que signifie Cerberus vaincu par Hercules. 194
Que signifie le baston que porte Aesculapius. 115
Que signifie solum en langue Tusque. 327
Que signifient la raseure de teste des prebstres, & leur coronne. 299
Que signifioit la claue que portoit Hercules. 192
Que signifioit le chapeau de Mercure. 167
Que signifioit le feu, qui brusloit perpetuellement sur l'autel des Hebreux. 239
Que vouloyent entendre les anciens par ce nom, Macter. 311
Que voulurent signifier les anciens, quand ils paignirent le simulacre de Bacchus en figure d'vn enfant. 341
Quel fut Hercules selon les Historiographes. 200
Quel sacrifice estoit estimé plein & parfaict. 225
Quels estoyent les Sextum-virs Augustales. 269

Quelles

Quelles estoyent les victimes, desquelles usoyent en leurs sacrifices les Romains. 303

Qui estoyent les intestins. 320

Quinquatria, festes de Minerue. 106

R

Racine de l'oliue seruoit aux anciens pour leurs petites images. 244

Racine de thya arbre. 245

Raguse ville d'Esclauonie, anciennement nommée Epidaure. 113

Raison qui faisoit manger les anciens ensemble dedans les temples. 329

Religion & cerimonies des Aegyptiens. 332

Responce de Prudentius à Symmachus, touchant les legats ostez aux vierges Vestales. 241

Reuenu grand des benefices des sacerdotes Romains. 338

Reuerence de Dieu est le vray fondement de la vie saincte. 273

Richesses necessaires à l'homme noble pour deux raisons. 159

Robbe de l'Augur nommée lena, ou trabea. 251

Robbe pure & religieuse. 297

Robbe xyline des sacerdotes Aegpytiens. 298

Robbe de l'Empereur Aurelian. 46

Rome Eternelle. 176

Rome tenue entre les autres Déesses des Romains. 176

Rome Victorieuse. 176

Rome victorieuse de tout le monde. 178

Romulus en accoustrement de Mars. 175

Romulus receu au nombre des Dieux. 175

Sabina

S

Sabina femme d'Hadrian l'Empereur. 138
Sacerdoce des Augures en grande autorité & veneration des Romains. 248
Sacerdoce des freres Aruales par qui institué. 247
Sacerdotes Augustales, Heluiens, Antoniens, Aureliens & Faustiniens. 246
Sacerdotes Romains mangeoyent tous de bout dedans les temples. 327
Sacerdotes de Mars nommez Salies. 221
Sacerdotes des Aegyptiens ne portoyent point de cheueux. 299
Sacrifice à Diane soubs le nom d'Hecate. 103
Sacrifice des Bacchantes. 149
Sacrifice des ieux seculaires. 282.283
Sacrifice nommé Amberuale, & comme il estoit faict. 247
Sacrifice ordonné à Diane par la Royne des Amazones. 94
Sacrifices des Anciens ne se faisoyent point sans musique 304
Sacrifices des vierges Vestales. 237
Sacrifices faicts à la Terre par les Anciens. 143
Sacrifices gentilicies. 358
Sacrifices pour les vœux. 277
Sacrilege commis à Rome par Constantin III. Empereur. 6
Salacia femme de Neptune. 171
Salies sacerdotes d'Hercules. 195
Sans la mole salée le sacrifice n'estoit point agreable aux Dieux. 308
Secespita, cousteau des Victimaires. 314.321
Sena, cousteau des Victimaires. 321
Sentence bellissime retirée d'un marbre antique. 139
Sentence d'Antonin Pie pleine de pieté. 78
Senteur du laurier dechasse l'infection de l'air. 206

Sept

Sept montagnes de Rome. 178
Septemuirs Epulones par qui instituez. 260
Sergius Galba de l'ordre des Augustales. 270
Seuere l'Empereur canonizé. 76.84
Signe de la Croix qui apparut à Constantin. 185
Signes de bon & de mauuais augure, és victimes qui debuoyent estre immolées. 302
Silence grād gardé par les Romains aux sacrifices de leurs Dieux. 295
Simulacre d'Aesculapius apporté à Rome. 115
Simulacre de Bacchus de bronze. 148
Simulacre de bronze de Romulus & Remus. 174
Simulacre de Diane des Ephesiens. 85
Simulacre d'Hercules. 195
Simulacre d'Hercules tenant Anteus. 189
Simulacre de Iupiter en Populonie faict du bois de la vigne. 244
Simulacre de Vertu. 37
Simulacre de la Deesse Concorde. 24
Simulacre de la Deesse Felicité. 123
Simulacre de la Foy. 33
Simulacre de l'Honneur. 37
Simulacre de Prouidence. 74
Simulacre de l'Eternité. 141
Six tasses d'emeraude, & six vases murrhins au temple de Iupiter Capitolin à Rome. 46
Soleil inuincible nommé Apollo des Anciens. 207
Solennité aux vœux publiques des Romains. 281
Solitaurilia, sacrifices faicts par les Romains. 326
Solitaurilia, nom qui designe l'immolation de trois hosties. 326
Soteria, ieux & sacrifices faicts pour le salut de Commode l'Em-

A A

pereur. 271
Souper des Pontifes. 266
Statue d'Hercules faicte par Polyclete. 189
Statue de Mercure en Auuergne. 169
Statue de Mercure en Arcadie, faicte du bois de thya arbre. 245
Suffibule, robbe blanches des Vestales. 237
Supposer les cousteaux. 311
Sylla augmenta le nombre des Dix-hommes. 262
Symbole de victoire. 52
Symbole de prudence. 115
Symmachus homme patrice de noblesse, d'eloquence & dignité tresinsigne. 240

T

Table d'or au temple de Salomon. 9
Table sacrée des Pythagoriens. 293
Tauropolium sacrifice faict à Diane. 94
Et à la Mere des Dieux. 95
Temple à Diane erigé par Auguste Cesar, en signe de la deffaicte de Sextus Pompeius. 91
Temple d'AEsculapius à Epidaure. 113. 116
Temple d'Auguste à Rome commencé par Tibere, & acheué par Caligula. 68. 268
Temple d'Auguste dressé à Lyon au lieu où est à present l'Abbaye d'Aisnay. 269
Temple de Concorde dedié par Tibere. 24
Temple de Diane en Ephese, mis entre les sept spectacles du monde 84
Temple de Diane en l'isle de Icarie. 93
Temple de Diane renommé en Sicile. 92

Temple

Temple d'Hadrian à Athenes commun à tous les Dieux. 8
Temple de Salomon en Hierusalem. 9
Temple de Ianus de bronze, faict premierement par Numa de la grandeur d'une chapelle. 16
Temple de Ianus Quadriforme. 19. 24
Temple de Iuno. 50
Temple de Iupiter. 45
Temple de Iupiter Capitolin. 41
Temple de Iupiter Olympius, ou Eleus à Syracuse. 60
Temple de Liberté. 121
Temple de Mercure. 171
Temple de Paix entre les œuures magnifiques de la cité de Rome. 10
Temple de Pantheon dreßé par Marc Agrippe. 6
Temple de Pantheon dedié à Iupiter vengeur. 6
Temple de Venus Genitrice dedié par Auguste à Iule Cesar. 229
Temple de Vertu. 37
Temple de la Déeße Felicité. 123
Temple de la Déeße Victoire. 182
Temple de Pieté. 139
Temple de Santé. 119
Temple dreßé à Auguste Cesar en Alexandrie. 67
Temple du Soleil. 209
Temple faict à la terre par les Romains. 143
Temple superbe de Fortune à Preneste. 220
Temples d'Antinous magnifiques, l'un en Arcadie & l'autre sur le bort du Nil edifiez par Hadrian l'Empereur. 230
Temples de Concorde. 24
Temples de Iupiter Vlteur, Olympique & Tonant. 42
Temples de Mars. 224

Temples de Vesta de forme ronde. 235
Temples dressez à la Deesse Rome. 176
Temples erigez à l'honneur d'Auguste. 96
Teste de Clemence figurée aux medailles de Tibere Cesar. 140
Teste de Iustice representée par les medailles de Tibere. 126
Testes des victimes despouillées de leur chair, insculpées par les Romains aux frises de leurs temples. 317
Theodosian Empereur Chrestien. 240
Thya arbre odorant entre les delices des Anciens. 245
Thyrsus, baston que porte ordinairement Bacchus. 148
Tibere Cesar fondateur des Augustales. 268
Tigre, animal consacré à Bacchus. 148
Tite Liue auoit veu fermer les portes du temple de Ianus. 18
Torches de tede en vsage pour les sacrifices des Anciens. 310
Tous biens consistent en silence & taciturnité. 295
Trasymedes sculpteur excellent. 114
Tripos d'Apollo. 214. 262
Triumuirs des monnoyes des Romains. 128
Trois manieres de purgation des Anciens. 292
Tullius Hostilius augmenta le nombre des Salies. 259
Tunique des prebstres Romains. 299

V

Vase plein de medailles d'argent, trouué en Lyonnois. 133
Vases antiques de voirre trouué en Daulphiné. 245
Veilles des Romains changées par Constantin le grand en prieres qui se font de iour. 320
Veneration d'Albinus homme populaire à l'endroit des vierges Vestales. 239
Venus comme painéte des Anciens. 226

Venus

Venus Déesse de beauté. 227
Venus Genitrice. 229
Venus Victrice. 226
Verbenes estimées heureuses aux sacrifices des Anciens. 295
Vers de Petrarque en la louange d'Italie. 180
Vertigines in sacris à Numa institutæ. 300
Vertu d'Hercules triple. 195
Vertu du soulfre. 293
Vertu qu'estimerent les Anciens estre en l'oline. 296
Vertu honorée & grandement prisée des Romains. 156
Vertu se contente de l'homme nud. 191
Vespasian l'Empereur, & Tite son fils triompherent de la Iudée. 11
Vesta mise des Poetes pour le feu. 240
Vestales estimées sacrosainctes. 240
Vestales ordonnées pour garder le feu perpetuel. 239
Victime qui se iettoit entiere dedans le feu aux grands sacrifices. 325
Victoire Britannique de Seuerus. 25
Victoire Déesse painéte des Anciens sans aisles. 184
Victoire pourquoy figurée tenant un cornucopie. 182
Victoires nauales comme painctes des Anciens. 112
Visages d'Apollo accompagné de deux serpens. 210
Visage de Neptune painct differemment par les Anciens. 107
Visages de Rome & de Constantinoble figurez aux medailles de Constantin l'Empereur. 181
Vne partie de nostre religion prinse & translatée des cerimonies Ægyptiennes & des Gentilz. 339
Vœux publicques des Romains. 274. 281
Vœux escripts en marbre & tables d'airain. 277

A A 3

Vœux quinquennales, decennales, vicenales, tricenales & quadricenales des Romains. 277
Vsage de la chair ne sert de rien pour la santé. 293

X

Xenodòrus Statuaire tresexcellent. 169
Xylon, espece de lin. 297

F I N.

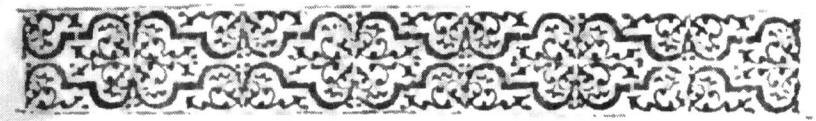

INDICE DES MEDAILLES ET
REVERS, TANT DES GRECS, CONSVLS
Romains, Triumuirs des monnoyes, que
des Empereurs & Imperatrices
representez en cest
œuure.

ET PREMIEREMENT DES GRECS.

Medaille d'Alexandre Roy des Epyrotes.	41
Medaille des Atheniens.	53
Autre medaille des Atheniens.	53
Medaille de Lysimachus.	54
Autre medaille de Lysimachus.	54
Reuers d'vne medaille Grecque frappée en l'honneur de Iupiter.	58
Medaille des Syracusiens.	61
Medaille frappée en l'honneur de Diane.	94
Medaille du Roy Agathocles.	99
Medaille frappée en l'honneur de Sybele.	99
Medaille des Tarentins.	110
Medaille du Roy Demetrius.	112
Reuers d'vne medaille des Epidauriens.	116
Medaille frappée en l'honneur de Liber.	150
Medaille d'vne Princesse des Macedoniens.	191
Reuers d'vne medaille faicte en l'honneur d'Hercules.	193
Medaille frappée en l'honneur d'Hercules.	196
Autre medaille d'Hercules.	196

Medaille

Medaille coignée en l'honneur d'Apollo. 204
Medaille des Rhodiens. 209
Autre medaille des Rhodiens. ibid.
Reuers d'vne medaille des Rhodiens. ,210
Autre reuers d'vne medaille desdicts Rhodiens. ibid.

Medailles des Consuls Romains & Triumuirs.

Medaille frappée en l'honneur de Ianus. 20
Medaille de Petillius. 44
Reuers d'vne medaille de Lucius Cotta. 49
Medaille de Lucius Lentulus & Caius Marcellus. 62
Medaille de Pansa. 67
Reuers d'vne medaille de Pansa. 145
Autre reuers d'vne medaille de Pansa. 145
Medaille de Lucius Hostilius. 88
Medaille de Geta Triumuir. 89
Medaille de Caius Postumus. 89
Medaille de Marcellinus. 92
Medaille de Aulus Postumus. 95
Medaille de Caius Volteius. 102
Medaille de Marc Agrippe. 7
Autre medaille de Marc Agrippe. 109
Reuers d'vne medaille dudict Agrippe. 106
Autre reuers dudict Marc Agrippe. 106
Medaille de Quintus Creper. 112
Medaille de Marcus Valerius Acilius Triumuir. 118
Reuers d'vne medaille de Brutus. 122
Medaille de Titus Carisius. 128
Reuers d'vne medaille de Marcus Herennius. 136
Reuers d'vne medaille de Caius Memmius. 145

Reuers

Reuers d'une med. de Marcus Volteius.	145
Medaille de Caius Mamilius Limeanus.	167
Medaille frappée en l'honneur de Rome.	174
Autre medaille à l'honneur de Rome.	179
Medaille de Sextus Po.	174
Medaille de Lucius Hostilius Saserna.	183
Reuers d'une medaille de Quintus Cincinius Triumuir.	192
Reuers d'une med. de Caius Antius.	192
Reuers de Caius Poblicius Quinti filius.	193
Medaille de Lucius Plautius.	211
Reuers d'une medaille de Lucius Cinna.	225
Reuers d'une medaille de Clodius.	235
Medaille de Quintus Cassius.	236
Medaille de Lentulus Spinter.	252
Autre medaille de Lentulus Spinter.	253
Medaille de Claudius Caldus.	261
Medaille de Longinius Triumuir.	304
Medaille frappée en l'honneur d'Isis.	333

Medailles des Empereurs.

IVLE CESAR.

Teste de Iule Cesar.	136. 148

Reuers.

CAIVS COSSVTIVS MARIDIANVS A.A.A. F.F.	129
Aeneas qui porte son pere Anchises.	136
Teste de la Déesse Venus.	228
Autre teste de Venus.	228
Vne Venus. PVBLIVS SEPVLLIVS MACER.	129
AVGVR, PONTIFEX MAXIMVS.	249
Enseignes de l'Augure.	249

POMPEE LE GRAND.

Teste de Pompée. 136

Medailles.

Vn nauire, & lettres. MAGNVS IMPERATOR ITERVM.
Reuers. Neptunes qui frappe les monstres marins. PRÆF. CLAS.
ET ORÆ MARIT. EX S.C. 108
Teste de Neptune.
Reu. Trophée nauale. 108

MARC ANTOINE III. VIR.

Teste de Marc Antoine. 208

Medailles.

Teste de la Concorde.
Reu. Deux mains iointes & le caducée. 26
Medaille, où des deux costez sont les enseignes de l'Augure. 250
Marc Antoine en habit d'Augur.
Reu. Teste du Soleil. 252

Reuers.

Serpens qui embrassent vne are. 27
Autres serpens qui embrassent vne are. 27
Temple du Soleil. 208

AVGVSTE TRIVMVIR.

Teste d'Auguste estant encores Triumuir. 27

Reuers.

SALVS GENERIS HVMANI. 23

AVGVSTE CESAR.

Teste d'Auguste Cesar. 17. 18. 50. 68. 159

Medailles.

Auguste deifié, DEO AVGVSTO.
Reu.

Reu. *Temple.* ÆTERNITATIS AVGVSTÆ CV-
STODI. 69
Teste de Diane.
Reu. *Temple erigé par Auguste à l'honneur de Diane.* 91
AVGVSTVS TRIBVNICIA POTESTATE.
Reu. C. PLOTIVS RVFVS III. VIR ÆRE,
ARGENTO, AVRO FLAVO FERVNTO. 130

Reuers.

Janus auec deux visages. 17
Deux mains qui tiennent deux cornucopies & vn caducée. PAX. 18
Temple. IOVI OLYMPICO. 43
Temple. IOVI TONANTI. 43
Vne Aigle. AVGVSTVS. 49
Temple de Iuno. IVNONI. 50
Temple. COMMVNIS ASIÆ ROMÆ, ET AV-
GVSTO. 68
Vne are. PROVIDENTIA. 71
Vne are. CONSECRATIO. 72
Diane. IMPERATOR DECIES SICILIA. 90
Diane. IMPERATOR VNDECIES SICILIA. 90
Vn Neptune. 107
VICTORIA AVGVSTI. 113
C. CASSIVS CELER III. VIR ÆRE ARGENTO,
AVRO FLAVO FERVNTO. 129
M. SALVIVS OTHO TRIVMVIR ÆRE ARGEN-
TO, FLAVO FERVNTO. 130
Victoire qui porte l'enseigne du Labarum. 185
BALBVS PROPRÆTOR. 192
DIVOS IVLIVS. 206
SALVVS GENERIS HVMANI. 206
Temple. MARTI VLTORI. 225
Autre Temple. MARTI VLTORI. 225
Temple. S. P. Q. R. 225
Venus auec son char tiré par deux Cupido. L. IVLI L. F. 229

BB 2

Temple. DIVO IVLIO.	230
Les Anciles. P. STOLO. III. VIR.	260
Fulgure de Iupiter.	286

TIBERE.

Teste de Tibere.	126

Reuers.

PACE AVGVSTI PERPETVA.	16

MEDAILLON.

Temple dressé en l'honneur d'Auguste.	69

MEDAILLON.

Temple erigé pour l'eternité d'Auguste. ÆTERNITATIS AVGVSTÆ.	70
Teste de Iustice. IVSTITIA.	126
Teste de Clemence. CLEMENTIÆ.	140

C. CESAR DICT CALIGVLA.

Medaille.

PIETAS.	
Reu. *Temple.* DIVO AVGVSTO.	69

Reuers.

Le chappeau enseigne de liberté.	112

CLAVDIVS CESAR.

Teste de Claudius.	78

Reuers.

Deification de Claudius Cesar.	78
Temple. COMMVNIS ASIÆ. ROMÆ ET AVGVSTO.	85

Temple. DIANÆ EPHESIORVM. 85
La balance. 131

CLAVDIVS NERO.

Teste de Nero. 203
Reuers.
ARA PACIS. 16
Temple de Janus. 19
Autre temple de Ianus 19
IVPITER CVSTOS. 66
La Chouësse sus une are. 115
Sacrifice à Aesculapius. 116
Vne balance. ΕΠΙ ΚΛΑΥΔΙΟΥ ΜΙΟΡΙΔΑΤΟΥ. 131

MEDAILLON.
Les Bacchanales. 150
GENIO AVGVSTI. 163
ROMA. 176
ΑΠΟΛΛΟΝ ΣΩΤΗΡ. 205
Vn temple. 213
Temple de Vesta. 236
Autre temple de Vesta. 236

SERGIVS GALBA.

Reuers.
LIBERTAS PVBLICA. 122
FOELICITAS PVBLICA. 169

SILVIVS OTHO.

Reuers.
Deesse de paix. 146

VITELLIVS CESAR.

Reuers.
HONOS ET VIRTVS. 37
Vn Æsculapius. 115

Vn Æsculapius.	115
CLEMENTIA IMPERATORIS GERMANICI.	140
QVINDECIM VIR SACRIS FACIVNDIS.	215
X.V. VIR SACR. FAC.	215
Tripos d'Apollo.	216. 262
MARS VICTOR.	222

VESPASIAN.

Teste de Vespasian.	178

Reuers.

Temple de Paix.	11
Trophée de la Iudée. IVDÆA.	11
IVDÆA CAPTA.	12
IVD. CAP.	12
IVDÆA CAPTA.	12
PAX AVGVSTI.	14
PAX AVGVSTI.	14
FIDES PVBLICA.	34
IOVIS CVSTOS.	66
Vne are. PROVIDENTIA.	71
NEPTVNO REDVCI.	107
Victoire nauale.	112
PAX AVGVSTI.	146
Le caducée de Mercure.	168
Rome assise sus sept montagnes. ROMA.	178
VICTORIA AVGVSTI.	184
Tripos d'Apollo.	216. 262
VESTA.	235
VESTA.	235

TITE VESPASIAN.

La teste de Titus Vespasianus.	139

Reuers.

Temple de Paix.	11
IVDÆA CAPTA.	11

IVDÆA

IVDÆA CAPTA. 12
PAX ÆTERNA. 14
PROVIDENTIA AVGVSTI. 75
PIETAS AVGVSTA. 139
ÆTERNITAS AVGVSTI. 146
CONGIARIVM TERTIVM POPVLO ROMANO
   IMPERATORI DATVM. 153
FOELICITAS PVBLICA. 169
VICTORIA AVGVSTI. 184
Vn temple. 233

DOMITIAN.

Teste de Domitian. 119
   Reuers.
PACI AVGVSTI. 14
FIDEI PVBLICÆ. 34
VIRTVTI AVGVSTI. 38
IOVI VICTORI. 58
IOVI SERVATORI. 63
Romulus & Remus qui tetent la Louue. 175
VITORIA AVGVSTI. 185
VICTORIA AVGVSTI. 185
Vne Victoire. 185
Sacrifice. LVDOS SÆCVLARES FECIT CONSVL
   DECIMVMQVARTVM. 284
Autre sacrifice. LVD. SÆC. FEC. COS. XIIII. 284
Autre sacrifice. 284
Temple. LVD. SÆC. FEC. COS. XIIII. 285

TRAIAN.

   Reuers.
Enseignes militaires. S.P.Q.R. OPTIMO PRINCIPI. 31
   Temple

Temple. IOVI OPTIMO MAXIMO.	43
PROVIDENTIA AVGVSTI, SENATVS, POPVLIQVE ROMANI.	74
Vne colonne. S.P.Q.R. OPTIMO PRINCIPI.	79
La Deesse Liberté	122
CONGIARIVM SECVNDVM DATVM POPVLO.	153
Vn Hercules.	190
Teste de l'Orient.	210
SENATVS POPVLVSQVE ROMANVS FORTVNÆ REDVCI.	218
Vne Fortune.	218
FORTVNÆ REDVCI.	219

HADRIAN.

Teste d'Adrian l'Empereur.	8. 22

Reuers.

Vn temple. ΚΟΙΝΟΝ ΙΣΙΟΥΝΙΑΣ.	8
Janus Quadriforme.	22
SECVRITAS POPVLI ROMANI.	29
SPES AVGVSTA.	29
SPES POPVLI ROMANI.	32
FIDES EXERCITVVM.	35
Aigle qui porte la teste de Iupiter.	49
Aigle qui porte auec ses aisles la teste de Iupiter & de Iuno.	49
Jupiter Ammon.	56
IVSTITIA.	126
PIETAS.	136
ÆTERNITAS AVGVSTI.	141
ÆTERNITATI AVGVSTI.	141
LIBERALITAS AVGVSTI.	155
Romulus & Remus qui tetent vne Louue.	175
Rome Victorieuse.	179
Vn Hercules.	190
Hercules qui tient Anteus.	190
FORTVNÆ AVGVSTI.	218

Mars. 114
Vn Victimaire qui meine vn mouton à l'autel. 302

ANTINOVS.

La teste d'Antinous. 131. 132

Reuers.

MEDAILLON.

Temple. ΑΔΡΙΑΝΟΣ ΩΚΟΔΟΜΗΣΕΝ. 131
Vn mouton. 132
Mercure & le cheual Pegasus. 133

ANTONIN PIE.

La teste d'Antonin Pie. 47

Reuers.

La Deesse Esperance. 32
Vne Aigle, vn Paon & la Chouëtte. 47
Vn Iupiter. 63
TEMPLVM DIVI AVGVSTI RESTITVTVM. 71
Temple dressé en l'honneur d'Hadrian l'Empereur. 71
S. P. Q. R. OPTIMO PRINCIPI. 79
Colonne. DIVO PIO. 79
Tabernacle de la consecration des Empereurs. 80
Diane des Ephesiens. 86
SYBELE. 102
SALVTI AVGVSTI. 118
TEMPORVM FELICITAS. 125
PIETAS. 135
PIETATI AVGVSTI. 137

MEDAILLON.

Les Bacchanales. 150
GENIO SENATVS. 163
ROMVLO AVGVSTO. 175
ITALIA. 180
ITALIA. 180
APOLLINI AVGVSTO. 204

Vne fortune. 218
L. Mars Victeur. 222
MARTI VLTORI. 223
ANCILIA. 260
VOTA SVSCEPTA VICENALIA. 279
Le fulgure PROVIDENTIAE DEORVM. 286
PIETAS AVGVSTI. 332
CONSECRATIO. 80

MARC AVRELE.
Reuers.

CONCORDIA AVGVSTORVM. 24
HONOS. 37
VIRTVS AVGVSTI. 39
IOVI VICTORI. 59
Iupiter Victeur. 59
Tabernacle. CONSECRATIO. 80
CONSECRATIO. 83
Minerue Pacifere. 105
La sante qui sacrifie à Aesculapius. 118

MEDAILLON

Minerue qui sacrifie à Aesculapius soubs la figure du serpent. 119
PIETAS AVGVSTORVM. 138
LIBERALITAS AVGVSTI SEPTIMA. 154
La Deesse de Rome. 179

MEDAILLON.

VICTORIA AVGVSTI. 189
VOTA. 279
PIETAS AVGVSTI. 332

MARC AVRELE ET AE-
LIVS VERVS.

ANTONIVS AVGVR TRIVMVIR REIPVBLICAE CONSTITVENDAE.
Reu. ANTONINVS ET VERVS AVGVSTI RESTITV-
TORES LIG SIX. 249

COM

COMMODE CESAR.

Teste de Commode l'Empereur. 145.197.198
   Reuers.

CONCORDIÆ.	24
FIDES EXERCITVVM.	35
ΑΡΤΕΜΙΣ ΕΦΕΣΙΑΝ.	86
MINERVAE PACIFERAE.	105
MEDAILLON.	
SALVS.	119
MEDAILLON.	
TELLVS STABILI.	143
VICTORIA BRITANICA.	189
MEDAILLON.	
Vn Hercules.	193
MEDAILLON.	
HERCVLI ROMANO AVGVSTO.	197
HERCVL. ROMAN. AVG.	198
COLONIA LVCII ANTONINI COMMODIANA.	199
HERCVLES ROMANVS CONDITOR.	199
Vne victoire qui coronne Commode l'Empereur, accompagné de l'Aegypte, qui tient vne sphere.	333

ÆLIVS PERTINAX.
   Reuers.

PROVIDENTIAE DEORVM.	74
CONSECRATIO.	84

SEPTIMVS SEVERVS.

Teste de Seuere l'Empereur. 77
   Reuers.

VIRTVTI AVGVSTI.	38
S. P. Q. R. OPTIMO PRINCIPI.	77
RESTITVTOR VRBIS.	77
FVNDATOR PACIS.	77
INDVLGENTIA AVGVSTORVM.	101
FELICITAS PVBLICA.	124
MEDAILLON.	
MARTI PACATORI.	222

MEDAILLON.
Vn Mars. 222
Vn temple. 234
VOTA PVBLICA. 174

ANTONINVS GETA.

Teste d'Anton. Geta filz de Seuere l'Empereur. 162
Reuers.
INDVLGENTIA AVGVSTORVM. 105
NOBILITAS. 162
FORTVNÆ REDVCI. 219
VOTA PVBLICA. 274
SACRA SÆCVLARIA. 284

M. AVR. ANT. CARACALLA.

Teste de Caracalla Empereur. 25
Reuers.
CONCORDIÆ AVGVSTORVM. 24
PROVIDENTIA DEORVM. 75
TEMPORVM FELICITAS. 124
Vn Apollo. 204
Vn Mars. 223
VENVS VICTRIX. 226
Sacrifice. 276

HELIOGABALVS.

Reuers.
SVMMVS SASERDOS AVGVSTI. 217
INVICTVS SASERDOS AVGVSTI. 217

ALEXANDER SEVERVS.

La teste d'Alexander Seuerus filz de Mammea. 60
Reuers.
MEDAILLON.
Temple. IOVI VLTORI. 45

Effigie

Effigie de Iupiter assis au milieu des quatre elemens.	60
IOVI PROPVGNATORI.	64
PROVIDENTIA AVGVSTI.	76
IVSTITIA AVGVSTI.	126
LIBERALITAS AVGVSTI QVARTA.	155
MARS VLTOR.	223

MAXIMINVS.
Reuers.

| CONCORDIA MILITVM. | 28 |

GORDIAN.
Reuers.

VIRTVS AVGVSTI.	39
IOVI CONSERVATORI.	63
IOVI CONSERVATORI.	63
IOVI VLTORI.	64
IOVI STATORI.	65
ÆQVITAS AVGVSTI.	127
LIBERALITAS AVGVSTI QVARTA.	154
MARTEM PROPVGNATOREM.	223

PHILIPPE.
Reuers.

FIDES EXERCITVVM.	31
VIRTVS AVGVSTORVM.	39
IVNONI CONSERVATRICI AVGVSTI.	51
IOVI CONSERVATORI AVGVSTI.	57
DIANÆ CONSERVATRICI AVGVSTI.	93
DIANÆ CONSERVATRICI AVGVSTI.	93
ÆQVITAS AVGVSTORVM.	127
ÆTERNITAS AVGVSTORVM.	141
LIBERO PATRI CONSERVATORI AVGVSTI.	151
LIBERALITAS AVGVSTORVM TERTIA.	154

ROMÆ ÆTERNÆ. 176
Temple. SÆCVLVM NOVVM. 177

VALERIAN.

La teste de Valerian l'Empereur accompagnée de celles de ses deux filz Gallien & Valerian. 117

Reuers.

IOVI CRESCENTI. 57
Trois temple. ΤΡΙΣ ΝΕΩΚΟΡΩΝ ΝΙΚΟΜΗΔΕΩΝ. 117

GALLIEN.

Reuers.

Cheual de Neptune. NEPTVNO. 112
LIBERO PATRI CONSERVATORI AVGVSTI. 151
APOLLINI COMITI. 207

POSTHVMIVS.

Reuers.

MERCVRIO PACIFERO. 168
HERCVLI MACVSANO. 190

CLAVDIVS.

Reuers.

GENIVS EXERCITVVM. 164
MARS VLTOR. 224

QVINTILIS.

Reuers.

CONCORDIA EXERCITVVM. 28

FL. IVL. CRISPVS.

La teste de l'Empereur Crispus. 180
VOTA

Reuers.
VOTA DECENNALIA CÆSARVM NOSTRO-
RVM.   275
BEATA TRANQVILITAS.   280

AVRELIANVS.
Reuers.
SOLI INVICTO.   208
ORIENS AVGVSTI.   210

TACITVS.
Reuers.
TEMPORVM FELICITAS.   124

FLORIANVS.
Reuers.
PROVIDENTIA AVGVSTI.   76

PROBVS.
Reuers.
CONCORDIA MILITVM.   28
PROVIDENTIA AVGVSTI.   76
Temple. ROMÆ ÆTERNÆ.   177
SOLI INVICTO.   207

DIOCLETIAN.
Reuers.
VIRTVS MILITVM.   39
IOVI STATORI AVGVSTORVM.   65
SACRA MONETA AVGVSTORVM ET CÆ-
SARVM NOSTRORVM.   127

VOTA TRICENALIA. 276

MAXENTIVS.
Reuers.

Temple. CONSERVATORI VRBIS ÆTERNÆ. 177
Autre temple CONSERVATORI VRBIS ÆTERNÆ. 177
VICTORIA AVGVSTI LIBERATORIS ROMA-
NORVM. 187
VICTORIÆ DOMINORVM NOSTRORVM AV-
GVSTORVM ET CÆSARVM. 277

LICINIVS.
Reuers.

IOVI CONSERVATORI AVGVSTORVM NO-
STRORVM. 64

CONSTANTIN LE GRAND.
Reuers.

MEMORIA FOELIX. 72
GENIO POPVLI ROMANI. 164
VRBS ROMA. 181
CONSTANTINOPOLIS. 181
VOTA VICENALIA DOMINI NOSTRI CON-
STANTINI MAXIMI AVGVSTI. 275
VICTORIÆ DOMINORVM NOSTRORVM AV-
GVSTORVM ET CÆSARVM. 278
VOTA POPVLI ROMANI. 278

CONSTANS.
Reuers.

MONETA AVGVSTI. 127

FELIX

FELIX TEMPORVM REPARATIO. 187

CONSTANTIVS.
Reuers.
SALVS DOMINORVM NOSTRORVM AVGV-
STORVM LVCET.   187

DECENTIVS.
Reuers.
SALVS DOMINORVM NOSTRORVM AVGV-
STORVM LVCET.   187
VICTORIA DOMINORVM NOSTRORVM AV-
GVSTORVM ET CÆSARVM.   277

IVLIANVS.
Reuers.
VOTIS DECENNALIBVS, MVLTIS VICENA-
LIBVS.   275
TRIVMPHVS CÆSARIS.   275

VALENS.
Reuers.
VOTIS TRICENALIBVS, MVLTIS QVA-
DRICENALIBVS.   280

THEODOSIVS.
Reuers.
VOTIS TRICENALIBVS, MVLTIS QVA-
DRICENALIBVS.   280

LOYS IIII.
Medaille.
Vne croix. LVDOVICVS, IMPERATOR.   133
Reu. Temple. CHRISTIANA RELIGIO.   133
Vne autre croix. LVDOVICVS IMPERATOR.
                                           Reu.

Rcu. BITVRIGES. 134
Reuers.
LVGDVNVM. 133
METALLVM. 133

Medailles des Imperatrices.

DOMITIA.
La teste de Domitia, femme de Domitian l'Empereur. 138
Reuers.
PIETAS AVGVSTAE. 138

PLOTINA.
Teste de Plotine femme de Traian l'Empereur. 34
Reuers.
FIDES PVBLICA. 138

SABINA.
Teste de Sabine femme d'Hadrian. 138
Reuers.
PIETAS AVGVSTÆ. 138

FAVSTINA.
Reuers.
IVNONI REGINÆ. 52
IVNONI REGINÆ. 52
IVNONI REGINÆ. 51
CONSECRATIO. 84
CONSECRATIO. 84
MATRI DEVM MAGNÆ. 102
ÆTERNITAS. 141
Deux Elephans qui tirent le chariot de Faustine deifiée. 142
ÆTERNITAS.

FAVSTINE LA IEVNE.
Teste de Faustine fille de Marc Aurele, & femme de Lucius Verus 30
Reuers

Reuers.

CONCORDIA.	30
TEMPORVM FELICITAS.	123
SÆCVLI FELICITAS.	123
Vn Paon.	51
FECVNDITAS AVGVSTÆ.	173
VENVS.	227
Temple de Vesta, & les Vestales qui sacrifient.	237

LVCILLA.

Teste de Lucille fille d'Antonin Pie.	172

Reuers.

IVNONI LVCINÆ.	172

MEDAILLON.

Temple de Vesta, & les Vestales, qui sacrifient à la Déesse.	237

CRISPINA.

Reuers.

MEDAILLON.

VOTA PVBLICA.	276

IVLIA PIA.

Teste de Iulia Pia femme de Seuerus l'Empereur.	110

Reuers.

IVNO.	51
DIANA LVCIFERA.	87
LVNA LVCIFERA.	87
MATER DEVM.	102
PVDICITIA.	120
ÆTERNITAS IMPERII.	142
VESTA.	235

PLAVTILLA.

Teste de Plautine femme d'Antoninus Carcalla.	31

Reuers.

CONCORDIA FELIX.	31

VENVS

VENVS VICTRIX. 227

IVLIA MAMMEA.
Reuers.
FOECVNDITAS AVGVSTÆ. 173

SEVERINA.
Reuers.
CONCORDIÆ MILITVM. 28

MACNVRBICA.
Reuers.
VENVS VICTRIX. 126

Medaille d'Aurelia Quirina Vestalis. 42
Medaille, où des deux costez sont insculpées les mains dextres. 36
Medaille, au reuers de laquelle se voit vn temple. 234

F I N.

CE QVE LE PRVDENT LECTEVR
pourra corriger en ce present œuure.

Lecteur, tu ne te doibs esbaïr, si l'auteur de ce present œuure a souuentesfois vsé des propres mots, qu'il a trouué corrompus par les medailles Grecques : ce qu'il a fait pour ne rien changer, adiouster, ou diminuer de l'Antiquité : & lesquels tu pourras ainsi corriger.

ΖΕΥΣ ΕΛΙΕΟΣ. 60
ΑΡΤΕΜΙΣ ΕΦΕΣΙΩΝ. 85. 86
ΕΡΕΤΡΙΕΩΝ ΔΑΜΑΣΙΑΣ. 93
ΤΡΙΣ ΝΕΩΚΟΡΟΙ ΝΙΚΟΜΗΔΕΩΝ. 117
ΑΓΩΝ. 149
ΔΩΡΟΝ ΔΙΟΝΥΣΩ. 149

DISCOVRS SVR LA CASTRAMETATION ET DISCIPLINE MILITAIRE DES ANCIENS ROMAINS,

Des Bains & Antiques exercitations Grecques & Romaines:

Escript par Noble S. Guillaume du Choul, Conseiller du Roy, & Bailly des montaignes du Daulphiné.

A LYON,
PAR GVILLAVME ROVILLE,
A' L'ESCV DE VENIZE.
M. D. LXXXI.

Armoiries dudict S. Guillaume du Choul.

HONOR SINE HONORE BEATVS.

A TRESCHRESTIEN
ET TRESPVISSANT PRINCE
HENRY SECOND DE CE
NOM, ROY DE
FRANCE.

Guillaume du Choul, Conseiller dudict Seigneur, & Baillif des montaignes du Daulphiné, S.

Yant desir de vous monstrer, Prince tresuertueux & magnanime, la discipline militaire des anciens Romains, par laquelle non seulement ils establirent l'Empire de Rome, mais encore ils perseuererent de la garder, auec vne perseuerance salutaire, sans estre violée, congnoissans que la tranquilité de leurs citoyens en procedoit: ie me suis mis au deuoir de vous presenter ce petit discours (petit, quant à l'excellence de vostre maiesté) par lequel vous cognoistrez, qu'il ne se trouue chose plus triomphante que la guerre: laquelle tousiours a esté à toutes autres choses preferée, & par la guerre nous auons gardé nostre liberté, & la

Aa 2

dignité des prouinces en a esté tousiours estendue, les Royaumes demeurés & conserués en leur entier, & (qui plus est) par la guerre la vie en a esté souuent retenue, & s'en est ensuiui la victoire. Ce que nous monstrerent iadis les Lacedemoniens : qui abandonerent tous les autres arts & doctrines, pour suyure la guerre du tout : & depuis commanderent longuement à toute la Grece, en se monstrants excellens sur toutes autres nations : de sorte que nous lisons qu'ils furent tant estimés des estrangers, par leur discipline militaire, que les Carthaginois, par le conseil de Xantippus Lacedemonien, deffirent M. Attilius Regulus : qui les auoit vaincus assez souuent, pour la mauuaise conduicte & pauure ordre qu'ils tenoyent. Semblablement quand Hannibal passa en Italie, il voulut prendre vn maistre de la guerre Lacedemonien : tant se trouua ce gentil Empereur amateur de la militie, & studieux de la conseruer. Les Romains encore (comme nous lisons dedans Vegece) à cause de leur discipline militaire surmonterent le nombre grand des Gaulois, la grandeur des Germains, la force des Espaignols, les cautelles des Africains, & la prudence des Grecs non pour autre chose, que pour auoir l'art de la guerre entre les mains : & au contraire nous monstre Aeschines la pauureté & misere que reçoiuent ceux, qui sont mols & effeminés & bien peu exercités à la guerre : lesquels par faute de cueur & de l'art, sont contrains de laisser

sacca

saccager leurs villes, raser leurs murailes, brvsler leurs maisons, despouiller leurs temples, violer leurs filles, forcer leurs femmes, tuer les hommes, & á la fin diminuer leur region du labeur & de la ieunesse. Parquoy il est necessaire pour la conseruation d'vne Republiques, de la patrie, ou d'vn Royaume, qui veut auoir de bons soldats, d'elire & choisir bons Capitaines & suffisans, pour les regir, gouuerner, & exerciter. Car, tout ainsi qu'vne maison ne peut demeurer longuement sans vn bon pere de famille, & moins vn nauire sans gouuerneur, & vne cité sans magistrat : tout ainsi vn exercite ne peut estre gouuerné sans vn bon Duc, & moins vn Royaume sans vn bon Prince : qui nous a esté donné en France par la grace du grand Dieu immortel : dont toute la Crestienté se resiouyt : & sommes asseurés, Roy Tresauguste, que, par vostre seule prouidence, la picté, la foy, la force, la temperance, la recompense de la vertu, les armes, vostre gendarmerie, sera conseruée & entretenue, & consequemment nous sera donnee la victoire que nous desirons, par la fin du petit traicté que ie vous presente : qui vous fera congnoistre l'assiette du camp des Romains, leur ordre & discipline militaire, les armes & accoustremens de guerre, tant des gens-de-pied, que de-cheual, & plusieurs choses, qui seruiront pour tousiours rendre plus claire l'antique militie des Romains. Et encores que l'argument soit difficile,

Aa 3

& qui demandoit d'estre traicté par homme de plus grãde exercitatiõ en cest affaire que ie ne suis: toutesfois ceux, qui entẽdrõt la fin de mon petit discours, congnoistront aisement que ie ne veux instruire cõme la guerre se doit faire: ains particulieremẽt ie preten de representer par figures, retirées des marbres antiques qui sont à Rome, & en nostre Europe, chose qui nous a esté incognue iusques à ce iour. Et pour ce faire i'ay employé ce qui est en moy de diligence, de labeur, & d'esprit, cõgnoissant le plaisir que naturellement vous prenez aux armes, & aussi pour vous faire congnoistre l'affection tres obeissante que i'ay de vous faire seruice: vous suppliant treshumblemẽt, Sire, de prendre la garde & protection de la gendarmerie, cy-apres mise: qui se presentera furieuse à l'ennemi, quand elle congnoistra estre fauorisée du seruice
de vostre maiesté
sacrée.

DE LA

DE LA CASTRAMETATION
ET DISCIPLINE MILITAIRE DES ANciens Romains.

OUR vous monstrer, Sire, la fin de ce qui est necessaire à vn Prince, qui veut faire la guerre triomphamment, il faudroit auant toutes choses, ordóner vne armée, &, pour ce faire, il conuiendroit de trouuer les hómes, les armer, les mettre en ordonnance, les exerciter, les loger, & conduire, pour apres les presenter à son ennemy. Et en cecy consiste & demeure toute l'industrie de la guerre, à qui veut venir à chef, & tirer aucun fruict d'vne vertueuse entreprinse. Et pource que la premiere chose & la plus necessaire est de trouuer les hommes, nous commencerons à parler de l'election que faisoyent les anciens Romains, quand ils venoyent à prendre tous les meilleurs hommes d'vne prouince pour leurs nouueaux soldats : & pour les mieux choisir, il recouroyent à la coniecture: laquelle vient & se tire des ans & de la presence. Et combien que Pyrrhus

Ce qu'est necessaire à vn Prince, q veut faire la guerre triophamment.

Coustume des Romains à l'election de leurs nouueaux soldats.

CASTRAMETATION

Pyrrhus Roy des Epirottes.

Pyrrhus, Roy des Epirottes, demandoit le soldat grád, ie seroye toutesfois d'opinion de n'auoir point de regard à la grandeur du corps: mais seroit pluſtoſt requis de considerer la grandeur du courage: pource que la magnanimité & force du cueur fait renommer, par raison les hommes plus forts que la grandeur. Ce-

Cesar.

sar neantmoins regardoit à la disposition de la personne & à la grace du regard, qui a fait dire à ceux, qui ont escrit de l'art de la guerre, que le bon soldat doit auoir les yeux grands, le col nerueux, l'estomach releué: les doigts longs, le ventre petit, la iambe seiche, & le pié essuit: lesquelles parties rendent voulontiers l'homme dispos & fort: qui sont deux qualités bien requises, & que l'on doit chercher ordinairemét en vn bó soldat. Les autres ont dit que sur toutes choses il est

Les qualités requises en vn bon soldat.

trop plus que necessaire de regarder aux coustumes & honnesteté: autrement vous elisez vn instrumét de scandale & vn commencement de corruption: pource qu'il est impossible qu'vn hóme, qui a esté mal nourri, puisse faire acte digne de loüáge: & par resolution il ne se trouuera chose, qui tant rende suffisant le soldat, que la vertu, qui engendre la honte, & qui le garde de fuir, & par ce moyen le fait venir à la victoire. Que profite de bien armer le soldat, & de bien monter l'homme-d'armes, s'il se trouue couard & foible de cueur? Certainemét les choses, qui se font par dissimulation, par faueur, ou de grâce, font souuentesfois honte à celuy qui l'a fauorisé: &(qui plus est) auecques la perte de l'hóneur, grád dommage: qui le plus souuent ne se repare iusques à la mort.

Parquoy

Parquoy il est de besoing qu'vn gentil Capitaine choisisse (quand il vient à faire sa bande & à dresser sa compagnie) gens de seruice, vaillans, hardis, & suffisans: desquels il puisse retirer honneur pour luy, & seruice pour son maistre, sans se fier aucunement en son lieutenant, ou bien au raport de ses compagnons. Car l'on trouue souuentesfoys des hommes, qui de corps & de visage se treuuēt dignes d'estre mis au rang des gens de bien: lesquels, apres auoir esté experimentés à la guerre, sont indignes de manier les armes, & de se trouuer en bonne cōpagnie. Ce n'est pas le tout à vn Prince d'auoir grand nombre de gensdarmes à sa soude: veu que (si nous voulons croire les anciens) plus profite à la guerre la vertu, que la compagnie: &, si vn Capitaine veut auoir de bōs soudars, il est de necessité qu'il soit luy mesme bon soudard. Mais ce, qui le plus souuent abolit toutes ces choses, est la faueur: qui donne à gens sans experience les cōpagnies. Car certes il est bien difficile que le Capitaine puisse enseigner & mōstrer à ses soudars ce que luy mesme ne sait faire. Nous lisons que Pompée le Grand faisoit exercirer ses gensdarmes à courir, & couroit auecques les plus legers, & sailloit auecques les plus dextres, & cōbatoit auecques les plus forts, & prenoit grād plaisir à ruer la pierre, ietter la barre de fer, & le dard, & finalemēt à luiter à force de bras, ce qui nous dōne à congnoistre en quelle reputation il auoit toutes ces exercitations belliqueuses. Scipio l'Africain faisoit aussi en tout temps exercirer ses soudars, sans pardonner au repos, empeschant par ce moyen l'oysiueté: ne iamais fatigue ny lassitude les sceut aucunement rendre recreus.

Office d'vn bon Capitaine.

Plus profite à la guerre la vertu que la compagnie.

Exercitation belliqueuse de Pōpée auec ses soudars.

Scipio l'Africain.

Bb

CASTRAMETATION

Or, pource que l'importance de l'election, de laquelle nous auons parlé cy dessus, n'est pas petite, i'escriray premierement, le plus sommairement qu'il me sera possible, l'ordre, que tenoyent les Consuls Romains en la leuée de leurs legions, remettans le lecteur à lire plus au long la traduction des restes du sixiéme liure de Po-lybe (que tous ceux, qui ont escrit de l'art de la guerre, ont suyui) par lequel se pourra veoir suffisamment ce qui ne seruiroit que de redicte. Car certainement les traductions, que i'ay faictes des auteurs Grecs & Latins, & tout ce que i'enay peu recuillir, n'a esté que pour dóner autorité à noz figures : qui presteront (peut estre) quelque soulagement à ceux qui sont curieux d'entendre la façon qu'auoyent les anciens Romains d'armer leurs soldars, de drecer leur camp & leurs boleuerts pour la seurté de leurs viures, faire la tortue, porter le belier, drecer les Scorpions, arbalestes, catapultes, tours ambulatoires, grues, corbeaux, & plusieurs autres choses, qui concernent l'art & mestier de la guerre.

Ainsi donc, pour le regard que les Romains auoyent de leurs continuelles guerres, ils elisoyent des ieunes & des vieux soudars : & par ce moyent procedoyent à l'experience par les vieux, & à la coniecture par les nouueaux. Surquoy faut noter que les Romains faisoyent ceste election, ou pour combattre soudainement, ou pour les exerciter en l'art de la guerre, pour s'en seruir quand l'affaire le demanderoit. Au surplus, pour suyure l'election des Romains, apres que les Consuls auoyent pris la charge de la guerre, ils ordonnoyent leurs armes : pource que la coustume estoit que chacun d'eux

Polybe.

Machines de guerres.

Election des soudars Romains.

d'eux fist sa leuée de deux legions de soudars Romains: qui estoit le nerf de leur exercite. Ils faisoyent encores vingt et quatre Tribuns militaires: quatorze du nombre de ceux qui auoyent serui à la guerre l'espace de cinq ans, & dix de ceux qui l'auoyent suyuie dix ans: & en departoyent six en chacune legion : lesquels tenoyent le lieu de ceux que nous auons nommés depuis Capitaines. Or est il que, quand les Consuls auoyent affaire d'vne leuée de soudars, ils faisoyent crier à son de trompe, le iour que tous les Romains, suffisans pour porter armes, se deuoyent trouuer ensemble. Ce qu'ils faisoyent tous les ans: &, là ou le iour determiné estoit venu, & qu'ils estoyent arriués dedans la ville & assemblés au Capitole, les Tribuns se departoyent, par le commandement du Consul, en quatre parts, pource qu'en quatre legions faisoyent les Romains l'vniuerselle diuision de leur armée. Les quatre Tribuns, premiers éleus, estoyent ordonnés à la premiere legion, les trois ensuyuans à la seconde, les quatre subsequens à la tierce, & les trois derniers à la quarte : & des plus anciens Tribuns les deux premiers à la premiere legion, les trois seconds à la seconde, les deux ensuyuans à la tierce, & les trois derniers à la quarte. Apres que les Tribuns auoyent esté ainsi departis & ordonnés, desorte que toutes les legions auoyent leurs Capitaines egaux, les Tribuns de chacune legion se separoyent les vns des autres, & tiroyent par sort les compagnies, desquelles se deuoit faire la premiere leuée: & de ceste compagnie elisoyent quatre des meilleurs hommes, ieunes, & semblables de taille : lesquels venus, les Tribus de la premie-

Nerfz de l'exercice Romain.

Capitaines

Diuisiō de l'armee des Romains.

Tribuns ordōnés pour la premiere legion.

Premiere leuée des soudars Romains.

re legion faisoyent le premier chois, le second ceux de la seconde, & le tiers ceux de la tierce, & le dernier venoyt à tomber à la quatriéme legion. Puis des quatre, qui estoyent presentés apres ces autres, les Tribuns de la tierce legion elisoyent les premiers, ceux de la seconde estoyent les derniers. Par ce moyen, faisant tousiours ceste election par ordre, la distribution des hommes en chascune legion estoyt egale. La leuée n'estoit pas si tost faicte, que les Tribuns assembloyent leurs soudars, en choisissant l'vn des plus suffisans : duquel

Sament du soudard Romain. il prenoit le serment d'obeïr loyalement à son Capitaine, & de tout son pouuoir accomplir ses commandemens. A l'heure tous les autres, en passant, iuroyent particulierement, monstrans par signes, de faire tout ce qu'auoyt iuré le premier. Au mesme temps les Consuls Rommains mandoyent aux gouuerneurs des cités confederées d'Italie le iour & le lieu, auquel se deuoyent assembler ceux qui seroyent leués : lesquels, apres auoir fait leur leuée & le serment accoustumé, ils les enuoyoyent, leur baillant vn chef & vn thresorier. Apres que les hommes estoyent trouués choisis, & enrolés, il estoyt necessaire de les armer : & pour entendre comment, il faut examiner de quelles armes vsoyent les anciens Rommains : à fin de congnoistre si celles, que l'on porte auiourdhuy, sont approchantes des leurs. Nous lisons donc, pour le commencement, que les Romains diuisoyét leurs gens-de-pied en gens armés pesamment, & en gens armés legeremét : & tous les soudars, qui estoyent armés d'armes legeres,

Velites. d'vn mesme nom estoyent par eux appelés Velites : sous le

DES ROMAINS.

lequel nom & vocable estoyent compris tous ceux qui de loing pouuoyent offenser l'ennemi: comme ietteurs de pierres par la fonde, particulieremeut nommés Fonditeurs: ainsi que ceux, qui s'aidoyét de lancer des dards estoyent nommés Iaculateurs. La pluspart desquels (cóme dit Polybe) estoyét armés d'vn morrion lassé: & portoyent, au bras, pour leurs deffenses & pour se couurir, vne rondelle, ayát trois pieds de diamettre, auec vn pile (qui estoyt faict comme vn dard) & vne courte dague, longue d'vne brasse, sus le costé droict. Le pile auoyt la longueur de trois pieds & demy, & de la grosseur d'vn doigt, auec vn fer d'vne paume de long, delié & agu: de sorte qu'à le ietter necessairement il estoyt contraint de ployer, & pour cela inutile pour le redarder. car autrement il eust peu seruir aux vns & aux autres. Du temps de Traian, d'Adrian, & d'Antonin Pie, ces Auantcoureurs estoyent vestus les vns de corcelets simples: les autres les portoyent faits à escaille, comme ceux des archers: & les Fonditeurs estoyent vestus simplement de leurs habits & manteaux: qui leur seruoyent pour porter les pierres qu'ils iettoyent. Et tous ces Velites, Fonditeurs, Iaculateurs, & Archers, faisoyent courses & entreprises à toutes heures sur les ennemis.

⁎

Bb 3

Fonditeurs.

Iaculateurs.
Armes des auantcoureurs.

Longueur & grosseur du pile.

Acoustrement de guerre des auantcoureurs.

14 CASTRAMETATION
VELITES, OV AVANTCOVREVRS.

DES ROMAINS.

FONDITEVRS, OV IETTEVRS DE PIERRES.

CASTRAMETATION

ARCHIERS AVANTCOVREVRS.

DES ROMAINS.

Les hommes qui fuyuoyent les Velites, & qui eſtoyent en la force de leur aage, portoyent armes peſantes, deſquelles eſtoit vne ſalade, qui leur couuroit la teſte, en leur deſcendant par le deuant iuſques aux yeux, & par le derriere iuſques ſur les eſpaules. Ils auoyent le corps armé d'vne cuiraſſe: qui aloit, auecques ſes faudes, iuſques ſus le genouil: & ſi auoyent encores les bras & les iambes couuerts de greues ou auantbras: & ſi portoyẽt vn eſcu large de deux pieds & demy, & de quatre de long: lequel auoit vn cercle de fer par le haut, pour mieux ſouſtenir les coups d'eſpée, & pour le garder d'vſer & de ſe conſommer en l'appuyant contre terre. Il retiroit à vn pauois, ſans la boſſe ou coupe de fer, qui eſtoit ſur le fin milieu, faicte pour receuoir les coups de pierres, de pertuiſanes, de dards, & d'autres armes violentes. Outre le pauois ils portoyent ceincte vne eſpée ſus le coſté gauche, & ſus le coſté droict vne courte dague (qui trenchoit des deux coſtés) auec vne poincte fort aigue: laquelle ils nommerent Eſpaignole. Ils auoyent encores vn dard en la main, pour lancer contre l'ennemy: & portoyent auſsi comme deux eſpieux, qui auoyent deux ælles: la hante deſquels ne paſſoit point la longueur de quatre pieds & demy, eſtant ferrée iuſques au bout. Ce ſont les armes des Romains: auec leſquelles ils ſe feirent Seigneurs de tout le monde. Polybe (qui eſtoit du temps de Scipion l'Africain) leur donne vn eſpieu, grand comme vn lançon, ferré & cloué iuſques au bout de la hante: toutesfois il eſt bien difficile à croire qu'vn eſpieu, ſi peſant, & ſi large, ſe puiſſe ayſément manier auec vn pauois & vn dard. Car, pour le manier

Cc

Armes peſantes des ſoudars Romains.

Deſcriptiõ de l'eſcu Romain.

Courte dague nõmée Eſpagnole.

Polybe eſtoit du tẽps de Scipio l'Africain

à deux mains, le pauois le deuoit empeſcher: & d'vne main eſtoit bien difficile d'en faire choſe, qui euſt eſté bonne, pour la peſanteur deſdictes armes: &, d'en combattre dedans les rangs, c'eſtoit choſe inutile, n'euſt eſté au premier rang: où l'eſpace eſtoit aſſez large pour s'aider de ladicte hante. Et qu'il ſoit ainſi que les Romains, qui portoyent armes peſantes, ne s'aidoyent point de telles armes, ou bien s'ils les portoyent, elles eſtoyent inutiles, nous pourrons veoir, par les batailles renommées de Tite Liue, qu'il faict bien peu mention de telles armes: mais touſiours eſcrit que, quand les dards eſtoyent lancés, les ſoudars auoyent de couſtume de mettre incõtinent la main à l'eſpée. Les Grecs n'armoyent pas leurs ſoudars ſi peſamment que les Romains: mais, pour aſſaillir leur ennemis, ils ſe fondoyẽt ſus les picques longues, principalement ſi nous voulons croire Ælianus: qui dit que les phalanges de Macedoine vſerent de ſarices (qui eſtoyent baſtons de dixhuict pieds de long) auec leſquelles ils ouuroyent les bataillons de leurs ennemis: combien qu'aucuns des Hiſtoriens ayent voulu dire qu'ils portoyent des pauois auecques leurs picques, qui eſt choſe autant difficile à entendre, comme ce qui eſt eſcript des eſpieux des Romains. Auſſi en la deffaicte de Perſes Roy de Macedoine, faicte par P. Æmilius, Tite Liue ne fait point mention des pauois: ains ſeulement parle des ſarices. Dion, en la vie d'Antoninus Caracalla, fils de Seuerus, recite que la phalange de Macedoine, du temps d'Alexandre le Grand, eſtoit de ſeize mil hommes: laquelle vſoit d'vne ſalade, faicte de cuir de beuf tout crud: & la

Tite Liue.

Picques longues des Grecs. Sarices eſtoyent baſtons de 18. pieds de long.

Perſes Roy de Macedoine. Dion. Armes de la phalange de Macedoine du temps d'Alexandre le Grand.

DES ROMAINS.

la cuyrace, que portoit le foudard, eſtoit triple, faicte de lin: l'eſcu de cuyure: la picque longue: la iaueline & l'eſpée courte. Mais, pource que nous ſommes venus à parler des armes des Grecs, il m'a ſemblé n'eſtre point hors de propos de mettre la maniere, de laquelle Homere, au troiſiéme liure de ſon Iliade, a voulu armer Paris Alexandre: quand il dit que premierement il s'accouſtra de ſes greues: ſecondement il print la cuyrace: en apres il pendit ſon eſpée ſus ſon coſté, & mit ſon eſcu, grand & fort, ſus ſes eſpaules, & ſus ſa teſte ſon morrion: lequel eſtoit accouſtré d'vn pennache, qui branloit quand il venoit à ſe remuer, depuis il print vne haſte roide & forte: de laquelle le fer reluiſoit comme fin argent, & dont ayſémēt il ſe pouuoit aider en bataille. Et de ceſte façon de pennaches rouges & noirs, releués d'vn pied & demy ſus leurs morrions, vſerent encores les anciens Romains, faiſant cela reſembler le ſoudard plus grand, & par ce moyen de plus belle apparance & plus furieu-
ſe à l'ennemy.

∗

Armes de Paris ſelon la deſcriptiō d'Homere, au 3. de ſon Iliade.

CASTRAMETATION

LEGIONAIRE ROMAIN,
retiré du marbre antique, qui est à Magonce.

DES ROMAINS.

*LE LEGIONAIRE ANTIQVE,
qui est à Narbonne.*

22 CASTRAMETATION

*LEGIONAIRE ROMAIN,
sur la declination de l'Empire.*

DES ROMAINS. 23

Ie n'auoye pas deliberé d'escrire du legionaire Romain, qui estoit du temps des Empereurs Orientaux, faisants la guerre contre les Goths en Italie, sans vne figure retirée de l'antique, qui autrefois, m'a esté donnée par vn Allemand, homme de lettre & de sauoir: par laquelle l'on pourra voir les armes & accoustremens de guerre, que porterent les soudars sur l'inclination de l'Empire de Rome. Ce qui se trouuera fort different à l'accoustrement des legionaires, qui florissoyent sous les bons Empereurs Romains: comme furent Traian, Hadrian, Antonin Pie, & Marc Aurele: sous lesquels les gens-de-guerre, tant de pied que de cheual, estoyent en leur force & vigueur, & les armes & discipline militaire en tresgrande reputation. Et ne faut s'esbair, si Vegece crie contre les soudars de son temps, qui auoyent laissé l'armeure legere & pesante des anciens, & alloyent tous nus à la guerre: dont se trouua la cause & le vray chemin de la perte de plusieurs batailles, ayans les soudars à la fin prins vn accoustrement barbare & Gottique, fort different à celuy que i'ay representé cy dessus. Car, pour les corselets & cuyraces, ils s'armerent de cottes de laine & de coton contrepoinctées, imposants vn nom inusité de Thoracomache à leurs iacques: & iusques à ce iour tel accoustrement a retenu ce nom: qui ne signifie autre chose que thorace ou bien cuyrace de guerre: laquelle tenoit le lieu du corselet militaire des anciens: & ont duré telles armes accompagnées des grandes arbalestes de bois, iusques à ce que les arts & la discipline militaire sont retournées en leur entier, & que, pour l'arbaleste

Armes & accoustremēs de guerre, que portoit le soudard sus la declinatiō de l'Empire de Rome.

Vegece.

Thoracomache, accoustremēt barbare & Gottique.

baleste de bois & d'acier, le soudard a pris l'arquebus, l'alebarde, & la picque. Telle façon de se vestir fut inuétée pour euiter la pesanteur & la rudesse des harnois, & pour obuier au froid, estant deuenu le soudard plus delicat, pour la crainte qu'il auoit de cápeger en hyuer. Et si par fortune le lecteur demandoit, comme pouuoit le soudard porter tel habit, quand il estoit mouillé pour la pluye: Ie respondray que la coustume pour lors estoit d'auoir vn accoustrement de cuir à máches: qu'ils iettoyent, au temps de la pluye, sur leurs thoracomaches: les Capitaines les portoyent de velours & satin cramoisis: les Dizeniers & Centeniers, de soye de differentes couleurs: les soudars, de futaine & de toile teincte. Au demeurant, pour le cabacet ou morrion, portoit le soudard vne salade à rouelles: & armoit ses iambes, de greues, & les pieds, de souliers bandés & bordés de fer, ceignant son espee sur le costé gauche: &, pour se couurir, portoit, de la main gauche, vn grand bouclier de bois, couuert de cuir, bandé de fer, à l'enuiron, & de l'autre main vne haste, lógue comme vne zagaye à la genette, ou bien vn pile fort & puissant, qui auoit le fer triangulaire, & en tel equipage marchoit le soudard & legionaire thoracomaché contre l'ennemi.

Iacques de differentes couleurs.

Zagaye à la genette.

Pour retourner à noz gens-de-guerre Romains, la plus grand partie des Hastats portoit vne piece d'ærain, d'vne paume de large (qu'ils nommoyent Gardecueur) deuant l'estomach: & auec telles pieces ils estoyent entierement armés. Ceux, qui passoyent de leur bien quinze cens liures, prenoyent, pour leurs gardecueurs, auecques les autres armes, des cottes de mailles.

Armes des hastats gar de cueur.

Cottes de mailles.

Les

DES ROMAINS.

Les Princes & les Triaires auoyent vne mesme maniere de s'armer: fors que pour les espieux ils portoyét certaines hastes plus longues & semblables aux zagayes. Or elisoyent ils les Chefs de bandes de toutes ces façons dessusdictes (exceptés des plus ieunes) iusques à dix les plus gens de bien: &, outre ceux là, encores autres dix: lesquels ils nommerent tous Chefz d'ordonnance: & de tous ceux là le premier eleu entroit au conseil. Ceux cy elisoyent tout autant d'Arriere-Chefz. Cecy faict, ils diuisoyent, auecques les Capitaines, chacune aage en dix parties (exceptés ceux qui portoyent le pile) ordonnant à chacune bande deux Chefz & deux Arriere-Chefz, de ceux qui desia auoyent esté esleus. Au regard des Hastats, qui demeuroyent, ils les distribuoyent esgalement par toutes les bandes: lesquelles ils nommoyent ordres, trouppes, enseignes, & leurs Capitaines, Centurions, & Chefz-de-bandes. Ceux cy elisoyent encores, pour chacune bande de ceux qui restoyent, deux puissans hommes, genereux, & hardis, pour Portenseignes: desquels ils se seruoyent pour guide & pour se mettre en ordre &, à ce que lon peut veoir par les antiques marbres & sculptures, selon les trouppes, cohortes, & compagnies, les enseignes estoyent differentes, parce que les vns portoyent l'image & le visage du Prince, nommés des Latins Imaginiferi: les autres fercules, auecques les mains, symbole de concorde: & les autres l'Aigle d'argent, se reposant sus vne petite atule ou fercule: qui se portoit par le porteur de l'Aigle (qu'ils nommerét Aquilifer) au bout d'vne haste, ou demie picque,

Armes des Princes & Triaires.

Bandes. Ordres. Trouppes. Enseignes.

Enseignes des Romains differētes. Portenseigne de l'image du Prince. Les mains, deuise de concorde. Portenseigne de l'Aigle.

Dd

se finissant en poincte aigue, pour plus aisément la planter dedans terre, comme dit Dion, au liure quarantiéme de son histoire Romaine. Et la raison, qui meut les Romains de la porter d'argent plus tost que d'or, fut pource que l'argent se veoit de plus loing, comme dit Pline. Les draconaires portoyent le dragō: qui auoit la teste d'argent, & le demeurant de tafetas: que le vent faisoit branler en l'air en la façon d'vn vray dragon: qui estoit attaché aut bout d'vn haste, auecques gros cordons, enrichis par le bout de houppes de soye. Le Labarum, porté quand l'Empereur se trouuoit au camp, estoit vn'enseigne de couleur de pourpre, enrichie d'vne frange d'or par le bout, & de pierres precieuses, comme l'on verra plus amplement au liure de mes Antiquités de Rome.

⁎

IMA

DES ROMAINS.

IMAGINIFERI, PORTEN-
seignes de l'image du Prince.

CASTRAMETATION

SIGNIFERI,
Portenseignes

AQVILIFERI, PORTEN-
seignes des Aigles.

30 CASTRAMETATION

DRACONARII, ET LABARIFERI, PORTEN-
seignes du Dragon & du Labarum, cornette de l'Empereur.

L'on pourra veoir, par les figures precedentes, comme les Portenseignes portoyent leur cuirace, la courte dague, ceincte sus le costé droict, la cotte d'armes, gréues, &, pour le morrion, vn accoustrement faict à la vraye semblance d'vne teste arrachée d'vn lyon: laquelle seruoit (comme dit Vegece) pour rédre le Portenseigne plus feroce & plus terrible à l'ennemi. *Vegece.*

Apres les Portenseignes les Romains auoyent deux Capitaines à chascune bande, pour estre chose incertaine que pouuoit endurer vn chascun d'eux. Car (comme Cato disoit que les affaires de la guerre n'auoyent point d'excuse : pource que soudainement la penitence suyuoit la faute) pour ceste cause ne permetoyét iamais les Romains, que leur bande demeurast sans Chef ou Gouuerneur: &, si par fortune les deux Capitaines estoyent presens, celuy, qui auoit esté eleu le premier, guidoit le costé droict de la bande, & le second ceux qui estoyét du costé gauche de l'enseigne. Si l'vn defailloit, celuy, qui estoit present, gouuernoit tout. *Affaires de guerre n'ôt point d'excuse.*

Les Romains diuisoyent leur caualerie en dix ælles, que nous appelons bandes (nom, s'il ne se trouue propre, à tout le moins assez cognu, pour son vsage) prenás de chascune trois Capitaines: desquels l'on choisissoit trois Arriere chefs: & de ceux cy le premier estoit Chef de la bande, les autres tenoyent l'ordre de Decurions ou Dizeniers, le second tenoit le lieu du premier en son absence. Au demeurátilz ne desiroyent pas tant la hardiesse & mespris de la mort en leurs Capitaines, qu'ils faisoyent la bonne conduitte & le bon conseil, & qu'ilz teinssent bon, sans abandonner le lieu qui leur estoit ordonné. Apres que les Tribuns auoyent fait leurs diuisions *Diuisiõ de la caualerie des Romains.* *La bonne cõduitte & le bon cõseil est trop mieux à la guerre que la hardiesse.*

sions, & qu'ils auoyent fait ces manieres d'ordónances concernants les armes, ilz renuoyoyent les nouueaux soudars en leurs maisons : &, quand le iour ordonné estoit venu, auquel ils estoyent asignés par les Consuls, tous ceux, qui auoyent fait monstre, & qui estoyent enrolés, s'assembloyent, sans nul excepter : attédu que l'on ne receuoit point d'excuse: sinon pour l'augure ou pour la santé. Les aliés n'estoyent pas si tost assemblés auecques les Romains, que les Capitaines, ordonnés par les Consuls & appelés Prefects (nous les nommerons Gouuerneurs) iusques au nombre de douze auoyent la charge de leur departement & traictement : lesquels elisoiét les plus adroits de tous leurs gens pour seruir loyalement aux consuls, autant ceux de cheual que les gensde-pied, qui estoyét arriués pour le secours, & nommés Extraordinaires. Toute la trouppe des auxiliaires estoit le plus souuent, quant aux gens de-pied, egale aux legions Romaines. Les gens-de-cheual estoyét deux fois plus : desquels ils prenoyent presque la tierce partie en extraordinaires, & la cinquiéme aux gens-de-pied. Au demeurant, ils diuisoyent la reste en deux bataillons: le premier ils nommerent bataillon dextre, & l'autre seneftre. Toutes ces choses ainsi ordonnées, les Tribuns, prenant les Romains auecques les aliés & confederés, tenoyent camp, ayans tousiours vne mesme façon de faire à l'asseoir : dont ils vserent en tout temps & en tous lieux. Mais, premierement qu'ils veinssent à le drecer, ils regardoyent, sur toutes choses, la bonté de l'air (ainsi que recite Vitruue) & pour ce faire, ils regardoyent les intestins des bestes qu'ils auoyent immolées, pour sauoir si elles estoyét entieres & saines : & s'ils trouuoyent

Les Romains à la guerre ne receuoyent point d'excuse, sinon tourl'augure pour la santé.

Vitruue.

uoyent qu'elles eussent esté offensées & blecées de l'eaue, ou du pasturage, ils transportoyent & remuoyent leur camp en vn autre lieu : tant ilz furent soigneux & diligens pour garder la santé de leur camp & de leurs soudars. Si le Mareschal du camp trouuoit que le camp se peust asseoir pres des forests & des bois, il commandoit aux soudars de prendre leurs coignées & de couper du bois, pour faire le palissement & closture. Ce que les vns faisoyent, & les autres le fossé pour se fermer à toute diligéce, boutant souuentesfois la terre par le dedans, à seruir de rempars. Par ce moyen le camp estoit en defence, les gens-darmes plus forts, & leurs ennemis plus greués : & si pouuoyent demeurer plus seurement aupres de leurs ennemis. Ce que nous lisons au neusiéme de Tite Liue : qui dit que les loges & demeuráces des Romains, en leur camp estoyent asses seures : pource qu'elles se trouuoyent ordinairement bien fortifiées. C'estoit vn grád plaisir que de veoir les ieunes soudars, quand la trompette sonnoit, de laisser leurs armes, mettre bas leurs pauois, oster leurs morrions hors de la teste, & souuentesfois se despouiller de leurs corselets, & prédre des houes, & des pales, pour nettoier le fossé : qui se faisoit ordinairement de douze pieds de profondeur & autant de largeur : & si les Romains estoyent pres de leurs ennemis, les Triaires & la caualerie estoit en ordre de bataille, pour garder ces ieunes soudars d'estre surpris de leurs ennemis.

Diligence des Romains pour garder la sāté de leur camp.

Palissemēt fossé & closture du camp des Romains.

Tite Liue.

Caualerie des Romains pour la garde des ieunes soudars.

Ee

34 CASTRAMETATION

SOVDARS, QVI COVPPENT
du bois, pour faire le camp.

DES ROMAINS. 35

LES SOVDARS, QVI FONT LE fossé & palissement.

Ee 2

CASTRAMETATION

Trenchées du camp.

Apres toutes ces choses, les Chefs de bandes venoyent regarder les trenchées, & mesurer la grandeur & profondeur des fossés, faisant punir ceux, qui auoyent esté paresseux & negligents à faire leur deuoir : & sauoyent les Capitaines desquartiers, que chascune trouppe de soudars deuoyent tenir. Cela faict, la trompette son-

La retraicte se faisoit au son de la trompette.

noit la retraicte : & alors le Tribũ & le Prefect des gens-darmes, qui auoyent visité le lieu pour assoir le camp, marquoyent premierement la place pour la tente du Consul ou General, & puis celle des Tribuns ou Mareschaulx, & consequemment des legions. Puis ilz designoyent les rues. Parquoy chascun cognoissoit la rue & le quartier ou deuoit estre son pauillon : veu qu'ils tenoyent tousiours vne mesme place au camp : & tous, en ge-

Façon des têtes & pauillons des Romains.

neral & en particulier, sauoyent en quel quartier estoit leur demeurance. Et, alors que tout estoit acheué, les gens-darmes Romains, confederez & aliez, se retiroyent dedans leurs tentes & pauillons : qui estoyent couuerts de petits ais, & enuironnez
de toile : comme la figure de l'antique
marbre, cy apres mise, facilement le fait con-
gnoistre.
⁎⁎

FIGV

DES ROMAINS. 37

FIGVRE DV CAMP DES ROMAINS, PORTES, palissement, fossé, tentes, pauillons des gens d'armes & soudars.

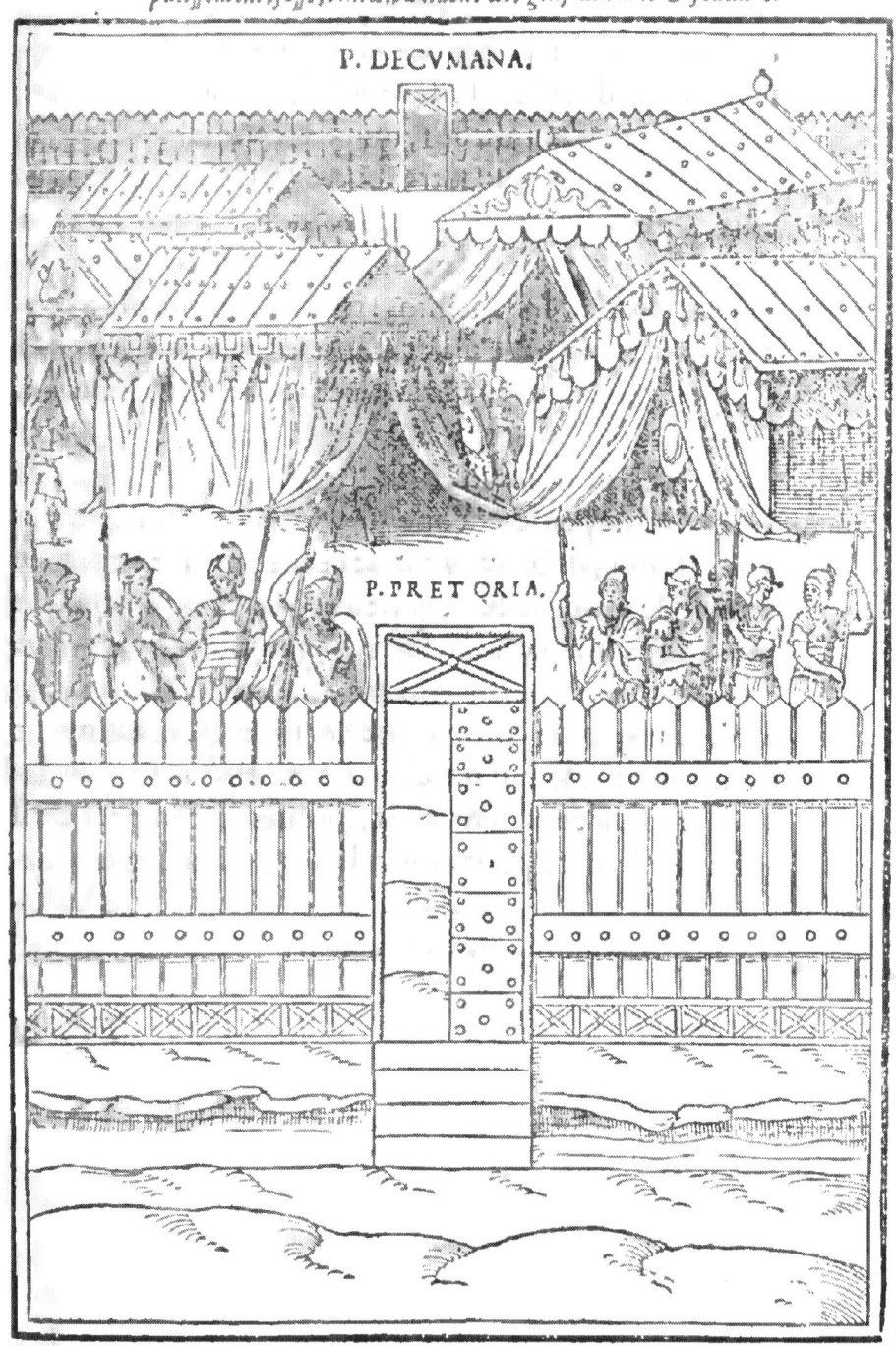

Au surplus, c'estoit vne chose bien necessaire, apres que le camp estoit fortifié, de pouruoir à la campagne, de donner ordre que les blez & les vins & le bestail fussent gardés de la course des ennemis, tant pour la seureté des viures & munitions, que pour garder le foing, la paille, le bois, & tout autre fourrage. Ce qui ne se pouuoit bonnement faire, sans que les lieux circonuoisins fussent gardés par les gens-darmes : & par ce moyen estoyent asseurés les chemins : estant bien difficile à l'ennemi d'entreprendre d'aler courir iusques aux lieux qui estoyent gardés le iour, & la nuict auecques flambeaux. Les anciens, sur toutes choses, pensoyent de tenir leur camp bien pourueu de blé & de vin : combien que les Romains ne penserent oncques au vin. Car s'il leur venoir, à faillir, ils beuuoyent de l'eaue, meslée auecques vn peu de vinaigre: & ne se treuue gueres qu'entre leurs munitions soit parlé, en sorte, que ce soit, du vin : mais tousiours d'eau & du vinaigre. Toutesfois, si les Romains auoyent la commodité des riuieres, ils faisoyent venir du vin, le faisant chartier & decharger par les soudars, sans empeschement, iusques au camp : là ou il estoit en seurcté pour la garde des petites loges palissées, qui seruoyent de bouleuers: que les anciens historiographes ont nommé Procestria.

Loges palissées només des Latins Procestria.

FIGV

DES ROMAINS.

FIGVRE DES BOVLEVERTS ANTIQVES,
pour garder le blé & le vin, nommés Proceſtria.

CASTRAMETATION

SOVDARS, QVI CHARGEOYENT DV VIN,
pour le conduire iusques au camp.

DES ROMAINS.

Par la painéture qui est veuë cy dessus, prise du marbre de la colonne Traiane, il est à presupposer que les muis & tonneaux estoyent plus tost remplis de vin que de vinaigre: & ne fays point de doute que, du temps des Consuls & de l'ancienne discipline militaire, les gensd'armes ne beussent de l'eaue, meslée auecques vn peu de vinaigre, comme i'ay dit: &, s'ils beuuoyent du vin, c'estoyt par accident. Depuis qu'ils vindrēt a viure sous les Empereurs, ilz eurent le moyen d'en boire, manger du pain frais, & viure plus à leur aise qu'ils ne faisoyent au parauant: & la coustume, qu'ils auoyent de ne cuire point le pain au four, se trouua par succession de temps abolie, & laisserent les gasteaux, tourtes, bignetz, talemouses, & autres viandes de bonne saueur, qu'ils faisoyent d'vne certaine quantité de farine, qui leur estoit distribuée tous les iours à la munition. Bien est il vray qu'ilz auoyent quelque peu de lard, qui leur seruoit pour faire leur potage, & donner quelque peu de goust à leur viande. Aussi c'estoit tout. Ilz auoyent grande quantité de bestail à leur suitte: comme beufs, vaches, pourceaux, & moutons: qui ne donnoyent point d'empeschement à vn camp: dont auenoit que l'armée des Romains faisoit grand chemin, sans souffrir aucune necessité de viures: pource que le bestail, gros & menu, les suyuoit bien facilement. Et, si par fortune l'armée estoit contrainte de cheminer plusieurs iournées par lieux desers & solitaires, les soudars, en ces entreprises difficiles & dangereuses & là ou le peril estoit eminēt portoyent leurs viures, hardes, farine, vase, pot, & culier, au bout des hastes, ou iauelines, desquelles ils s'aidoyēt pour repousser leurs ennemis: & si ne le trouuoyēt point

Le soudard Romain beuuoit de l'eau meslée auec du vinaigre.

Bestail à la suitte du camp des Romains.

Le soudard portoit au bout de son

F f

taste hardes, & farine.

penible & difficile: par ce qu'estans ieunes, ils s'estoyent exercités à porter gros fais & grosse pesanteur. De telle ordonnance fut inuenteur Marius, pour oster la superfluité du bagage, & de tout autre attiral, que souloit porter son exercite: parquoy furent nommés ses soudars les

Les mulets de Marius.

mulets de Marius. C'est ce Marius sept fois Consul, qui par ordre vint aux honneurs, & fit la guerre contre Iugurtha, Roy de Numidie: le deffit, & le print, & triomphant, le mena deuant son char. Il deffit encores l'exercite des Allemás, & chassa les Cimbres, peuple de Germanie: & de ceux là & des Theutones il triompha pour la seconde fois. Estant en son sixiéme Consulat, il remit la Republique Romaine, toute troublée de sedition en son entier. Apres la soixátedixiéme année de son aage il fut chassé de Rome par les guerres ciuiles: & depuis auecques les armes restitué. Et au dernier de ses Consulats, il edifia, des despouilles des Cimbres & des Allemans, le temple d'Honneur & de la Vertu, comme l'on peut veoir plus amplement par l'epitaphe qui est au liure des Epigrammes de l'antique cité de Rome.

⁎⁎⁎

LEGI

DES ROMAINS. 43

LEGIONAIRE ROMAIN, QVI porte ses hardes & viures par pais.

CASTRAMETATION

Dedicatesse des soudars d'auiourd'huy. Gēs de cheual du grād Seigneur.

Auiourdhuy les soudars sont deuenus si delicatz, que, si le iour se passoit sans boire bon vin & manger pain frais, le seruice du Prince, ou de la Republique, qu'ils seruiroyent, ne passeroit point vn iour. Les gens-de-cheual du Grand-Seigneur, pour grands qu'ils soyent, portent tous, à l'arçon de la selle, vne maniere de vase d'argent ou de bronze (selon la qualité des personnes) qui ne sert d'autre chose, que pour porter vn pain d'vn double, accompagné d'vn morceau de chair (soit de mouton, de beuf ou de poule) auecques vne poignée de raisins de Damas, figues, ou bié autre fruict : ayans egard que, s'ils venoyent à faire long chemin & à passer par lieux deserts & que par fortune leur bagage ou attiral ne les peust suyure, ne se trouuassent sans viures. Et, comme les Romains en tel cas passoyent douze ou quinze iours de chemin, portans leurs viures,

Les Turcz portēt à la guerre viures pour trois iours. Les Tartares à la necessité de la faim sot saigner leurs cheuaux.

tout ainsi les Turcs les portent pour trois iours, & pour le cheual vne certaine mesure d'orge sus la crouppe, pour obuier à tous inconueniens qui leur porroyent suruenir. Les Tartares, en la necessité de la faim, font saigner leurs cheuaux (par ce que tous vniuersellemēt sont gens de cheual) & si la faim les presse trop (combien qu'ils la portent asses longuement) ils les tuent, & les mangent, plus tost que de se retirer à honte de leurs expeditions : & ne faut point trouuer estrange s'ils trouuent telle chair de bonne saueur : car il n'y a si grād Seigneur entre eux, qui ne tienne pour viande la plus

Viande delicate des Tartares que la teste mal cuitte d'vn cheual.

delicate qu'il puisse manger, la teste d'vn cheual : mesmement si elle est encore saignante, & bien mal cuitte : & la seruent toute entiere en leurs festins & banquets, comme nous faisons en France la hure d'vn grand sanglier

DES ROMAINS.

sanglier, par singularité. En ce téps, le Grand Seigneur n'a que faire de vin pour ses soudars, qui sont Turcs: à cause que leur loy le defend: & en la necessité ilz se passent bien longuemeet sans manger pain: à cause de l'abondance du ris, que l'on porte continuellement apres leur camp. Aussi est le ris leur plus estimé manger, le faisant cuire si espois, qu'ils le leuent par pieces auecques les doigts: &, outre, ils ont vne certaine paste de froment, meslée auecques du laict, nommée en langue Turquesque Boudoquy: qui se fait en ceste maniere. Premierement ils prennent le grain du froment, tout pur, & le font bouillir iusques à ce qu'il soyt creué. Apres ils le prennent auecques sa decoction, & vne certaine quantité de laict aigre, & le reduisent par pelottes, grosses comme vn esteuf, les faisans secher au four, ou bien au soleil, selon la disposition du temps, portants ce boudoquy les Turcs ordinairement auecques eux. Quand ils tiennent camp, les soudars Turcs, qui ont besoin de pain, en font vne maniere, qu'ils appellent pain de pierre: qui se fait en prenant vne quantité de cailloux, ou bien autres pierres, de la grosseur d'vn œuf, les rengeans par terre & faisans du feu par dessus, iusques à ce qu'ils congnoissent qu'elles soyent chaudes faisans de leur farine paste en maniere de tourte, qu'ils estendent sur lesdicts cailloux, pour les cuire, qui est vn pain de tresbonne saueur, faict selon la coustume retenue des anciens Romains. Encores se passent les Turcs bien aisement de chair fraische: par ce qu'ils portent auecques eux chair de beuf, moyennement salée: laquelle ils nomment Pastrema, qui se fait par pieces decouppées de l'espesseur d'vn doigt, comme si

Abondance du ris au camp du grád Turc.

Boudoquy paste de froment.

Pain de pierre.

Pastrema, chair de beuf peu salée.

CASTRAMETATION

c'eſtoyent carbonnades qui euſſent prins ſel de deux ou trois iours : & pendent leſdictes pieces en lieu ſec & où le vent frappe le plus fort : ſi que par ce moien ſont deſſechées de telle ſorte, qu'elles ſe portent facilement, & les mangent les gens-de-guerre, autant de pied que de cheual, crue & rouſtie deſſus les charbons, ſi la chair fraiſche leur vient à faillir : & les portent les Turcs pour le denier remede, quant à la chair. Car, des autres viures, ils en ſont bien fournis : comme des biſcuits, ris, féues, lentilles, miel de mouſches, & de *Carobes.* carobes, & d'vne autre eſpece de miel de raiſins, qu'ils nomment Debs. Quant à l'eaue, les gens-de-cheual, *Debs, miel de raiſins que font les Turcs.* de quelque condition qu'ils ſoyent, ſont contrains de la faire porter, & les Ianniſſaires & Solacques (pie-*Ianiſſaires & Solacques pietōs.* tons) ſont fournis d'eaue, par le commandement du Grand-Seigneur : qui leur eſt portée en certains lieux ordonnés (par ce qu'ils marchent ordinairement tous enſemble) & là leur eſt diſtribuée, comme eſt le vin aux ſoldats François, à l'eſtape & munition. Toutesfois les Grands Seigneurs ne boiuent pas l'eaue touſiours pure : mais ſouuenteſfois la meſlent auecques le ſucre : & nomment cette eaue ſucrée, entre eux, Secher. Celle, qui ſe fait auecques le miel, ſe nomme *Secher. Cherbech.* Terbech, ou Cherbech. Ils ſont encores vne autre ſorte de bruuage, bon & doux, compoſé d'vues paſſes (que nous appelons raiſins de Damas) apres qu'ils ont ietté le grain dehors, les faiſant cuire auecques l'eaue. Aucuns y aiouſtent ſouuenteſfois prunes, abricotz, poires, & figues ſeches, & d'autres y mettent de l'eaue roſe, & vn petit de vray miel. Cette eaue ſe de-*Hoſſaph.* mande Hoſſaph : laquelle ſe vend au camp, & par toute

DES ROMAINS.

toute la Turquie. Ils ont encores vne espece d'eauë, faicte de moust: &, au goust & à la veoir, elle retire au miel: & detrempent telle composition auecques l'eauë, la faisant seruir pour le boire de leurs esclaues. Le Grand-Seigneur vse en son camp d'vne grande hospitalité, à l'endroict de ses soudars. Car il faict tenir par dedans gens expressement: qui portent de l'eauë à pleines vtres, faictes comme celles où l'on porte le vin par les montagnes d'Auuergne, auecques tasses d'airain, pour donner, en l'honneur de leur prophete Mahomet, à boire à chacun, qui en veut, & qui en demande. Outre cela, les Bassats, Billarbeyes, Sanjarques, Agaps, Capiagaps, Gouuerneurs des prouinces, Capitaines, & Lieutenans, font vne mesme charité & aumosne, pour les ames de leurs predecesseurs. Or est il qu'il ne se trouuera entre eux personne, qui ne porte à la guerre vn vase de cuir: qui se plie comme fait vn bonnet carré, la façon en est auiourdhuy assez congnue par toute la Fráce. Au dedans il est garni d'vne esponge: qui est imbue & réplie d'eauë, pour la crainte qu'ils ont qu'elle ne verse, quand ce vient à courir & cheminer par païs: &, si le Turc veut boire, il vient à serrer l'esponge: qui rend facilemét l'eauë, qu'elle a receuë: & par ce moyen le souldat s'estanche la soif, quád il a appetit de boire. Vniuersellemét par toute la Turquie, seló la loy de Mahomet, est defédu le vin (cóme i'ay dit) & boyuét tous les Turcs ordinairemét de l'eaue. Les plus gráds, & les plus riches, eaues cóposées: cóme sót iulets, eaues sucrées, ou cuittes auec le miel, en tout téps: &, craignans que l'eaue l'hyuer ne leur face mal pour sa froideur, ils boutent vn charbon

Hospitalité du Grãd Seigneur.

Bassats. Billarbeyes Sãjarques Agaps. Capiagaps

La loy de Mahomet defent le vin. Eaue cuite auec le miel pour grãds Seigneurs.

bon vif dedans le verre ou vase, qui est plein d'eaue: & par ce moyen, la boyuent sans nul danger. Par toutes ces choses l'on pourra congnoistre la façon de faire des Turcs, & leurs maniere de viure à la guerre, en ensuiuant l'ancienne coustume de la discipline militaire Romaine.

Apres que le camp estoit drecé, & les gens de pied, & la Caualerie, mis en ordre, auant que de combattre, le Consul, ou l'Empereur, faisoit drecer vn autel, pour faire sacrifices, conduisant en leurs compagnies sacerdotes & victimaires: tant ils eurent la religion deuant les yeux. Ce que nous congnoissons par la tresnoble sentence de Cicero, De aruspicum responsis: quand il a dit que les Romains, encores qu'ils ne fussent de nombre égaux aux Espaignols, de force aux Gaulois, d'astuce aux Africains, de science aux Grecs, d'esprit aux Latins, de pieté, religion, & auecques la seule sagesse (par laquelle ils auoyent regardé que toutes choses estoyent gouuernées par l'ayde des Dieux immortels) auoyent vaincus toutes manieres de gens & estrágeres nations. Certainement c'est vne chose tresnecessaire pour maintenir vne armée, vn Royaume, & vne Republicque, que la religion en vn exercite: laquelle est cause du bon ordre: le bon ordre fait la bonne fortune: & de la bonne fortune succedét les heureuses entreprises: Parquoy les anciens Romains penserent que la religion gouuernoit les armes: au contraire, sans icelle, qu'il estoit bien difficile de les maintenir longuement, principalement en leurs entreprinses d'importance. Et en tous leurs faicts militaires, mesmement quád ce venoit à combattre, ils vsoyent des sacrifices: ny iamais vn Consul, ou

Cicero De aruspicum responsis.

De la bonne fortune succedent les heureuses entreprises.

Gene

General, eust pris le chemin de son expedition, qu'il n'eust premierement persuadé à ses soudars que les Dieux leur promettoyent la victoire. A cette cause ils n'alerent oncques sans les mynistres de leur religion: qui menoyét auecques eux ce qui estoit necessaire pour sacrifier : ne trouuans meilleur moien les Romains, pour mettre le cueur de leurs soldats en obstination de la victoire, que les inciter à faire iurer: tant ils eurent la religion en reuerence & honneur. Parquoy souuentesfois cela s'est trouué le dernier refuge pour gagner vne bataille, ou pour prendre l'esperance de recouurer la vertu, perdue par la crainte qu'il auoyent euë de leurs ennemis.

Religiõ des Romains.

Gg

CASTRAMETATION

SACRIFICE DV CONSVL, ACCOMPAGNÉ
de ses sacerdoces, victimaires, & ministres qui porte l'acerra.

DES ROMAINS.

Nous auons entendu briéuement comme estoit armée l'infanterie des Romains. Il demeure à veoir les armes de la caualerie: lesquelles furent au commancement fort semblables à celles des Grecs: qui estoyent sans cuirace, & combattoyent en saie, par ce moien plus adroits à cheual, mais en plus grand danger au combat, comme gens nus & desarmés, estans leurs piles, dars & iauelots inutiles, pour le mouuement du cheual, leurs escus de cuir de beuf releués, qui s'enfloyent à la pluie: parquoy sans proffit, qui en feit perdre l'vsage, les changeans incontinent, pour prendre la façon des armes Grecques. Auiourd'huy, pour le regard des selles arçonnées & des estriers non vsez des anciens, les gensdarmes sont mieux à cheual, & plus adroicts qu'ils n'estoyent pas alors: & s'arme nostre gendarmerie trop plus seurement: de sorte qu'auiourd'huy vne compagnie d'hommes-d'armes seroit auec plus grande difficulté soustenue que l'antique caualerie des Romains: à cause des selles de leurs cheuaux, qui retiroyent plus aux bastieres couuertes de cuir, qu'aux celles-d'armes: qui depuis ont esté trouuées.

⁎

Les gensdarmes Romains alloyent à cheual sans estriers.

CASTRAMETATION
CHEVAL HARNACHÉ A
l'antique de l'homme d'arme Romain.

DES ROMAINS.

Au regard des gens-de-cheual, l'homme d'armes Romain estoit pourueu d'vn lançon, qu'il portoit à la main droicte, & d'vn grád escu à la gauche: & estoit couuert d'vne cotte de mailles, qui luy tomboit iusques sus les genoulx, d'auantbras, gantelets, gréues, & d'vn morion, lacé & accoustré par le dessus de son pennache. Souuentesfois les cheuaux estoyent bardés de mailles & lames de fer, mises par ordre, comme celles des brigandines, que l'on portoit au temps passé, comme i'ay veu par vne figure retirée du marbre antique. Telle coustume leur estoit venue des Perses: comme l'on peut veoir par Q. Curse: qui recite que les Persiens auoyent leurs cheuaux bardés de lames de fer, comme nous auons encores auiourdhuy.

∗

Armes des gēs-de-cheual.

Q. Curse.

Gg 3

CASTRAMETATION

HOMMES-D'ARMES DU TEMPS
des anciens Romains.

DES ROMAINS.

Des cheuaux legers, les vns portoyent vne iaueline,
& au bras gauche vn grand escu : les autres trois dards,
d'assez large poincte, auec le mesme escu, qui leur
pendoit au bras senestre, & de la main droicte vn tout seul, auec vne salade, ou cabacet, & cuiraces semblables
à celles des gens-
de-pied
✶✶✶

Arma des cheuaux legers.

CHEV

CASTRAMETATION

CHEVAVX LEGERS
armés à l'antique.

DES ROMAINS.

IACVLATORES, IETTEVRS DE DARDS.

Hh

CASTRAMETATION

Les Archers à cheual, qui estoyent armés à la legere, portoyent sur le dos vne trousse pleine de fléches, & vn arc comme turquois à la main gauche, la fléche à l'autre main, preste à tirer, l'espée pendue sur le costé senestre : & tous portoyent morrions & gréues, & aucuns vne dague sur le costé droit. Quant au reste des autres armes, selon le temps elles ont esté differentes. Car, de ceux que i'ay fait peindre cy apres, elles sont retirées de la caualerie de Traian & d'Antonin Pie, comme l'on voit par les marbres antiques, qui sont à Rome.

※

Archers à cheual armés à la legere.

ARCHER

DES ROMAINS.

ARCHERS A CHEVAL, DV NOMbre des Cheuaux legers.

Tous ces cheuaux legers, encores qu'ils fussent d'armes & accoustremens differens, si est ce qu'ils estoyent conduits & menés par leur Enseigne: qui portoit l'aigle de la main gauche, assise sus vne petite arule, à la mode des autres, que nous auons veuës cy dessus: liée toutefois, par dessous, d'vne cornette de tafetas: qui mõstroit la difference de l'aigle des Hommes-d'armes à celle des Cheuaux-legers. Pour le morrion il portoit vne teste de beste feroce: qui le monstroit plus furieux & terrible, à la vraye semblance des Portenseignes des gens-de-pied, que nous auons veus cy dessus.

Accoustrement de teste furieux de l'enseigne qui portoit l'aigle des gens de cheual.

*

ENSEI

DES ROMAINS.

ENSEIGNE DES CHEVAVX-
legers des anciens Romains.

Telle fut la gendarmerie des anciens Romains, tant de gens de pied que de cheual, comme nous l'auons figurée cy deſſus. Il ſera bien raiſonnable de monſtrer cy apres l'ordre de leur armée : qui eſtoit de deux legions d'hommes Romains, & le nombre de douze mil hommes de pied, & ſix cens de cheual : leſquels eſtoyent accompagnés d'autres onze mil hommes, enuoyés par leurs aliés, côfederés, & amis, pour leur ſecours : ny iamais en leur armée l'on ne trouuoit plus de ſoldats eſtrangers que de Romains, excepté, que des gens-de-cheual : deſquels il ne leur chaloit s'ils paſſoyent le nombre de la gendarmerie Romaine. Et comme en tous leurs affaires ils boutoyent les legions au milieu, & les auxiliaires ſus les flans, tout ainſi ils obſeruerent vne meſme maniere de ſe loger : à ce que nous liſons par les Hiſtoires. A cette cauſe ie ne ſuis pas deliberé de les reciter plus au long : mais, le plus ſommairement qu'il me ſera poſſible, ie mettray leur maniere de campeger qui eſtoit telle.

La tente du Conſul eſtoit drecée au lieu le plus commode du camp, & au milieu d'vne place quarrée : de ſorte que tous les coſtés eſtoyent à cent pieds de ladicte tente : & aux quatre coins eſtoyent aſſis les pauillons des ſoldats, qui eſtoyent ordonnés pour la garde du Conſul : & au coſté le plus commode ſe logeoyent les legions Romaines, pour les eauës & pour le fourrage. Chaſcune auoit, ainſi que nous anous dit, ſix Tribús : & chaſcun Conſul deux legions. Il eſt manifeſte qu'aux deux legions auoit douze Tribuns, pour la guerre : leſquels dreçoyent leurs tentes & ſe logeoyent, auecques leurs cheuaux, leur train, & leurs hardes, à vne ligne droicte

L'ordre de la gēdarmerie des Rōmains.

Maniere de cāpeger des Romains.

Garde du Conſul.

DES ROMAINS.

droicte, distante égalemét de cinquante pieds, du costé qui auoit esté choisi du quarré. Or estoyent les tentes tendues, détournans leur regard au dehors du quarré. La place des pauillons des Tribuns estoit égale, & de telle estendue qu'elle tenoit autant de païs qu'auoyent en largeur les tentes des legions Romaines : & au deuant de leurs pauillons auoit vn espace de cent pieds, iusques aux tentes desdictes legions. Ils logeoyent les gens-de-cheual des deux legiós à l'opposite les vns des autres : & l'assiette des tentes des gens-de-cheual & des gens-de-pied estoit semblable. Les loges des cheualiers respondoyent au milieu des tentes des Tribuns. Il se faisoit encore vne certaine voye trauersante la susdicte ligne droicte & place vuide de deuant les Tribuns. Aussi la figure de tous les passages auoit semblance de rues : & comme d'vn costé & d'autre estoyét les bandes & troupes, ils logeoyent, apres la caualerie des deux legions, les Triaires. Derechef estoyent mis les Principaux, ou les Princes, distans de ces autres à l'opposite des Triaires. Apres les Principaux estoyent logés semblablemét en derriere les Hastats, en regard opposite. Subsequemment apres les picquiers se trouuoit, vis à vis d'eux, la caualerie des Aliés. Or estoit, comme nous auons dit, le nombre des gens-de-pied des Aliés égal aux legions Romaines (excepté seulement les extraordinaires) & celuy des cheuaux plus grand au double: encores que la tierce partie se trouuast roignée pour les extraordinaires. Apres que les Romains auoyent fait cinq rues, ils logeoyent l'infanterie des Aliés, les detournans de la caualerie, & leur baillant tousiours le regard au rampar. Ils faisoyent encores vn passage au trauers des legions

Loges des gens-de-cheual.

64 CASTRAMETATION

Voye quintaine.

gions, & au trauers des rues: qui eſtoit vne voye equidiſtáte toutesfois des tentes des Tribuns, appelée Quintaine ou cinquiéme, par ce qu'elle eſtoit tirée apres les cinq bandes. La place, qui demeuroit au derriere des tentes des Tribuns, & qui touchoit d'vn coſté & d'autre le pauillon du Conſul, ſeruoit en partie pour le marché, & en partie pour la Treſorerie, & pour ſes munitions, au regard des deux derniers pauillōs d'vne part & d'autre des Tribuns. Les Cheualiers (i'enten les cheuaux

Cheuaux d'elite & volontaires.

d'elite & volontaires, qui ſuiuoyent le camp pour l'amour du Conſul) eſtoyét logés ſur les coſtés trauerſans des rampars, regardans les vns aux munitions du Queſteur, & les autres au marché. Il aduenoit ſouuent que ceux cy n'eſtoyent pas logés ſeulement pres du Conſul: mais auſſi faiſoyent leur deuoir aupres de luy & du Treſorier, quand l'armée marchoit, & en leurs autres affaires. A ceux cy eſtoyent conioins les gens-de-pied, regardans au rampar: qui ſeruoyét de meſme que les ſuſdicts hommes-de-cheual: apres leſquels on laiſſoit vn eſpace de deux cent pieds: qui ſont ſeize toiſes quatre pieds de large, equidiſtant des tentes des Tribuns. Outre le mar-

Le marché le Pretoire, & la Treſorerie.

ché, le Pretoire, & la Treſorerie, qui s'eſtendoit par toutes les ſuſdictes parties du rempar: ſus le coſté haut duquel les gens-de-cheual extraordinaires des Aliés campegeoyent: qui auoyent leur regard ſur le Pretoire & Queſtoire, au milieu des pauillons des Tribuns eſtoit laiſſé vn paſſage, pour aller en la place du Preteur ou Conſul, tirant au dernier coſté du camp. Apres ceux cy eſtoyent logés les gens-de-pied extraordinaires du ſecours, leur tournans le dos, & qui auoyent leur regard au rápar, & au dernier coſté de tout le camp. Au regard du

DES ROMAINS.

du lieu vuide, qui eſtoit d'vn coſté & d'autre, il eſtoit or donné pour les eſtrangers & ſuruenans, & pour le Capitaine des ouuriers, nommé Præfectus fabrorum, comme charpentiers, mareſchaux, armuriers, faiſeurs d'engins, & machines de guerre, & pour l'Armamentaire du camp c'eſt à dire le lieu, où tenoyent les Romains leurs armes. Les choſes eſtans telles, toute la forme du camp demeuroit quarrée. Quant aux particulieres figures, tant des ſeparations des rues que des autres ordonnances, elles auoyent grande ſimilitude de ville. Ils reculoyent le rampar loing des loges deux cens pieds, ſur chaſcun coſté, pour la commodité des legions Romaines. Car il eſtoit fort aiſé pour entrer & ſaillir ſans ſe rencontrer : & auſsi ils gardoyent là le beſtial aſſeurément la nuit, & le pillage & butin qu'ils auoyent fait ſus les ennemis : mais encore c'eſtoit vn grand bien que, ſi l'ennemy les aſſailloit la nuit, le feu, ny le dard, ne pouuoit donner iuſques à eux, pour la diſtance, qui eſtoit aſſes grande. Or eſt il facile à conſiderer combien eſtoit ce lieu logeable, & le camp ample, pour le remplir d'vne groſſe compagnie de gens de pied & de cheual, ſi nous conſiderons les eſpaces des chemins. Si les deux Conſuls & les quatre legions eſtoyent aſſemblées en vn meſme camp, ce n'eſtoit autre choſe que deux armées, qui eſtoyent ioinctes l'vne contre l'autre, & la place deux fois plus grande. Et touſiours les Conſuls campegeoyent enſemble, & vſerent touſiours de cette façó de faire : &, ſi chaſcun à part, ils faiſoyent toutes les autres choſes de meſme. Au regard du marché du Pretoire & de la Treſorerie, ils les logeoyent au milieu des deux armées.

Præfectus fabrorum.

Armamentaire.

CASTRAMETATION

Apres que le camp estoit drecé, les Tribuns s'assembloyent: qui prenoyent le serment particulierement de tous ceux qui estoyent au camp, estats accoustrés & vestus de leurs paludamens (que nous appelons cottes-d'armes) comme l'on peut veoir par les figures representées cy apres. Le soldat iuroit ne dérober chose qu'il eust trouuée, & que, si par fortune il trouuoit quelque chose, il l'apporteroit aux Tribuns: autrement il estoit puni griéuement. Et font encores auiourd'huy les Turcs le semblable. Car le soldat à la guerre n'oseroit prendre iniustement aucune chose: autrement il seroit sans misericorde puni: & entre eux y a gardes ordinaires, qui defendent de prendre aux soldats ce que l'on trouue que portent les gens par chemin: de sorte que les enfans de huit à dix ans vont vendant pain, fruict, orge & choses semblables asseurément. Encores sont tenus de defendre les iardins & vergiers où sont les fruicts, qui se trouuent le long des chemins: de maniere que les gardes mesmes n'oseroyent prendre vne pomme, sans le congé du maistre à qui est le fruict: & cela sus peine de la teste.

En-apres ils ordonnoyét les enseignes, & deputoyét deux des Principaux des deux legions & des Hastats: qui seruoyent pour garder la place, qui estoit deuant eux. Pource que là frequentoyent tous les iours la plus grand' partie des Romains: & pourtant il estoit de besoing qu'elle fust tenue nette, & arrosée au temps des chaleurs: combien qu'aucuns ayent voulu dire que c'estoit la charge des calons & lixes, qui estoyét seruiteurs & valets suiuans le camp en grande compagnie, & tellement accoustumés aux trauaux de la guerre (ainsi que

dit

marginalia:
Paludament.
Sermēt du soldart Rōmain.
Peine rigoureuse au Turc.
Lixes & calons.

DES ROMAINS. 67

dit Iosephe en ses liures, qu'il a fait de la guerre des Iuifs) qu'ils differoyent bien peu à ceux qui mieux sauoyent combattre. Parce qu'en paix ils accompagnoyent leurs maistres en leurs exercitations & trauaux, & en temps de guerre aux perils & dangers ausquels ils s'offroyent. Or gouuernoyent six Tribuns chascun à leur tour, & particulierement trois enseignes: lesquelles dreçoyent la tente, au lieu ordonné, à celuy qui auoit le gouuernement, pauissans le lieu, qui estoit autour d'elles. Au demeurant, ils auoyent le soing de fortifier, si le besoing le demandoit, pour garder le bagage. Par ce mot de bagage les anciens comprenoyent toutes choses necessaires pour le seruice de leur armée. Ils ordonnoyent aussi deux guets, chascun desquels estoit de quatre hommes: dont les vns le faisoyent deuant la tente, les autres derriere, aupres des cheuaux. Quát au mot-du-guet, ils le bailloyent bien seurement, comme plus amplement l'on pourra veoir par la description de Polibe: qui dit que, s'il se trouuoit qu'vn soldat eust failli à faire le guet il estoit amené deuant le Tribun: qui luy faisoit faire son proces sus le champ, en la presence de toute l'assemblée: &, s'il estoit condamné, la maniere de la punition estoit telle. Le Tribun n'auoit pas quasi atteint d'vne verge le condamné, qu'il auoit liberté de s'enfuir: & ce pendant il estoit permis aux soldats de le tuer à grans coups de pierre, de dards, de fléches, & autre sortes de bastons. Si par fortune il échapoit, il n'estoit pas pourtant sauué. Car le retour en son païs luy estoit denié: & si n'auoit parent, ny amy, qui l'eust osé retirer en sa maison. Parquoy, à ceux qui tomboyent en telle calamité & misere de viure, il leur estoit trop mieux de mourir que

Iosephe.

Bagage des anciens Romains.

Le mot du guet.

Peine irremissible de celuy qui auoit failli à faire le guet.

Ii 2

d'endurer vne peine si rude & irremissible: & cela estoit cause que le guet ne faisoit iamais faute. Cette façon de faire ancienne des Romains est encores gardée & obseruée des Suisses: qui font passer ceux, qui ont failli, par les picques. Quant aux autres fautes, qui estoyent plus legeres (comme si le gendarme Romain se trouuoir desobeissant, & auoir failli) le Tribun commandoit au Centurion de le battre de sermens, au lieu du fouet. Qui a fait dire à Pline, *Vitis ipsa in delictis pœnam honorat.* C'est à dire, que la vigne faisoit honneur à la peine. Et, si par fortune le gendarme eust retenu la main du Centurion, ou les sermens, il estoit cassé de sa place, & de Gendarme il estoit fait Archer: &, si par force il se deffendoit, il estoit puni comme de crime capital. Sur les autres soldats les Chefs & Capitaines auoyent le mesme droict, comme aussi sur les Aliés. Or faloit il par ce moyen que les gens de-guerre fussent obeissans aux Tribuns, & les Tribuns aux Consuls: &, outre toutes ces choses, auoyent les Tribuns puissance de gager & condamner à l'emende. Si quelcun auoit esté trois fois repris pour vn mesme delict, l'on le punissoit griéuement, comme obstiné. Encores estoit-ce grāde infamie & deshonneur, si le gendarme ou soldat s'estoit vanté au Tribun faussement de ses prouësses, pour acquerir honneur & louenge: ou bien qu'il eust abādonné par lascheté le lieu, qui luy auoit esté donné: ou si par crainte il auoit quité & lasché les armes au combat. Qui estoit cause que les soldats, craignans la peine, n'abandonnoyent point la place, qui vne fois leur auoit esté ordonnée. Quand ces choses auenoyent à toute vne bande, & que les Enseignes auoyent, par le commandement

La vigne anciennemēt faisoit hōneur à la peine.

DES ROMAINS.

ment de tous, abandonné leur place, le Conful, ou General, ne trouuoit pas bon de faire mourir tant de gens: mais prenoit vn expedient autant neceffaire que terrible. Car, apres auoir affemblé tout le camp, le Tribun les amenoit au milieu de l'armée: là ou il les accufoit aueccques groffes paroles. Finalement il en retiroit apart, par fort, cinq, dix, ou vingt, ayant égard à la trouppe: de forte que la cinquiéme, dixiéme, ou vingtiéme, partie des delinquans s'y trouuoit: lefquels il faifoit paffer au fil de l'efpée, fans aucune remiffion: &, fi tous ne fentoyent la peine, au moins ils la craignoyent merueilleufement. Telle façon de faire eftoit appelée des Romains Decimer: & de cette decimation i'ay vn medaillon de bronze entre mes mains: qui en monftre la terrible execution. Et, quant au demeurant de la cõpagnie, les Tribuns les faifoyent loger hors des rampars & paliffemés du camp, leur faifant liurer de l'orge pour fromẽt. Par ce moyen, & pour la crainte du fort touchant à tous également, les gens-darmes & foldats venoyent à s'amender de leurs fautes: &, comme le Romain eftoit en fa iuftice & punition inuincible, tout ainfi il incitoit honeftement la ieuneffe à prendre le peril, recompenfant fort bien ceux, qui auoyent fait acte de vertu. Car, par le commandement du General, fon armée eftoit affemblée, & là, en prefence de tous, il commençoit de louer chacun à part, du cas qu'il auoit fait vaillamment & digne de memoire: &, pour recompenfe il donnoit vn dard Gallique a celuy qui auoit blécé fon ennemi. A l'homme-de-pied qui l'auoit porté de cheual à terre, vn vafe d'or. A l'hóme d'armes, le harnois d'vn cheual: &, à ceux, qui premiers auoyent mõté

Declinatiõ Romaine.

Le Romain en fa iuftice & punitiõ inuincible.

Dard Gallique.

I i 3

la muraille des ennemis, vne couronne d'or. Le Consul encores monstroit ceux, qui auoyent defendu & sauué quelcun de leurs citoyens, en luy donnant la couronne quernée, faicte d'or: & de là veint la façon que, quand le Senat & le peuple de Rome vouloyent honorer leurs bons Empereurs, ils faisoyent mettre en leur monnoye d'or d'argent, & de bronze, la couronne de chesne, auecques telles inscription, S. P. Q. R. OB CIVIS SERVATOS. Ce qu'ils feirent depuis, quand par grande adulation ils vouloyent flater leurs meschans Empereurs, qui auoyent fait mourir grand nõbre des citoyens Romains: tant furent grandes les meschantes flateries à l'endroit de leurs Empereurs: qui prirent de leurs subiects ce que les bons Consuls Romains donnoyent, pour recompense, à celuy qui auoit sauué en la guerre vn citoyen Romain. Toutes ces choses prouoquoyent non seulement les autres gens-d'armes & soldats au cõbat, mais encores les autres citoyens qui estoyent demeurés en la cité. Car ceux, qui auoyét eu ces beaux presens, & gaigné ces dõs, auoyent, outre la gloire des gés-de-guerre, pompes auecques grãds honneurs: &, quand ils estoyent de retour en leur patrie, ils attachoyent, és plus apparens lieux de leur cité, les despouilles des ennemis, comme tesmoignage de leur propre vertu. Au demeurant, quát à tous deuoirs, l'administration necessaire, l'honneur, & l'obeissance, estoit deuë au Tribun: qui r'endoit au camp iustice à vn chacun, & à son tour, deuant sa tente, estát vestu de son paludament & accoustrement militaire, assis sus vne chaire de guerre, accompagné des Centurions & Decurions comme la figure le monstre.

Coronne quernée.

Inscriptiõ des medailles antiques

Charge du Tribun.

FIGV

DES ROMAINS.

FIGVRE DV TRIBVN DE LA GVERRE.

CASTRAMETATION

CENTVRIONS ET DECVRIONS EN LEVR accoustrement de guerre, tel qu'ils les portoyent au camp.

DES ROMAINS.

Au commencement les Consuls élisoyent les Tribuns, pour presider aux legions Romaines, & pour auoir l'autorité sur les gens-d'armes & exercite des Romains. Depuis ils furét éleus par les gens-d'armes, à qui estoit donnée cette charge & preeminence. Par succession de temps ils veindrent à estre faicts par le suffrage du peuple. Apres que la republicque Romaine vint sous la puissance des Cesars, ils éleurent les Tribuns, hommes de vertu, de bon aage, de grande prudence, & de sçauoir: où demeuroit l'experience de la guerre. Depuis vint la coustume, que, si l'Empereur donnoit l'office de Tribun à vn gendarme, il luy mettoit l'espée en la main, pour signifier le commandement qu'il auoit, par droict militaire, sur les soldats & gens-de-guerre. Sa charge principale estoit, d'auoir la cure & le soing du camp & de l'armée, & de prendre garde qu'il ne demeurast sans munition, & commander de faire le guet de iour & de nuit, pour la crainte que les Romains auoyent que les espies des ennemis secrettement ne vinssent iusques à leur camp. Ils receuoyent solennellemét le serment des gens-d'armes. car il n'estoit permis ne licite à vn soldat ou homme-de-cheual de prendre les armes, sans que premieremeut il eust fait le serment legitime au Tribun, quand il failloit combattre. C'estoit la charge du Tribun de mettre en ordre l'infanterie & la caualerie, de dóner hóneste cógé aux gens-d'armes qui auoyét bien serui, & le temps requis à la militie, pour se retirer en leur maison: toutesfois par le commandemét du Consul ou Lieutenant general de l'armée. Ce que Marcellus a noté en l'art militaire: qui dit que la charge du Tribun estoit de tenir encores, sur toutes choses, les

Electiõ des Tribuns.

Autorité du Tribun.

Marcellus.

gens d'armes obeïssans à ses commandemens, de les faire exerciter, de prendre les chefs des portes du camp, de donner ordre que les gens-d'armes ne fussent surpris, quand ils aloyent au fourrage: principalement s'ils estoyent pres des ennemis. Les Tribuns auoyent encores la charge, auec les Capitaines, des armes, des cheuaux, de l'argent, de visiter les malades, de faire penser les blecés, & de mettre en memoire le nom des Centeniers, Dizeniers, Portenseignes, & Sergens de bande. Car les anciens estimerent déraisonnable au Consul, ou Tribun, d'ignorer le nom de ses Capitaines. Il estoit encores necessaire que le Tribun eust la patience d'ouïr les querelles des gens-d'armes, & de leur faire raison: &, s'il trouuoit que par les bandes des bons soldats, s'en trouuast des meschans & mutins, il les faisoit chasser & casser de leur compagnie. Comme donc chascun Tribun eust trois enseignes, & en chascune plus de cent hommes, exceptés les Triaires & les Hastats, qui n'estoyent point tenus à la charge, pourquoy se trouuoit plus legere: attendu que le guet tomboit à chascune Enseigne au quatriéme iour. Les Enseignes des Triaires estoyent exemptées des charges des Tribuns: mais aussi ils seruoyent tous les iours aux trouppes des gens de cheual, selon qu'ils estoyent logés en suitte: & auoyent mesmement la charge de garder les cheuaux: de peur que, s'ils venoyent à s'encheuestrer, ils ne se battissent & blécassent, pour estre apres inutiles & de peu de seruice. Car, s'ils s'entrebattoyent, cela pouuoit estre cause de dréçer vne alarme au camp. Au surplus, l'vne de toutes les Enseignes faisoit le guet tous les iours, deuant le Consul,

pour

DES ROMAINS.

pour sa seurté, & pour autre chose, qui pouuoit suruenir: Parquoy en estoit trop plus honnorable le magistrat. Les Aliés auoyent la charge des deux costés du fosé & palissement (par ce que chacune de leur trouppe en estoit plus prochaine) & les Romains des autres deux: & en auoit chacune legion vn. Les Chefs de bande des gens de cheual venoyent au Soleil leuant aux tentes des Tribuns, & les Tribuns alloyét faire la court au Consul: & là ordonnoyent & parloyent des affaires, qui estoyent suruenues: & les Tribuns aux Gens de cheual & Chefs de bande: lesquels commandoyent aux compagnies, quand la necessité le requeroit. En apres le Consul sortoit de sa tente, accompagné de tous ses Tribuns, Centurions, & Decurions, & sa garde autour de luy aueccques les verges & haches Consulaires: qui se portoyent ordinairement en sa compagnie.
Ce qui rendoit sa dignité
plus terrible, comme la figure le monstre.
⁎

Charge des Aliés.

Les Tribũs Centurions & decuriõs accompagnoyent le Consul qui faisoit porter les verges & haches Consulaires en sa cõpagnie.

Kk 2

CASTRAMETATION.

LE CONSVL EN SON CAMP
accompagné de ses Capitaines & de sa garde.

DES ROMAINS. 77

Au demeurant ils ordonnoyent leur guet, comme nous auōs dict. Les Hastats rēplissoyēt le dehors du câp, faisans de iour la garde tout autour du palissement (pource que c'estoit leur charge) & de ceux là auoit dix hōmes à chacune porte, pour la garder. Or, pource que nous sommes venus à parler des portes, il fault entēdre qu'il se trouuoit ordinairement quatre portes au camp des Romains, larges, & amples, pour receuoir la gēdarmerie, les iumens, bagages, fourrages, butins & pillages, si la necessité les contraignoit. Et, autant de diuerses portes qu'ils auoyent, autant de noms differens ils leur dōnoyent. Quant à la premiere, ils la nōmerent Pretoire: pource qu'elle regardoit droict à la téte du Preteur (qui estoit le General, & qui presidoit ordinairement au câp des Romains) & regardoit tousiours l'Orient, ou les ennemis : & la raison estoit que, si par fortune il venoit vne alarme, ou que l'on veint à combattre, les ordres, compagnies, cohortes, squadrons, & enseignes, eussent le pouuoir de saillir dehors, sans tumulte. La seconde (qui estoit nommée pour sa grandeur & largeur Decumane) seruoit pour passer les larrons & meschans, qui auoyent failli, & dérobé le camp, quand ce venoit à les punir, & en faire la iustice. La tierce se nōmoit Principale : par laquelle les gens-d'armes principaux (qu'ils nommoyent Princes) & les Capitaines sailloyent, comme d'vne fausse porte: &, si l'affaire le demādoit, par la passoyent les bandes & la gendarmerie, pour secourir leur armée en la necessité: & le chemin principal, lequel aloit à ladicte porte, estoit nommé Voye principale. La porte Quintaine prenoit sō nom de la voye cinquiéme : ainsi nommée pour les cinq rues, ou chemins, desquels nous

Charge des Hastats.

Quatre portes au camp des Romains.

Porte Pretoire.

Porte Decumane.

Porte Principale.

Voye principale.

Porte quintaine.

K k 3

auons parlé cy deſſus. Par là entroyent les viures au camp, vtenſiles, marchandiſes, munitions de tous ouſtils, qu'ils faiſoyent porter quand & eux, pour le ſeruice de l'armée.

Nous auons ſommairement eſcrit l'aſsiete du camp des anciens Romains, l'eſtat & la charge du Tribun de la guerre. Il demeure à veoir l'ordre qu'ils tenoyent, quand ce venoit à déloger, qui eſtoit tel, Que ſoudainement, au premier ſon de trompette (que nous pourrons *Bouteſelle.* nommer le premier Bouteſelle) on abbatoit & ſerroit les tentes & pauillons, & faiſoit on les charges. Parce qu'il n'eſtoit permis à homme de dréçer pauillon, que les tentes des Tribuns ou Conſuls n'euſſent eſté dré*A cheual.* çées ou abbatues. Au ſecond ſon (qui eſtoit Acheual) ils trouſſoyent leurs bagages ſur des ſommiers : & au tiers *A l'eſtan-* (qui eſtoit A l'eſtendard) tout le camp s'ebranloit, & *dard.* prenoit les champs, & marchoit où les Conſuls les vouloyent mener. Les trois bataillons des Haſtats, des Principaux, & des Triaires, faiſoyent mettre le bagage de toutes les Enſeignes, qui marchoyent audeuant : & tout ainſi marchoit la gendarmerie des Romains pas à pas.

SOL

DES ROMAINS. 79

*SOLDATS ROMAINS MARCHANTS
par pays, accompagnés de leurs Enseignes.*

Si par fortune ils euſſent rencontré, vne petite riuiere, ou grand ruiſſeau, ſoudainement ils ſe deſpouilloyent, & tous bouttoyent leurs cuiraces, corſelets, dagues, & morrions, dedans leurs grands pauois, qu'ils portoyent ſur la teſte. Par ce moyen paſſoyent la riuire. Tantoſt apres ils eſtoyent reueſtus, & au meſme ordre marchoyent, ſuiuans touſiours leur chemin encommencé. Et par la peincture cy apres miſe, l'on congnoiſtra l'vtilité & commodité que receuoyent les ſoldats Romains de leurs longues targues & grands pauois.

A quoy ſeruoyẽt les grãs pauois des ſoldats Romains.

✶
✶ ✶

SOL

SOLDATS ROMAINS QUI PORTENT
leurs cuiraces & cabassets dedans leurs grans escus.

CASTRAMETATION

Si les Tribuns estoyent aduertis de quelque fort des ennemis, ils commandoyent que tout incontinent ils fussent sommés de se rendre: & au premier refus vne ou deux Enseignes partoyent pour les aler assaillir, marchants droict, iusques aupres de la forteresse, serrés & couuerts de leurs pauois, comme s'ils eussent esté couplés ensemble: & par ce moyen ils se trouuoyét inexpugnables, & se couuroyent si bien & dextrement, qu'ils échapoyent & obuioyent à la fureur du traict & impetuosité des grosses pierres. Ceste façon de faire a esté nommée de Cesar & de Tite Liue, au liure cinquiéme de la premiere Decade, faire la tortue: laquelle i'ay fait peindre cy apres, retirée du marbre antique, qui est à Rome.

⁎

Faire la tortue.

DES ROMAINS.

LA FAÇON DE FAIRE LA TORTVE.

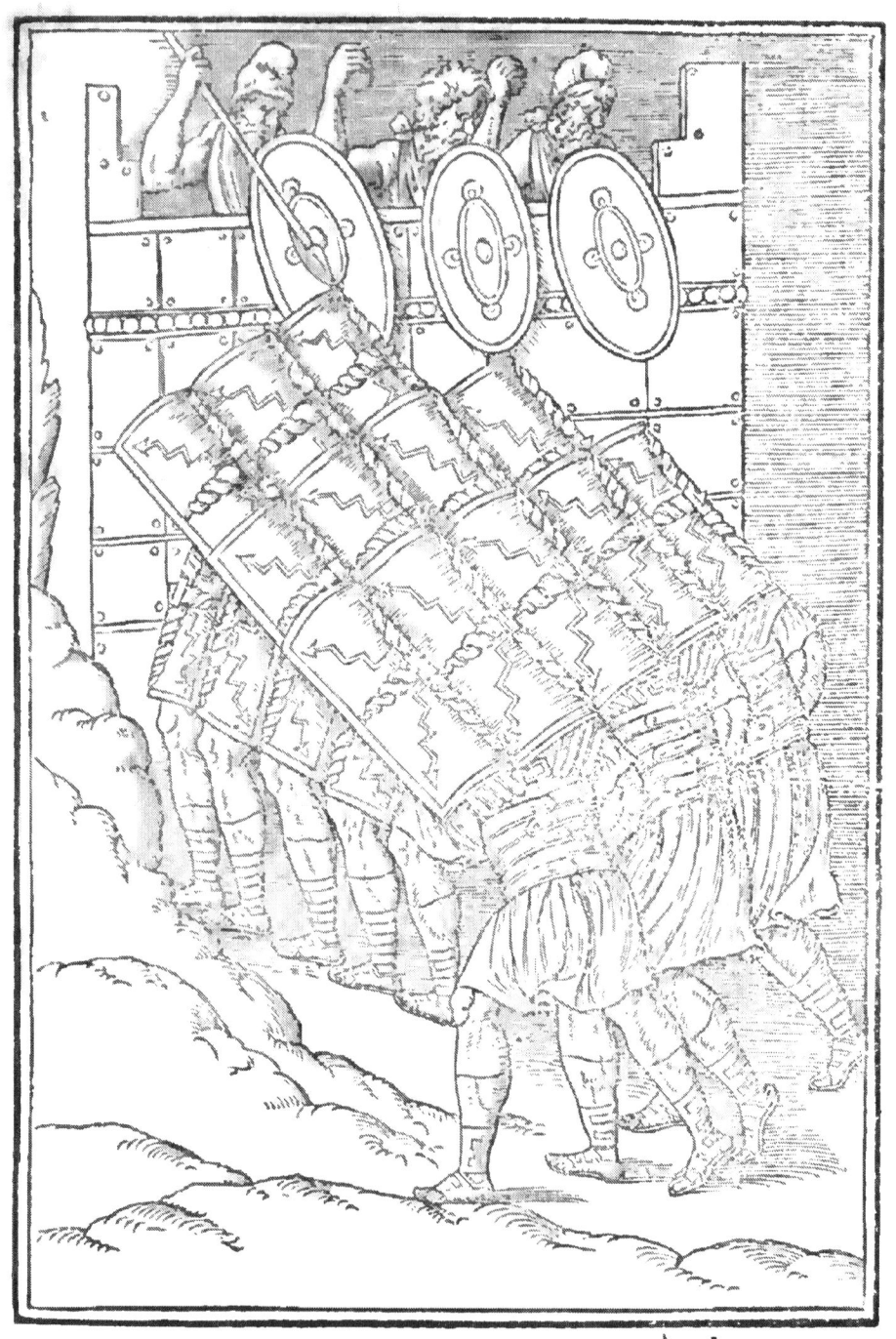

Les autres soldats enuironnoyent la forteresse. Les
Fõditeurs. fonditeurs, qui estoyent les ietteurs de pierres, & les
Archers tiroyent de tous costés & offensoyent l'enne-
mi de loing, pour emporter plus aisement la place,
tandis que les autres rompoyent la muraille, auecques les beliers & autres
torments de guerre, que portoyent les soldats
à force de
bras.

BELIER

DES ROMAINS.

BELIER DES ANCIENS ROMAINS.

CASTRAMETATION

Le belier machine de guerre.

Et pour sauoir que veut dire ce mot belier, il fault entendre que c'estoit vne machine, ainsi nommée du nom de l'animal, que nous appelōs belier, ou mouton: duquel l'on vsoit anciennement contre la fureur des assaux des ennemis. Toutesfois c'estoit encores vn instrument de guerre, faict à la similitude d'vn mas de nauire, qui estoit par le bout tout de fer massif, forgé à la forme d'vne teste de belier, & pendu, par le milieu, d'vne corde, comme vne balance, attachée à vne poustre, soustenue de deux paux bien plantés & fermés d'vne part & d'autre: lequel belier, tiré en-arriere auec grand nombre de gens, & repoussé par eux de toute leur puissance, vrtoit, de sa teste de fer, la muraille, de

Impetuosité du belier

telle impetuosité & furie insupportable, qu'il n'estoit si forte tour, ny mur si espoys, que par continuelle batterie ne demeurast abbatu & ruiné: comme le seut tresbien experimenter Vespasian, depuis Empereur, à l'essay de huit machines semblables, qu'il mit en ordre

Iosephe.

pour forcer la cité de Iotopathe, comme recite Iosephe en la guerre des Iuifs. L'inuention de cette machine, cō-

Vitruue.

me dit Vitruue au dixiéme liure de son Architecture, fut trouuée du temps que les Carthaginois assiegerent la ville de Gade: qui estoit assise au cap de la mer, appelée des Latins *fretum Gaditanum*, que nous appelons au-

L'estroit de Gibraltar. La cité de Tyre, colonie des Romains.

iourd'huy l'estroit de Gibratal. Là fut premierement edifiée vne petite cité par ceux de Tyre: laquelle depuis habiterent les Romains: qui la mirent en si grande reputation, qu'il se trouua en vn mesme temps dedans la cité cinq cens hommes d'Equestre dignité. Ayans prins les Carthaginois la forteresse, estant deliberés de la ruiner, & se trouuans en necessité de paux de fer propres à ce faire

DES ROMAINS. 87

ce faire, prinrent vne grosse poustre, & la soustenans auecques les mains, en frappant continuellement auecques sa teste la sommité de la muraille, la ruinerent à la fin toute par ordre. Depuis vn certain charpentier de la cité de Tyre, qui estoit au camp des Carthaginois, voyát l'effect de ladicte poustre, mais qu'il estoit manié mal aisément, feit vne nouuelle inuention. Car il planta fermement vn mas de nauire de long, & par le trauers pendit vne autre poustre, à mode de la hante d'vne balance : qui estoit tirée & repoussée auec telle impetuosité, qu'ils ruinerent entieremét les murs des Gaditains. Pline toutesfois escrit au septiéme qu'Epeus charpentier, qui feit le cheual de bois à Troye, auoit esté inuenteur de telle machine : pource que ledict cheual ne fut autre chose qu'vn semblable instrument bellique : par le moyen duquel furent rompus les murs de la cité. Et, à ce que nous lisons, il se trouuoit plusieurs especes de beliers : cóme l'on voit par ledict Vitruue : qui en a mis par escrit la façon, selon les commentaires de Diades, auteur Grec : duquel il dit auoir translaté toutes ces choses. Et dit encores que la machine du belier, qui estoit couuerte & enclose dedans vne tour, estoit nommée des Grecs Κριοδόκη, qui ne signifie autre chose que poustre arietaire. Si les beliers n'estoyent suffisans, les Romains venoyent à dreçer vne certaine machine, de grandeur assez estrange, pour ietter dards & grosses sagettes : laquelle ils nommerent Catapulte, & de laquelle a esté faicte la figure par Robertus Valturius, en son liure de l'art militaire : qui respond assez mal à la description de Vitruue. Et (qu'il soit ainsi) il est aisé à congnoistre : par ce que Vitruue veut que
la Ca

Gaditains.
Pline.

Plusieurs especes de beliers.

Diades auteur Grec.

Criodoki. Poustre arietaire, ou du belier.

Catapulte de Robertus Valturius.

Vitruue.

88 CASTRAMETATION

la Catapulte ait deux bras, & Valturius en a mis vn tout simplement : qui est tiré & débendé par la force d'vne corde : laquelle, retournáte auecques grande vehemence, iette la grosse sagette, qui est mise dessus vn poge. Iucundus Veronensis, Architecte de nostre temps bien renommé, qui feit faire les figures de Vitruue, parlant de la Catapulte (combien qu'il confesse auoir prins la figure des auteurs Grecs) dit toutefois n'auoir peu tirer l'entiere & perfaicte congnoissance desdicts auteurs, & qu'il n'a point bien entendu la figure. Par cela nous cognoissons que toutes lesdictes Catapultes n'ont rien de commun auec celle de Vitruue, & qu'elle est difficile à entendre, & se rend encores plus difficile à faire. Ce qui m'en a fait donner la figure : qui est entre mes mains, tirée de l'antique marbre, & qui en donnera la vrae cognoissance aux lecteurs & amateurs des bonnes lettres.

⁎

Iucūdus Veronois Architecte biē renommé.

Chose difficile que de faire la Catapulte.

CALA

DES ROMAINS.

CATAPVLTE, MACHINE DE guerre des anciens.

CASTRAMETATION

Arbaleste du anciens pour tirer pierres de grand pois.

De la baliste, que nous appelons arbaleste, s'aiderent encores les anciens Romains: qui estoit vne machine faicte pour tirer pierres de grand pois, comme de deux cens cinquante liures ou plus, selon le vouloir du Capitaine, qui la gouuernoit. Aucus ont dit qu'elle estoit encores faicte pour ietter grosses sagettes & garrots. Qui est la raison, qui nous a fait donner le nom d'arbaleste au petit instrument, duquel nous vsons pour tirer le traict auiourd'huy.

Voila les parties de l'assietté du camp & de la discipline militaire des anciens Romains, briéuement escripte selon la description de Polybe & autres Historiens.

Polybe. Iosephe.

Nous pourrós veoir par Iosephe, au liure qu'il a fait de la guerre des Iuifs, vne semblable chose, quád il dit que les Romains dreçoyent tousiours leur camp en lieu fort difficile, souuentesfois auec grand labeur & industrie. Car, s'il se trouuoit quelque place inegale ou bossue, elle estoit soudainement esplanadée, par le grand nôbre des pionniers & munitions de tous oustils, qu'ils faisoyent porter quand & eux, rendans le lieu quarré: au dedans duquel se dreçoyét les loges & tentes en tresgrande seureté: pource que le dehors du circuit estoit éleué en façon de muraille, auecques bouleuers & demi-ronds à lentour: qu'ils garnissoyent d'arbalestes, garrots, arcs, sagettes, & autres machines, ietrans grosses pierres & cailloux, sans oublier mille especes de dards ou traits, dót ils se pouuoyét aduiser. Ils faisoyét edifier

Entrées des quatre portes du cãp fort larges.

quatre portes, ou entrées fort larges, pour receuoir aisément le bestial, viures, & autres choses, qui en sorroyét ou y arriuoyent, estans les rues compassées de tous costés

DES ROMAINS. 91

stés: le long desquelles se logeoyent les soldats & suitte de l'armée: & au milieu leurs Capitaines & Chefs, auec le Pretoire semblable à vn temple des Dieux: si que, tout assemblé, l'on iugeoit le lieu estre vne ville soudainement edifiée. Car il y auoit marché dedans, & places pour toutes sortes d'ouuriers, & sieges pour les chefs de la gendarmerie & Colomnels de l'armée: qui ordonnoyent & iugeoyent des querelles, qui suruenoyent au camp. Lequel estant ainsi assemblé & fortifié, par l'industrie & labeur de ceux qui en auoyent la charge, vne fois plus grand, l'autre fois moindre, selon l'assiete du lieu & deuoir des Maistres du camp, reposoyent en seurté si grande, que où il leur suruenoit quelques alarmes qui les contraingnoit par trop soudain, souuent se renforçoyent auec vn fossé par dehors profond de quatre coudées, & de pareille largeur. Et ainsi enuironnés d'armes & de gens seiournoyent en toute seurté, executants leurs affaires par deliberation, suft pour recouurer eau, bois, ou froment, & les autres necessités qui leur suruenoyent. Et si n'estoit en la puissance d'aucun de disner ou souper quand il luy plaisoit: ouy bien le dormir, lequel estoit permis pour tous, à son de trompette, aussi tost que la sentinelle & guet estoyent assis. Car rien ne se faisoit sans edict ou commandement. Le matin venu, les soldats aloyent donner le bon iour à leurs Centeniers: les Centeniers aloyent saluer les Capitaines: auec tous lesquels les Colomnels des bandes se retiroyent par deuers le Lieutenant General, & par luy leur estoit baillé le mot du guet, ou autres commandemens, accoustumés d'estre faicts entre gens de guerre, prests & disposés à comparoir ou

Le Pretoire.

Maistres du camp.

Fossé du cāp de quatre coudées de profōdeur.

Le mot du guet.

Mm 2

CASTRAMETATION

Premier son de trompette.

combattre. Mars, quand il estoit question de partir, la trompette commençoit à sonner, & donner signe que tous se preparassent. Alors s'abbatoyent les tentes, & se troussoit le bagage. Puis, quelque espace de temps

Second son de trompette.

apres, sonnoit de-rechef la trompette: qui estoit le signe pour faire tenir chacun en estat de deloger. Parquoy commençoyent les mulets, cheuaux de charge, charriots, & autre bagage à se mettre en ordre, attendans le troisiéme son de trompette:& tandis rompoyét les rampars de leur camp, & mettoyent le feu dedans leurs loges, pour oster le moyen à l'ennemy de s'en seruir puis apres. Finalement sonnoit le dernier & troisié-

Troisiéme son de trōpette.

me son de trompette, & alors marchoit l'armée en bataille, & le bagage en son ordre. Si quelcun failoit le long, & demeuroit trop à suyure, il estoit hasté & contraint de reprendre son rang. Ce faict, & estant

Demande du trōpette aux soldats Rommains.

le Chef de l'armée à la dextre, de tout l'exercite, la Trōpette demandoit par trois diuerses fois, en son langage,s'ils estoyent appareillés de combattre:auquel estoit autant respondu de tous, & d'vne voix haute & alegre, Nous le sommes: & quelque fois preuenoyent l'interrogant: si que, remplis d'vn courage Martial, auec grand clameur leuoyent tous leur dextre, marchans en bon ordre,d'vn pas braue & posé,droict où ils estoyent conduits & guidés. Or, pource que nous auons parlé des trompettes cy dessus, ie monstreray la façon des

Buccine de Vegece.

buccines (ainsi a nommé la trompette Vegece, en son art militaire) des litues (qui seruoyent de clairons, & estoyét trompettes courbes,faictes à la semblance du litue, qui estoit le baston augural) & finalement des cornets, qui seruoyent de phiffre. Les Trompettes sonnoyent

noyent pour le combat: lesquels estoyent tous accoustrés de leurs cuiraces, portans leurs dagues sur le costé
droict, & pour les mourrions portoyent testes de peaux *Trompet-*
de lions & d'autres bestes feroces, sus leurs bonnets de *tes furieu-*
fer (ce qui les rendoit plus grans & épouuantables aux *ses des Ro-*
ennemis) & auoyent les iambes garnies de leurs *mains.*
gréues: comme plus amplement l'on pour-
ra veoir par la paincture, qui a esté
retirée du marbre anti-
que, cy apres
mise.

CASTRAMETATION

TVBICINES, TROMPETTES

DES ROMAINS.

LITICINES, LITVES, OV CLERONS.

CASTRAMETATION

CORNICINES, IOVEVRS DE CORNETS.

Les gens-de-pied portoyent corselets & morrions, auecques dagues & espées, l'vne à dextre l'autre à senestre. L'espée, à gauche, estoit plus longue de beaucoup que la dague : laquelle n'excedoit gueres la mesure d'vne paume. Ceux, qui enuironnoyent le Duc & Chef de l'armée, estoyent soldats à pied, & éleus entre les autres, portans les vns targues & escus auecques la picque, & les autres halebardes auec longs boucliers, tous fournis de leur sie, serpe, coignée, de corbeilles à porter terre, de pales pour faire fossés, haches pour coupper bois, liens pour attacher les cheuaux, faucilles pour coupper les herbes, de sorte qu'il y auoit peu de difference (quant à leur charge) entre les iumens bastées & eux. Au regard des gens-de-cheual, ils estoyét pourueus chascun de lance, d'vne masse en leur main, d'vn bouclier pendant à l'arçon de la selle, & d'vne trousse, auecques trois dards d'assez large poincte, & de grandeur (peu plus, peu moins) d'vne hache, auec le morrion & cuirace semblables à celles des gens-de-pied. Quant au reste des autres armes, ils ne differoyent aux Cheualiers éleus, qui estoyent à l'entour du Prince : &, pour le regard des Auant-coureurs, ils estoyent ordonnés & éleus ainsi que le sort les appeloit.

Armes des gens-de-pied.

Soldats éleus pour la garde du General.

Armes de la caualerie.

Et voila l'ordre & l'acheminement, que tenoyent les Romains par païs, auecques leurs armes & equipage, que i'ay assez longuement poursuiui & discouru. Il demeure à monstrer, par figures antiques, la diuersité & façon variables de leurs salades, cabassets, chappeaux, bonnets de fer, morrions simples & lassés : desquels la visiere (qu'ils haussoyent & baissoyent, comme celles que portent auiourd'huy nos Homes-d'ar-mes) estoit

Diuersité des morrions antiques.

faicte à la similitude des masques, que l'on voit encores par tout le monde. Quant aux crestes, bestes, ailes, oyseaux, cornes, fueillages, & autres animaux, que les Romains faisoyent mettre sus leurs morrions, nous en retenons encores auiourd'huy la coustume, comme l'on peut veoir sur les timbres de noz enseignes & armoiries.

Coustume retenue des anciens.

DES ROMAINS.

MORRIONS SIMPLES, ET LACES,
garnis de leurs visieres, faicts à la semblance des masques.

CASTRAMETATION

SALADES CABASSETS,
chappeaux, & bonnets de fer.

DES ROMAINS.

Or auons nous veu ce que dit Polibe, & Iosephe du camp, & de la discipline militaire des Romains : qui rendent les figures, que i'ay representées, pour la diuersité du temps variables. Nous retournerons au propos dont nous sommes partis, ayans laissé les Romains hors du camp. Il demeure à escrire l'ordonnáce de leurs squadrons, ou bataillons, quand ils estoyent prests de donner la bataille à leurs ennemis. Et, par ce que nous lisons en Tite Liue, nous congnoissons qu'ils partissoyent leurs batailles en trois squadrons, en Hastats, Princes, & Triaires : que nous nommons auiourd'huy l'Auant-garde, la Bataille, & l'Arriere-garde. Premierement ils ordonnoyent le premier front des Hastats, qui estoyent si bien vnis & fermés ensemble, que souuentefois ils auoyent le pouuoir de vaincre, & de soustenir leurs ennemis. Apres les Hastats suyuoyét les Princes : qui estoyent tous vieux soldats, & experimentés aux faicts de guerre, ordonnés pour les secourir, s'ils eussent esté repoulsés de l'ennemi. Les Romains ne faisoyent pas ces squadrons si serrés que le premier : mais ils entretenoyent leurs ordres plus clers, pour receuoir les Hastats, si la necessité les eust contrains de se retirer. Le troisieme squadron estoit des Triaires : qui portoyent l'armeure pesante, & le pauois, ayans leurs rangs si clers, qu'ils pouuoyent aisément retirer les Princes, & les Hastats. Apres que les choses estoyent venues iusques aux Triaires, & que de ces deux squadrons ils auoyent fait vn corps, ils recommançoyent la bataille : &, si la fortune vouloit que les Triaires fussent defaits, la resorte & le remede estoit perdu. Car c'estoit le dernier ordre pour se retirer : & en iceux demeuroit toute

Tite Liue. Diuisiõ de l'armée des Romains.

Hastats.

Princes.

Triaires.

la force de la bataille, estant leur deliberation de mourir ou de vaincre: & de là est venu que, sur la derniere desesperation de tous affaires, l'on disoit anciennement, *Res ad Triarios redijt.* Les choses sont reduictes aux Triaires, pour monstrer vne chose perdue & sans remede. Cette façon de se retirer, & de combattre par trois fois, sembleroit quasi impossible d'estre vaincue. Car il conuiendroit que par trois fois la fortune fust contraire, & que l'ennemy eust le cueur & la force de demeurer par trois fois auec la victoire. Les Grecs ne tenoyent pas l'ordre des Romains en leurs phalanges, de se retirer les vns dedans les autres: mais bien ils faisoyent vn corps de leur armée: & le moyen, qu'ils tenoyent, estoit qu'vn hôme entroit en la place de l'autre, faisans leurs phalanges par rangs: de sorte que, si vn soldat du premier rang tomboit mort, ou blecé, soudainement vn autre du second rang entroit en sa place, puis consequemment du troisiéme, & quatriéme, iusques au dernier. Par ce moyen les rangs demeuroyent tousiours entiers, & le lieu n'estoit iamais vuide de ceux qui combattoyent: & se trouuoit la phalange plustost consumée que rompue: pource qu'vn corps si gros les faisoit inuincibles. Les Suysses tiennent encores auiourdhuy, en l'ordre de leurs bataillons, de la phalange des Grecs, les faisant gros & entiers, & par rangs entrans les vns en la place des autres. Au surplus, pour acheuer nostre discours, nous mettons la qualité que deuoit auoir le Consul & Lieutenant general: & pour ce faire, il faut entendre qu'apres que le Senat & le Peuple de Romme auoit deliberé de faire la guerre, ils donnoyent toute la charge de leur armée au Consul: qui iettoit les legions

Prouerbe à la derniere desesperation des choses.

L'ordre des Grecs en leurs phalanges.

Bataillons des Suysses.

Charge du

DES ROMAINS.

gions aux champs:&, quand il aloit aux expeditions & entreprises difficiles de la guerre, le Senat luy donnoit l'autorité & puissance qu'il auoit sus toute la gendarmerie, en se fiant du tout en sa vertu & diligence, en laquelle estoit commise le salut de la patrie, des gens-d'armes, de leurs citoyens, & de toute la republicque Romaine, ne retenant autre autorité que de confermer la paix. Ce que nous lisons en plusieurs passages de Tite Liue: qui monstre l'autorité du Consul auoir esté tresgrande du temps des Romains. Et mesmemét Polybe dit qu'il auoit droict de commander ce que bon luy sembloit aux confederés & Alliés: de faire les Tribús de la guerre: & d'ordonner punition au camp, à sa volonté, gardát son autorité auecques grāde seuerité, en faisāt rigoureusement punir ceux, qui auoyent failli a la guerre. Encores luy estoit permis d'employer les deniers communs, d'autant que les affaires publicques le requeroyét: estāt suyui du Questeur, lequel estoit le Tresorier general des guerres, qui obeissoit à ces commandemés. Quand ce venoit à combattre, le Consul mōtoit sus vn lieu haut faict de terre ou de gazons, accompagné de ses principaux Capitaines, remonstrant, par raisons euidentes, aux Centeniers, Dizeniers, Portenseignes, qu'il faisoit assembler à son de trompe, que la victoire demeuroit totalement entre leurs mains.

Consul en l'armee des Romains.

Tite Liue.

Ce que dit Polybe du Consul.

Centurions & Decurions.

AD

CASTRAMETATION

ADLOCVTIO COHORTIS, HArangue du Corsul à ses soldats.

Et ſans point de doubte de perſuader ou diſſuader à petit nombre de gens il eſt bien facile: mais la difficulté eſt grande d'oſter vne mauuaiſe opinion à vn exercite, ou d'aler contre l'opinion de tous: &, pour remedier à toutes mutineries, & pour donner courage de cõbattre aux gens-d'armes, vous n'auez meilleur inſtrument que la langue & les paroles: leſquelles il faut eſtre entendues de tous les ſoldats. Voila pourquoy les anciens Conſuls & Lieutenans generaux eſtoyent tous gens de ſauoir, à ce que nous liſons par les concions de Tite Liue & autres Hiſtoriens. Et certainement l'eloquence d'vn Capitaine ſert bien aux affaires de la guerre: de ſorte que nous congnoiſſons par les Commentaires de Ceſar, combien a ſerui la parole. Quand Tranquillus parle de Germanicus, entre ſes autres loüanges, il dit qu'il auoit la parole faicte pour acquerir le cœur des hommes. Car, parlant gratieuſemẽt à Syphax, qui auoit eſté mortel & capital ennemy des Romains, il le rendit par ſa parole amy de la repubIlicque Romaine. Par la parole, vn gentil Duc, ou Capitaine, oſte la peur à ſes ſoldats, leur donne courage, & leur fait croiſtre le deſir de combattre leur ennemy, découure les perils, promet les recompenſes, & à la fin toutes paſſions ſont oſtées par la parole. Et cecy nous faict entendre que les mains & la lãgue des hommes ont eſté rouſiours deux nobles inſtrumens pour les anoblir. Outre la parole Epaminondas Thebain, diſoit qu'à vn bon Chef-de guerre eſtoit choſe treſneceſſaire de congnoiſtre la deliberation de ſon ennemy: &, d'autant qu'il ſe treuue difficile, d'autant plus a de loüange celuy, qui la peut conie-

Gentil inſtrument q̃ la langue.

L'eloquẽce d'vn Capitaine ſert fort bien aux affaires de la guerre. Germanicus auoit la parole faicte pour acquerir le cœur des hommes. Syphax. Force de la parole.

La langue & la main de l'homme ſont deux nobles inſtrumens pour l'anoblir. Epaminondas Thebain.

&turer. Combien profite vn bon General en vne armée Polybe l'escrit, au premier liure de son Histoire Romaine, parlant de Xantippus, Capitaine Lacedemonien, homme tresexpert en l'art militaire, & en la guerre non mediocremét exercité: lequel, apres qu'il eut entendu la deffaicte des Carthaginois par les Romains, le lieu, le temps, & la façon de faire, & qu'il vint à considerer leur appareil, & le nombre de leur caualerie, soudainement commença à se tourner contre ses compagnons, en leur disant, que certainement les Carthaginois n'auoyent pas esté defaicts par les Romains: mais par eux mesmes s'estoyent rompus, & par l'ignorance de leurs Capitaines. Ce qu'il móstra depuis par experience, & par la victoire qu'eurent les Carthaginois encontre les Romains, & par la prinse & defaicte de M. Attilius Regulus, Consul. Qui nous fait congnoistre que la bonne conduicte d'vn bon Chef-deguerre eut le pouuoir de vaincre, & defaire vne grosse armée (qui tousiours auoit esté inuincible, comme celle des Romains) & de remettre sus vne cité desesperée, & de laquelle le cueur des citoyens estoit perdu.

Au surplus, pour acheuer d'escrire la qualité que doit auoir vn Lieutenant general, il doit estre homme de reputation, de conseil (outre les autres bonnes códitiós, qui sont requises pour le gouuernemét d'vne armée) & de telle autorité que les gens-d'armes, ou soldats, qui sont soubmis à son gouuernemét, ayent le vouloir de luy obeïr, & de luy faire seruice. Car, à ce que disoit Plato, vn Chef-de-guerre ne pouuoit faire chose bonne, si son armée ne se rendoit autant obeïssante cóme

Ce que dit Polybe de Xantippus Duc Lacedemonien.

Victoire des Carthaginois contre les Romains.

Ce que doit auoir vn Lieutenát general.

Dict de Plato.

me il deuoit estre temperé : & pensoit que la vertu de l'obeissance & de commander venoit d'vne vertueuse nourriture.

Nous auons cy deuant premierement éleu noz soldats, & apres les auons armés & logés. Il demeure à congnoistre la soude de l'infanterie & caualerie : qui estoit en bien petite chose differente de la nostre : par ce que les gens-de-pied prenoyent par iour, pour leur pitance, deux oboles : qui pouuoyent valoir quatorze deniers tournois. Les Centeniers & Dizeniers, que nous auons nommés Chefs-de-bandes, quatre oboles : qui valoyent deux souls & quatre. L'homme de cheual vne drachme : qui valoit trois souls & six. Outre cecy, l'homme-de-pied prenoit par mois les deux parts d'vne mine Attique de froment (qui sont quatre boisseaux) & l'homme-de-cheual sept mines d'orge pour sa monture : qui estoyent trois setiers & mine d'orge : & deux mines de froment : qui estoyent vn setier. Au regard des auxiliaires & alliés, l'homme-de-pied prenoit tout vn comme vn legionaire : mais l'homme-de-cheual auoit de blé vne mine, & vn tiers de mine (qui sont huit boisseaux de froment) & cinq mine d'orge : qui sont deux setiers & mine. Ce que nous appelons mine, les Grecs l'appellent medimne : & ce mot corrompu & syncopé, est venu de medimne à mine, comme euidemment l'on peut congnoistre. Or, pour reduire les mesures anciennes à celles de present, la mine contenoit six boiseaux, & le medimne contenoit six muyts. Ce que les Grecs & Romains disoyent muyts, nous l'appelons en France boisseau. Par ces raisons il est tenu pour certain qu'vn

La vertu de l'obeissance vient d'vne vertueuse nourriture.

Soude de l'infāterie & caualerie des Romains.

Gens de secours & alliés.

Medimne des Grecs.

homme de pied auoit par mois quatre boisseaux de froment, pour sa nourriture : qui estoit vn boisseau par semaine. l'hôme de cheual sept mines d'orge, ou cinq, s'il estoit des compagnies alliées : lesquelles faisoyent quarante deux boisseaux pour vn Romain, & trente pour l'autre. Et faut noter que Polybe dit en ce lieu, que, quand vn gendarme legionaire auoit faute de blé, ou estoit mal vestu, ou mal armé, le Questeur (c'est adire le Tresorier des guerres, qui tousiours suyuoit le Consul Romain, l'Empereur, ou le General) luy fournissoit ce qu'il luy faloit, en deduisant sus l'argent qu'il prenoit par iour pour sa pitance. D'auantage, par la description que Plutarque a fait des vies de Tiberius & Caius Gracchus freres, l'on peut veoir que le Tresorier general des guerres estoit homme d'honneur, d'autorité, & de grande reputation. Nous lisons encores en Cornel. Tacitus, que, du temps d'Auguste Cesar, les gages de l'homme de pied estoiét vn denier d'argent par iour : qui valoit trois souls & six : & sus cela il se vestoit, armoit, & fournissoit de pauillon. En Thucidide, Autheur Grec, nous trouuons qu'vn soldat, pour luy deuziéme, auoit deux drachmes par iour : qui sont, selon l'estimation de Budée, huit sesterces Romains, ou deux deniers d'argent : qui valoyent sept souls tournois : qui est vne mesme chose. Ainsi vn homme-de-pied auoit à Rome, en ce temps là, cent cinq souls tournois : qui estoyent trois escus, à trente cinq souls tournois par escu. Et pource qu'vn Chef-de-bande prenoit double paye, & l'homme-de-cheual la prenoit triple, comme recitent Polybe & Tite Liue.

Polybe.

Questeur, tresorier et receueur general des guerres.

Plutarque.

Tacitus.

Thucidide

Budée.

Polybe & Tite Liue.

DES ROMAINS.

re Liue, c'estoit par mois, pour homme-de-cheual, quinze liures quinze souls tournois (qui sont six escus) & pour homme-de-pied trois escus. I'enten tousiours des escus à trente cinq souls la piece. Par cecy on peut faire coute & estimer combien vne legion coustoit à entretenir: encores que la chose soit incertaine: pource que le nombre des hommes n'estoit pas tousiours semblable: Car ledict Polibe parle vne fois d'vne sorte, & l'autre fois de l'autre. Vegece en son art militaire dit qu'en la legion complette auoit du moins six mille hommes-de-pied, & sept cens trente deux hommes-de-cheual. Il y auoit dix cohortes en la legion. La premiere contenoit onze cens cinq hommes-de-pied, les plus gens de bien, & cent trente deux de cheual auecques leurs cuiraces. C'estoit celle qui auoit l'Aigle, principale enseigne de la legion & de toute l'armée. C'estoit encores le chef de la legion: &, quand il faloit combattre, l'Auantgarde se faisoit de ceste-cy. Les autres auoyent cinq cens cinquante cinq hommes-de-pied, & soixante six hommes-de-cheual: combien qu'en l'extreme necessité de la guerre les Romains les remplissent de plus grand nombre, y adioustant souuentesfois vne cohorte simple, vne autre fois vne cohorte miliaire, ou deux, selon que l'affaire de la guerre le demandoit. Et cecy suffira, quand à l'ancienne ordonnance de la legion Romaine. Mais, pource que les legions n'estoyét pas tousiours fournies, nous prendrons pour legion six mille hommes-de-pied, & cinq cens de cheual, à trois escus pour hóme-de-pied, & ce sera par mois dixhuict mille escus, & pour cinq cens de cheual, à neuf escus pour homme,

Vegece.

Legion Romaine.

L'aigle, principale enseigne de la legion Romaine.

Nóbre de la legió Romaine.

CASTRAMETATION

Ce qui montoit par an le payemēt d'une legiō Romaine.

quatre mille cinq cens escus. Puis nous adiousterons, pour soixante Chefs-de-bande, autant de payes (car ils prenoyét double paye) & cela se montera neuf vingt escus, & par an deux cens soixante & douze mille cent soixante escus.

Nous auons veu combien vne legion auoit de gages par an. Parquoy nous pourrons facilemét estimer qu'il faloit pour en stipendier quarante & quatre (qui furent entretenues par Auguste Cesar) & trouuerons que le payement desdictes legions, au nombre dessusdict, montoit à onze milions neuf cens soixante & quinze mille quarante escus couronne, de ceux que i'ay dict cy dessus. Toutesfois, quant est du payement des gens-de-guerre, il est difficile d'y asseoir iugemét. Car les Princes les augmentoyent souuentesfois, par ce que nous lisons dedans Tranquillus, quád il parle de Domitian, disant qu'il adiousta, aux gages des gens-d'armes, trois deniers d'or. I'ay pesé les pieces, dont il parle: qui pesent vn quart d'once communément, & d'auantage, selon que l'Empereur faisoit battre sa mónoye forte. Auiourd'huy les medailles d'or, dont il fait mention, valent vn double ducat: & quatre liures seize souls tournois les moindres. Et, entre les autres d'or, qui sont entre mes mains, i'en ay de celles d'Auguste deux: qui sont si fortes qu'elles viennent chascune à la valeur de cinq liures dix souls tournois.

Le payemēt de 44. legions Romaines.

Pois desmedailles d'or d'Auguste Cesar.

Fin de la Castrametation
des Romains.
✱ ✱ ✱

DES BAINS ET
ANTIQVES EXER-
CITATIONS GREC-
QVES ET RO-
MAINES.

AV ROY.

SIRE, ces iours passés estant en vostre royale maison de Fontainebleau, ie me prins à regarder ce qui a mis souuentesfois les esprits des bons Architectes en admiration : & , entre les autres choses, vostre galerie, & les personnages qui y sont, faicts par telle diligence, & si bien retirés du naturel, qu'à les bien voir l'on penseroit que ce fust la nature mesme. D'auantage, si la painéture est belle, la decoration du stuc n'est pas moindre, pour raison de ses fruicts, estans plus plaisans que les naturels: d'autant que ceux cy se despouillent de leurs fleurs, &, en changeant leur couleur, s'enuieillissent & laissent leur beauté: & ceux-la mõstrẽt vne primeuere perpetuelle, & les fleurs immortelles: de sorte que ceux, qui s'en approchent, cuidans receuoir l'odeur suaue des fleurs & des fruicts, reçoyuent la senteur par grãd risee. Là ne se treuue rien d'affecté, ny de trop, ny chose que l'on puis se reprendre, Quant à la doreure, le peinctre en a mis à suffisance, sans superfluité. Ce qui enrichit le lambris par si grãd grace, que l'on iugeroit que ce fust vn Ciel accoustré de ses estoilles : auec certains espaces tellement distans de l'vn à l'autre, qu'ils font monstrer que l'or n'y demeure point otieux, mais y est mis pour rẽdre le lieu (quãd le soleil se iette dedans) plus delectable. Outre toutes ces choses là, si nous voulons parler de son regard, il est découuert, sans qu'il soit

Pp

empesché d'aucune part, & si bien disposé: que la maison en est plus belle, plus elegante, & digne de plus grand loüange. Pource que sur vostre verger royal (qui est accoustré d'ambulatiōs spatieuses pour se pourmener) & sur le iardin, se voit l'estang, par ses bors garni d'une saussaye, qui presente aux regardās une grâce de verdure si grande, que l'on iugeroit estre une demeurance diuine, & que les Dieux seroyent venus choisir ce lieu, pour inuiter les Nymphes à la musique. Dequoy ne se faut ebahir. Car le regard des choses belles a eu grand force & pouuoir d'attraire à soy le cueur des Dieux. Et entre les autres singularités de vostre bastiment, voz thermes, Sire, & voz bains, sont faicts par telle diligēce, & sumptuosité, que, à les bien regarder, peuuent combattre de comparaison auecques ceux de M. Agrippe. Parquoy quand ie suis venu à considerer cōbien de beauté pour le contentement de l'œil, & d'vtilité & profit ilz apportoyent aux anciens pour la santé du corps: ie me suis mis au deuoir, suyuant vostre commandement, de vous en donner la congnoissance par la lecture de ce petit liure: que ie vous presente, accompagné du vouloir treshumble du Bailly des Montagnes, vostre tresobeissant seruiteur: qui vous supplie treshumblement de luy faire tant de faueur & de bien, que de le mettre au nombre de ceux que vous tenez en obeissante seruitude aupres de vous.

⁂

Τριὰν Βασιλίυ.

DISCOVRS DES BAINS ET EXERCITATIONS ANTIQVES GRECQVES ET Romaines,

Escript par Guillaume du Choul, Gentilhomme Lyonnois, Conseiller du Roy, & Bailly des Montagnes du Daulphiné.

POVR auoir, Sire, la congnoissance du premier vsage des Bains, thermes, & gymnases, où se lauerent iadis les anciés, l'on pourra sommairement voir par ce petit discours, ou abregé, ce que nous en lisons és Histoires Grecques & Latines. Chose, qui tousiours seruira pour l'intelligence de l'antiquité sacrosaincte. Il faut donc entendre pour le commencement, que les thermes publicques furent ordonnées aux anciens Grecs & Rommains pour se lauer, & pour la santé: comme furent les thermes Agrippiniénes, Neroniénes, Domitiénes, Anthoniénes, & autres: la grandeur & magnificence desquelles se voit par les ruines, qui sont à Romme, lesquelles pouuoyent estre comparées à l'vn

Pp ij

des sept spectacles du monde: tant elles estoyent construites auecques grand labeur, & prodigieuse despense, & enrichies d'vne infinité de colomnes de marbre different, qui auoyent esté amenées des dernieres regions, & quasi de tout le monde: de maniere que les montagnes, desquelles ont esté tirées ces grosses pierres, se plaignent encores auiourdhuy de la puissance des Romains: & pleure encores la mer du grand fais, & de la charge qu'elle a portée. Toutesfois deuant Agrippa, Nero, Domitian, & Antonin, la chose estoit bien venue iusques à tel poinct, que les gentilshommes Romains les faisoyent edifier en leurs maisons par somptuosité singuliere: comme nous monstre Cicero en ses epistres à Terentia sa femme, & à Quintus son frere, quand il leur escrit, qu'ils donnent ordre que la cuue soit en ses bains, & qu'ils le rendēt certain en Asie (où il estoit Proconsul) de la diligence que lon faisoit à bien edifier ses bains en sa ville Arpinate. Depuis lequel temps semblable chose fut continuées: comme plus clairement nous enseigne Pline le Ieune, en la description de sa ville Laurentine: de laquelle, outre les autres structures & edifices, il loue le gymnase: & de ses bains la celle frigidaire, les baptisteres, l'vnctuaire, l'hypocauste, la piscine chaude, les zetes, le stibade, & l'heliocamine. Or, pource que tous ces noms sont tirés de la fontaine Grecque, ie me mettray au deuoir de les declarer particulierement, & de monstrer ce qu'a tiré souuentesfois les gens doctes en admiration: c'est qu'auecques les bains se faisoyent les ieux & exercitations: & si estoyent entremeslées auecques les bains, les disputations

Cicero.
La cuue aux bains des anciēs.

Pline.
Le gymnase.
La celle frigidaire.
Les baptisteres.
L'onctuaire.
L'hypocauste.
La piscine chaude.
Les zetes.
Iest.bade.
L'heliocamine.

ET ANTIQVES EXER.

tions des gens doctes & vertueux. Ie ne doute pas que l'on ne le trouue estrange: mais si fut il toutefois obserué & gardé des anciens: comme Pollio l'escrit au cinquiéme de son Architecture, & comme encores fait Iosephe, parlant du Roy Herodes, quand il dit qu'il auoit edifié à Tripoli & à Damas bains publicques (qui furét nómés gymnases) & à Bibli exedres, fores, & portiques. Encores Herodian au premier de ses liures, recite que Cleander (serf premierement de Commode, par lequel il fut poussé si haut, qu'il le feit Capitaine de sa garde, & luy donna la superintédéce de sa gédarmerie) des grandes richesses qu'il auoit amassé, feit bastir vn gymnase, ou escole fort magnifique, pour exerciter vn chacú à la luitte, & aux autres armes: & des bains, qu'il donna au peuple, où l'on pouuoit aler se lauer sans rien payer. Ainsi donc, pour monstrer que les Philosophes aloyent aux gymnases pour disputer, escoutons Vitruue, qui dit parlant d'Aristippus, Philosophe Socratique, ietté par fortune de mer au port de Rhodes, qu'apres qu'il eut veu des figures de Geometrie, commença à crier à ses compagnons, qu'ils deuoyent esperer quelque bóne chose, pource qu'il auoit veu la trace des hommes: & soudainement s'en alla à la ville de Rhodes, & tout droit au gymnase: ou apres qu'il eut disputé en Philosophie, luy furét faicts plusieurs presens. A ce propos seruent les paroles de Cicero, au second de l'Orateur: qui escrit que les auditeurs du Philosophe, aux gymnases, estoyét trop plus aises de veoir le disque, que le Philosophe: lequel, s'il commençoit à disputer de choses graues & ardues, ils le laissoyét, pour s'aler oindre, au milieu de son oraison.

Iosephe.

Exedres. Fores.

Cicero.

Pp 3

L'vſage des gym-naſes.

Par ces mots, & par la ſentence de ces Auteurs, facilement l'on pourra cognoiſtre que les gymnaſes furent en vſage pour l'exercitation du corps & de l'eſprit: & que les bains & gymnaſes furent vne meſme choſe: & que la diſputation eſtoit au nombre des autres exercitations, pour garder la bonne ſanté. Au demeurant nous eſcrirons particulierement les parties de noz thermes & bains, pour apres ſuyure les exercitations du gymnaſe, de la paleſtre, & des lieux neceſſaires, où s'exercitoyent les paleſtrites: & commencerons à l'Hypocauſte: qui eſtoit le lieu où l'on faiſoit le feu pour échaufer les vaſes eſtans aux bains, à la façon des fourneaux que l'on voit encores pour les barbiers & teinturiers.

L'hypocauſte.

Præfurniũ. Cato.

La bouche ſe nommoit *Præfurnium*, comme l'eſcrit Cato au liure de la choſe ruſtique, quand il nous enſeigne de quelle hauteur & largeur ſe doit faire la fournaiſe de la chaux. Toutesfois pour ſauoir le nom de ces vaſes, où, pour l'vſage des bains, l'eaue ſe gardoit, le plus diligent de tous les Architectes, Vitruue, le nous enſeigne, quãd il eſcrit de ces bains la diſpoſition, le lieu, la ſituation, & ſtructure: diſant que par deſſus l'Hypocauſte il faut mettre trois vaſes d'airain: l'vn nommé Caldaire, ou ſoit l'eaue chaude: l'autre Tepidaire, pour l'eaue tiede: & le troiſiéme Frigidaire, receuant l'eau froide, qui venoit par le deſſus des thermes tomber dedans vne cuue de marbre: dont elle deſcendoit par accord au vaſe Frigidaire, du Frigidaire au Tepidaire, & conſequemment au Caldaire, comme plus clairement le nous monſtera la figure cy apres miſe.

Vitruue.

Vaſes. Caldaire. Tepidaire Frigidaire.

ORD

ET ANTIQVES EXER. 119
ORDONNANCE DE L'EDIFICE
des bains antiques

A Vase Frigidaire. B Vase Tepidaire. C Vase Caldaire. D Præfurnium, Bouche de fournea[u]

DES BAINS

Galien au 10. chapit. Therapeutices.
L'hypocauste.
Senecque.
Labrum.

Toutesfois Galien a diuisé les bains en quatre lieux separés : desquels le premier estoit l'Hypocauste : que Senecque nomme Sudatoire : par la chaleur duquel l'on prouoquoit la sueur : comme nous faisons en noz estuues d'auiourdhuy. Le second lieu estoit le Lauacre, où estoit la cuue, nommée *Labrum* : qui estoit ordonnée pour lauer tout le corps auecques l'eau chaude. Le troisiéme seruoit pour se lauer d'eau froide : & au quatriéme ils abbatoyent la sueur, & nettoyoyent auecques les strigiles & esponges. Ie cuide que l'eauë venoit par tuyaux, des vases desquels a parlé Vitruue : & se prenoit dedans ces lieux l'eau, auecques les fontaines de bronze. Qui a fait dire audict Galien, au liure troisiéme. qu'il a fait pour garder la bonne santé, que le bain estoit diuisé en chaud, en temperé, & en froid : qui sont les trois vases desquels nous auons parlé ci-dessus. Et seruoyent ces lieux anciennement pour quatre choses. La premiere, pour nettoyer le corps : la seconde, pour la chaleur : l'autre, pour la santé : & la derniere, pour la volupté : comme dit Alexandrinus : qui reiette cette derniere, disant qu'il faut prendre le bain pour se nettoyer, & pour la santé seulement. Le Baptistere se souloit edifier aux celles (c'est à dire, au lieu le plus secret de la maison) dont les vnes estoyent chaudes, & les autres froides. Ce que monstre Pline *ad Apollinarem*, qui dit que le Baptistere grand, & spatieux, se trouuoit en la celle frigidaire : & là les anciens se plongeoyent entierement pour se lauer : dont est venu le nom de Baptistere, que nous auons en noz Eglises : ou, selon nostre religion Chrestiéne, sont baptisés les enfans, & reçoyuent leurs noms.

Strigiles.

Galien au liure 3. de sanitate tuenda.

Clemens Alexandrinus.

Le Baptistere.

Pline le ieune.

ET ANTIQVES EXER.

noms, apres qu'ils ont esté par trois immersions purgés. Parquoy ne sera point mauuais de monstrer la coustume des anciés à ceux, qui l'ont ignoré iusques à present, que, neuf iours apres qu'ils estoyét nés, on les nommoit par leurs noms : & ce iour estoit appelé Lustrique, comme Macrobe le tesmoigne, escriuant que les Romains auoyent vne Deesse de grande religion, qu'ils nommérent, pour le neufiéme iour de ceux qui estoyent nés, Nundina, à cause des enfans, qui estoyent lustrés, & prenoyent leurs noms en ce iour là. La raison estoit, suyuant l'opinion d'Aristote, pource que, deuant le septiéme iour, les enfans demeurent exposés à plusieurs inconueniens : & , au cótraire : la coustume des Athéniens, & quasi de toute la Grece, estoit d'imposer le nó à leurs enfans au dixiéme iour de leur natiuité.

Iour Lustrique.
Macrobe.

Deesse Nundina.

Aristote.

Coustume des Grecs d'imposer le nom à leurs enfans.

Les Piscines au commencement furent lieux ordonnés pour tenir le poisson. Depuis la coustume vint que tous lieux natatoires, où l'on pouuoit se baigner, estoyét nommés des anciens Piscines : &, combien que les Romains les eussent en leurs thermes publiques, toutesfois la piscine seruoit de lauacre froid & chaud, aux maisons priuées, pour nager, & pour se lauer : comme nous congnoissons par Cicero : qui demandoit en ses bains plus grande Piscine, où les bras en nageant ne se fussent point récontrés : & l'Empereur Heliogabalus (ainsi que nous lisós en Lampridius) fut si dissolu, qu'il ne voulut oncques se lauer ou nager en piscines, qu'elles ne fussent teinctes de saffran, ou d'autre composition bien noble.

Piscine κολυμβήθρα.
Piscine, lieu pour tenir le poisson.

Cicero.

Heliogabalus se lauoit en Piscines teinctes de saffran.

Les Zetes, comme l'on pourra congnoistre par le ieune Pline (qui les a nommées ses delices) estoyent

Les zetes delices du ieune Pline.

Qq

lieux edifiés aux maisons pour la recreation de l'esprit, & plaisir du corps. Dont les vnes estoient quarrées, les autres exagones, & octagones : c'est à sçauoir à six, & à huit pants : de maniere que le Soleil y battoit temperément, depuis qu'il se leuoit, iusques à ce qu'il se couchoit, par le cours qu'il fait tout le iour : combien que, de la partie du Midi, les Rōmains y feissent mettre contrefenestres, pour temperer l'ardeur du Soleil, iusques à ce qu'il s'en aloit. Par ce moyen le lieu, bien architecté, estoit aorné triomphamment, plein de iour, & odorifere, comme vne demeurance diuine : & là s'ebatoyét les anciens Rommains auecques delices & plaisirs secretement. Pource que le lieu estoit secret & separé du bruit de la maison, accompagné de plaisans & gracieux vergers, de portiques ou galeries pour se pourmener. Des zetes, l'entrée n'estoit permise qu'aux Princes, ou bien au maistre de la maison, qui demeuroit en ce lieu, accompagné de sa femme, de ses amis, de Gentilshommes & de Damoiselles : & souuentesfois les Princes vertueux y faisoient venir gens de sauoir, & de vertu, pour parler des bonnes lettres, de la peinture, de l'architecture, & autres arts excellens. Par ces moyens iouissoyent les Rommains de la felicité de ce monde.

Zetes exagones & octagones.

Cōtrefenestres pour temperer l'ardeur du Soleil.

Lieu secret pour le plaisir des Rōmains.

Les antiques eurent les Stibades, ainsi nommés pour les herbes que les Grecs nommérent σιβάδας, desquelles les anciens auoyent de coustume faire de petis licts de terre couuers de verdure, pour auoir l'ōbre & pour repousser en l'esté l'iniure du Soleil, comme nous faisons encores auiourdhuy : &, au lieu qu'ils sont faits de bois à la façon de petites chambres ou cabinets couuerts de vigne

Stibades pour auoir l'ombre.

ET ANTIQVES EXER. 123

vigne, de iasmin, de smilax, ou autre verdure, il₉ les edifioyent de marbre blanc enuironé d'ouurage topiaire pour y manger non seulement auecques leurs amis, mais encores auecques leurs municipes & estrangers, en grande somptuosité de delices. *Ouuraige topiaire.*

Heliocaminus estoit vn lieu incrusté & vouté, & totalement exposé au Soleil: dōt il receuoit la chaleur du iour la plus vehemente: & le seul nom Grec nous fait congnoistre que c'est vne fournaise du Soleil. *Fournaise du Soleil.*

Il se trouuoit encores en ces bains le Spheristere, faict en forme ronde, commode pour le ieu de la paume, & autres diuerses exercitations. En ce lieu (comme recite Tranquillus) Vespasian l'Empereur, ne faisoit autre chose que de frotter ses membres, pour garder sa bōne santé. Les autres principales māsions des bains estoient appelées des Grecs ἀποδυτήριον, ἐλαιοθέσιον & λουτρόν. *spheristere pour le ieu de paume. Trāquillus Apodyterium. Eleothesion Lotron. Capsaire.*

L'Apodytaire estoit le lieu ordōné pour se despouiller & déuestir, deuant que d'entrer aux bains: où se tenoit vn officier nommé des anciens Capsaire: qui auoit la charge de garder les robbes & accoustremés de ceux qui venoyent de la palestre.

Au plus pres de l'Apodytaire estoit l'Vnctuaire, habitatiō améne & elegāte: qui se trouuoit pleine de delicates & pretieuses vnctions: qui estoit garnie de deux entrées, pour receuoir ceux qui venoyēt de la palestre. *Vnctorium hypocaustum.*

La tierce mansion seruoit pour se lauer d'eaue froide (que les Grecs ont nómée λουτρὰ) & deuoit, sur tout, le lauacre froid auoir le regard sur boreas (que nous appelons le vent de bize) & fuyr le Soleil du Midi: &, tout au cōtraire, la lauation chaude (qui demādoit vn grād So- *Lauacre froid.*

Qq 2

leil & plus de chaleur)estoit mise contre les vens de No-
thus, Eurus, & Zephirus: & si estoit accompagné des
lieux propices pour suer, qui estoyent faits de forme
ronde, & que les Grecs ont nommés λακωνικὰ, pour les Lacedemoniens, desquels l'on receuoit à l'entrée, par vne
alée, le chaud si suaue & si doux, que les personnes n'e-
stoyent point surprises ny suffoquées de la chaleur.

 Aucuns ont voulu ajouster vne quatriéme demeurance aux thermes, appelée Escole, ample, & spatieuse
pour receuoir ceux, qui estoyent vestus, & qui atten-
doyent es bains leurs familiers & compagnons. En ces
thermes l'on trouuoit des sieges pour se seoir & pour se
reposer: les vns faits en forme d'hemicicle, & les autres
quarrés, pour seruir les Romains, qui prenoyent le
Soleil & l'ombre de matin & de soir, tout ainsi que
la commodité le requeroit. Le lieu, ordonné pour
les bains, se trouuoit triomphant, & l'habitation interieure pleine d'aménité & elegance, clere & resplendissante, & toutes les appartenances illustrées de lumie
re & de grand iour, de portiques peincts au frais, pour
se pourmener, & propices pour se réiouïr: qui passoyét
de magnificence & de beauté, pour les coulonnes &
peinctures, toutes les autres habitations. Quant à la de-
coratió du frótispice, il estoit enrichi de deux statues de
marbre, ou de bronze: dont l'vne estoit consacrée à Æsculapius, & l'autre dediée à la Santé: lesquelles móstro-
yent vne face elegante & splendide, que les Grecs ont
nommée ἐυρυθμία, que nous lisons forme venuste & bien
proportionée: qui monstre par destination des membres la chose belle auecques delectation. Les autres par
ties,

Laconica.

Escole.

Thermes.

Statues dediées à AEscula- pius & à la Santé.

Eurych- mia.

ties, necessaires pour la commodité des bains, sont assés congnues par ce que Vitruue en escrit au cinquiéme liure de son Architecture. Quant à la cuue, nommée *Labrum*, la semblance se voit par celles, qui sont deuant la Rotunde de Rome (l'vne desquelles ie representeray ci-apres) & celle de porphire, qui est en l'eglise de saincts Denys en France.

Vitruue.

Labrum.
Cuue.

CVVE OV SE LAVOYENT les anciens Romains.

126 DES BAINS

Il demeure à veoir par figure les Strigiles (que nous pouuons nommer Estrilles à Estuues) à ceux qui n'ont veu celuy que i'ay presenté à vostre maiesté (qui est faict selon la description d'Apulée, au commencement du liure second de ses Florides) & par celuy de bronze doré que i'ay entre mes mains, fort antique.

Apulée

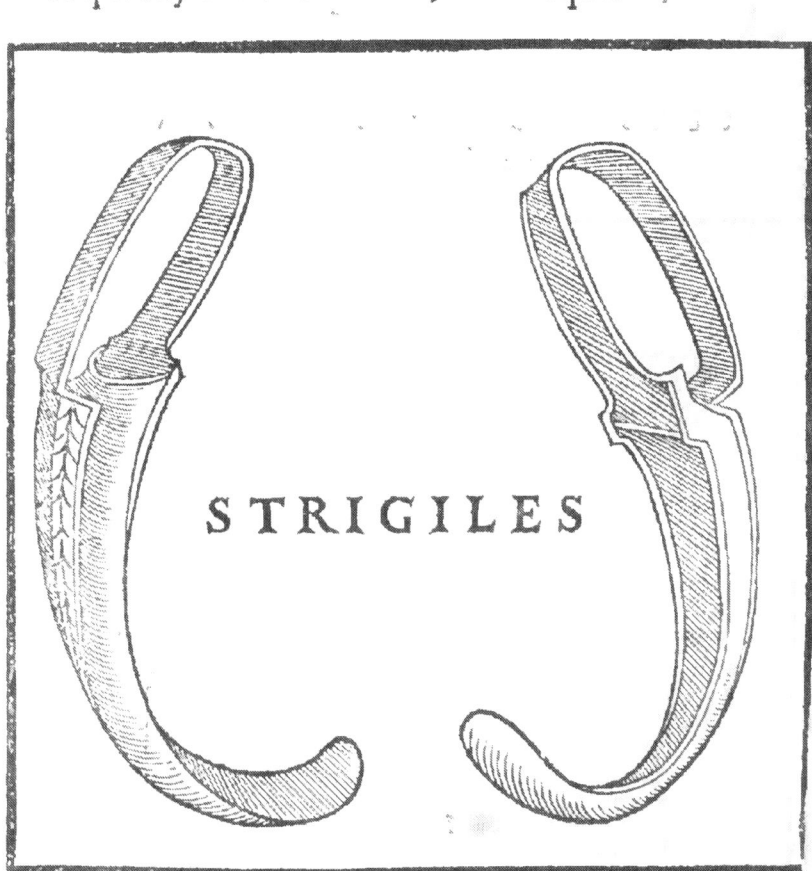

STRIGILES

L'vsage des Strigiles.

Et, pource que ceux qui verrōt les strigiles, en pourroyent demander l'vsage: il faut qu'ils entendēt que les anciens

ET ANTIQVES EXER. 127

anciens Rommains les faisoyent porter aux bains par leurs pages, quand ils alloyét aux thermes, auec les guttes (comme l'on pourra veoir cy-apres) pour abbatre la sueur, au lieu que nous vsons de couurechefs : & les faisoyent faire d'or, d'argent, & de bronze : combien que Strabo, au quinziéme de sa Geographie, recite que les Indiens, entre les autres exercitations, auoyent coustume de se polir le corps auecques strigiles legéres d'hebéne. Les plus delicas des anciens Romains (comme nous lisons en Pline) vserent d'esponges pour les strigiles : qu'ils faisoyent teindre en escarlatte, pour leurs delices : & souuentefois les faisoyent blanches, par grande singularité.

⁎

Strigiles d'or, d'argent, & de bronze.
Strabo.

Pline. Esponges teinctes en escarlatte pour les delices.

LE

DES BAINS

LE ROMMAIN QUI S'ALOIT estuuer, & lauer, accompagné de son page, qui portoit le strigile, & le gutte.

Guttus. Guttus, ou le gutte, que nous auons veu ci-dessus, fut ainsi nommé, pource que la liqueur en descédoit goutte à

ET ANTIQVES EXER. 129

te a goutte. Les grans Princes, & les plus nobles les auoyent de licorne, & la plus grande partie de voirre, ou
de corne de buffle. De ce vase vserent les Romains en *Vase pour*
leurs bains, pour tenir les huiles odoriferans : desquelz, *tenir les*
 apres qu'ils estoyent laués, ils se faisoyent oindre, *huiles odo-*
  vnir, & adoucir la chair: comme l'on pour- *riferans.*
   ra veoir par la figure, que i'ay em-
    prunté de Fabius, aux simula- *Fabius.*
     cres qu'il a faits de la
      cité de Rom-
       me.
      R r

DES BAINS

BAIN VOUTE DES ANCIENS ROMAINS.

BALNEVM

LABRVM

ET ANTIQVES EXER. 131

Les mixtions toutesfois & cõpositiõs en furent differentes. Car les vns demãdoyent les huiles composés de fleurs: comme le *Rhodinum*, qui estoit de roses, & *Lirinum*, des fleurs du lis: ou du *Ciprinum*, qui estoit faict de la fleur d'vn arbre nommé *Ciprus*: qui a la fleur blanche & bien fort odoriferante. Il vient en plusieurs lieux: mais en l'isle de Cypre passe d'odeur suaue tous les autres. Les Anciens eurent encores entre les huiles, le Baccarin: duquel parle Aristophane: l'herbe est nommée *Baccar*: qui porte vne fleur de couleur de pourpre: dont la racine en quelque chose porte la senteur du cinnamome. Il s'en treuue assez en nostre Frãce: lequel est appelé vulgairement Cabaret par transposition de lettres. Ils eurent aussi l'huile Gleucin & Myrrhin en grands delices. Le Gleucin se faisoit de moust, que les Grecs appellent γλεῦκος, combien que Columelle, au cinquantiéme chapitre de son treiziéme liure, le cõpose de simples odoriferans. Pline a mis cest huile entre les especes des artificiels, disant, qu'il est froid, au vint-& troisiéme liure de son histoire naturelle. Ce qui est cõtre l'opinion de Theophraste & de Dioscoride. Le Myrrhin se cõposoit de Mirrhe, & déséchoit suffisamment. Nous auons perdu l'vsage de telle composition. Pource que la mirrhe, que l'on apporte auiourdhuy d'Alexandrie, est entierement contrefaicte & sophistiquée: & en vient bien peu de la vraye en France, & en Italie. I'enten de celle que Dioscoride a laissé par escript, transparente comme la corne de beuf. Les autres huiles se faisoyent des fueilles d'herbes: comme ceux qui estoyét de mariolaine, de lauande, & de la fleur de vigne sauuage: qui fu-

Huile de Roses, & de Lis.

Huile de Cabaret. Aristophane.

Gleucin. Columelle. Pline.

Huile de mirrhe.

Huiles de mariolaine, de lauãde, & de la fleur de vigne sauuage.

Rr 2

rent dicts *Amaracinum*, *Nardinum*, & *Oenantinum*. Les autres se composoyét de la racine & escorce des arbres: comme le *Cinnamominum*: qui estoit précieux & de grande despense, qui se faisoit anciénement auecque l'huile de been, le bois du baume, nommé *Xylobalsamum*, & du squinanthe: & qui est la fleur du ionc odoriferant, aromatizé, comme recite Dioscoride, auecques le cinnamome & le *Carpobalsamum* (qui est le fruict du baume) y adioustant quatre fois autant de myrrhe que de cinnamome, & du miel autant qu'il suffisoit, pour detremper le tout ensemble. Auiourdhuy seroit chose bié dificile, & quasi impossible, de faire tel vnguét. Car le vray cinnamome est du tout incogneu: comme disent ceux, qui vont querir les espiceries iusques au Leuant: & desia du temps des Empereurs (qui estoyent obeïs par tout le monde) estoit rare & difficile à recouurer. Pour le cinnamome l'on prend auiourdhuy la casse odoriferante (que nous appellons canelle) pour aiouster à la composition de noz vnguens: &, quand Galien fit le theriaque pour M. Aurelius Antoninus, il ne se trouuoit point ailleurs qu'au cabinet des Empereurs: qui le faisoyent garder bien chérement entre leurs pretieuses choses. Ledict Empereur fit monster à Galien plusieurs vases de bois remplis de cinnamome: lesquelz auoyent esté mis en son Palaïs: les vns du temps de Traian, & les autres d'Adrian, qui adopta Antonin Pie: lequel succeda à l'Empire, & recouura du cinnamome frais: qui passoit de bonté & de senteur tous les autres. Depuis, Commode l'Empereur (incommode à tout le monde) se souciant bien petit du cinnamome

Huile du cinnamome precieux & de grande despense.

Dioscoride.

Casse odoriferante qui est nommée canelle. Galien feit le theriaque pour Marc Aurele.

Cinnamome trouué aux cabinets de Traian, & Antonin Pie.

ET ANTIQVES EXER. 133

mome & du theriaque, laissa perdre tout ce qui estoit demeuré de bō, & que les bōs Empereurs, ses predecesseurs, auoyent amassé de long temps par grande singularité: de sorte que, quand Galien vint à composer le theriaque pour l'Empereur Seuerus, il fut contraint de prēdre le plus vieil cinnamome qu'il trouua de reste au palays desdits Empereurs: qui estoit (ainsi comme il dit) fort foible de senteur & de force: & si ne passoit pas trente ans qu'il auoit esté apporté à Romme. Quāt aux autres huiles, le Narcissin (qui se fait de la fleur de *Narcissus*: que les François nommerent fleur de Pasques) & l'Irin, de la racine du glaieul, se faisoit au temps de Pline, bon en Pamphilie, mais meilleur, plus suaue, & plus odorant, en Elide, cité d'Arcadie: combien que l'Iris de Florence tienne auiourdhuy le premier lieu. L'huile Rhodin a esté tousiours le meilleur à Naples & à Capoue, &, du temps des anciens, à Malthe: à cause de la bōté des roses, desquelles on fait auiourdhuy la meilleure conserue & la plus belle que l'on puisse trouuer: & duquel, comme recite Possidonius vsoyent les Carmaniens pour reprimer les vapeurs du vin. Le Nardin se trouuoit le meilleur à Rhodes, qui se composoit d'huiles omphacin, de beé, bois de baume, fleur du iōc odorant, calame odorifére aromatisés auecques *l'Amaracus* (qui est la mariolaine) coste, amome, nard, casse odorante, du fruict de baume & de myrrhe. Et ceux, qui le vouloyent rendre plus pretieux, y aioustoyent du cinnamome: qui a esté perdu depuis le temps que Galien en print, qui auoit ia trente ans, au cabinet de Marcus Aurelius Antoninus, pour luy faire sa theriaque: de

Galiē pour la deuxiéme fois cōpose le theriaque pour Seuere l'ēpereur.

Huile de Narcissus, & de la racine du glaieul.
Iris de Florence.
Cōserue de roses de Naples entre les autres la meilleure.

Huile Nardin.

Marc Aurele vsoit

Rr 3

tous les iours du theriaque. Dion.

laquelle il vſoit tous les iours. Car, à ce que dit Galien, il ne ſçeut auoir la patiéce qu'il n'en priſt deux mois apres qu'il l'eut fait: & à ce que recite Dion en la vie dudit Marc Aurele, il eſtoit ſi ſubiet à maladie, qu'il ne pienoit rien ſus iour, outre ce medicamét, qu'eſtoit le theriaque : &, ne prenoit pas tant ce pharmaque pour crainte qu'il euſt d'eſtre empoiſonné, que pource qu'il auoit l'eſtomac debile. Il y a lóg téps que telle cópoſitió n'a eſté vrayement faicte, pour auoir eſté les noms de pluſieurs ſimples corrompus par les Arabes. L'huile Balanin, que les Anciens ont ainſi nommé, ſe faiſoit du gland vnguentaire nommé de Grecs μυροβάλανῳ. Les Perfumeurs l'ont appelé huile de Been: pource que le fruict a eſté ainſi nommé des Arabes. Sa proprieté toutefois porte (combien qu'il ſoit fort vieil) qu'il ne ranſir point Qui eſt la cauſe que leſdits Perfumeurs s'en ſeruent, pour incorporer leurs mixtions, qu'ils font pour perfumer gands, faire pommes de ſenteurs, & patenoſtres, auec le muſc, ambre, & zybed, & autres ſenteurs odoriferantes. Ce gland s'apportoit autrefois de la region Barbarique (qui eſt au iugement des doctes, l'Æthiopie en general, ou la Troglodytique partie d'icelle) & vſoyent de la liqueur tirée de la chair de ſon fruict les Perfumeurs, comme recite Galien. Et n'eſt pas de merueille ſi le fruict, duquel ſe prend ceſt huile, a eſté nommé des Anciens Gland vnguentaire : pource que ſa liqueur eſt la plus propre & la plus frequentée és compoſitions de leurs vnguents pretieux & odoriferes. C'eſt grand' choſe qu'en toutes les liqueurs vnctueuſes ne ſe trouue que l'huile de Been, qui ne ſoit ſubiet à ranſir:&

Huile Balaniſ..

Huile de Been.

Le Gland vnguentaire s'apporte d'Aethiopie.

Galien.

Le ſeul hui le de Beē ne

pour

ET ANTIQVES EXER. 135

pour sa vertu particuliere, detrempent les vnguentai- *ransfit iamais.*
res toutes leurs compositions odoriferates en cest hui-
le de Been : pource qu'ils sont asseurés qu'elles se peuuét
garder sans craindre l'iniure du temps. L'Amaracin *Amaracin*
estoit le meilleur en l'isle de Coo (que nous auons de- *Coo, c'est le*
puis nommée le Langou) &, selon la diuersité & pro- *Langou.*
prieté de tous ces huiles, les Anciens en vserent en leurs
bains, pour garder, & entretenir leur bonne santé : & , à
ce que nous lisons, ils se faisoyét frotter les sourcils & les
cheueux, le col & la teste, d'huile de Serpolet, qui est au- *Huiles de*
trement nommé Polliot, dict *Serpillinum*, & les bras de *Serpolet et*
celuy de Sisymbre, qui est Mente aquatique, & de ce- *Mente a-*
luy de Cresson, & de l'Amaracin ou Mariolaine, les *quatique.*
os & les nerfs. L'Amaracin estoit le meilleur de tous,
principalement pour l'yuer, & pour ceux qui habito-
yent es regions froides. Les plus delicas des Atheniens
(comme recite Cephisodorus) se faisoyent oindre les *Cephisodo-*
pieds d'vnguents : & telle estoit la coustume en Athenes *rus.*
comme il dit. Nous lisons que les Thoriciens, peuple *Thoriciens*
d'Attique, se frottoyent les iambes depuis le genoil en *peuple d'A-*
bas, & iusques à l'extremité des pieds, μόρῳ Ἀιγυπτίῳ, les iouës *thenes.*
& les mammelles, ψαγδᾶ. l'vn des bras, σισυμβρίῳ, les sourcils, & les cheueux, ἀμαρακίνῳ, les genoils & le col, ἑρπυλλίνῳ,
De l'huile baccarin, duquel nous auons parlé cy dessus,
ont escrit plusieurs Comiques, & principalement Hip- *Huile bac-*
ponax, quand il a dit : Βακκάρι ἢ τας ῥίνας ἤλειφον, dont le sens *carin.*
est tel : Ie me perfumoye le nez & visage du baccarin. *Hipponax*
Toutefois Æschylus a mis difference du baccarin aux
autres vnguents, disant ainsi : Ἐγὼ τὰς Βακκάρις τε καὶ μύρα, c'est *Aeschylus.*
à dire, ie demáde le baccarin & les perfums. Par resolu-
tion

tion les Æoliens nommerent τὰ μύρα, les vnguents, que les autres Grecs σμύρνα, par ce que la plus grãd partie de la composition des vnguents, se faisoyent à Smyrne : &, ce qu'ils nommerent *Stacte*, est faict de la seule myrrhe, comme dit Athenæus. Par ces compositions nous congnoissons la grande recommendation, où furẽt ces huiles à l'endroit des anciens Rommains : veu que les Italiens en ont gardé les noms & l'vsage, iusques à ce iour : &, outre ceux-cy, de l'huile Imperial, de l'huile de fleur d'Oranges, de Iasmin, du Benioin, & du Stirax : mais principalement de l'huile Royal nommé des Grecs βασιλέιον, dont vserent les Roys des Parthes, comme nous lisons en Pline : qui en escrit la cõposition, & de plusieurs qui se vendent par les Myropoles & Vnguentaires, que nous auons nommés Perfumeurs. Les montagnes de Perse portent des noix Persiques, desquelles l'on faisoit l'huile pour le Roy, comme dit Amyntas. Et en Carmanie (auteur Ctesias) estoit composé l'huile Acanthin, duquel le roy du pays se faisoit frotter le corps. De l'huile, qui a esté nommé des Grecs ὠμοτριβές, a fait mention Theophraste au liure qu'il a fait des odeurs : lequel afferme qu'il se faisoit des oliues non encores meures, & amandes. Les autres compositions, seches & arides (que les Grecs ont nommées διαπάσματα) seruoyent, selon Pline, pour arrester & secher la sueur de ceux, qui sortoyent des bains, pour apres se lauer d'eaue froide. Ie croy que ce peuuent estre poudres semblables à celles de violettes & de Cypre : dont l'on vse encores auiourdhuy.

Toutes ces compositions liquides se faisoyent auecques huiles : &, d'autant que l'huile estoit plus gras, elles
estoyent

Smyrna.

Stacte. Athenæus.

Huiles Imperial, de fleur d'orãges, de Iasmin, de Benioin, de Stirax, & Royal.

Amyntas. Ctesias. Huile Acanthin.

Theophraste.

Diapasmata.

Poudre de violettes et de Cypre.

estoyét meilleures & plus vtiles. Qui fut cause que l'huile d'amades fut le plus propre & le plus estimé anciénement. Et parlant des huiles, Dioscoride dit que ceux, qui se font sans y aiouster autre chose que ce que l'on prend du fruict des arbres, ou de la semence, sont nommés huiles, & tous les autres vnguens: qui sont composés d'huile, & d'autre matiere: comme les huiles Rosat, Sansucin, Amaracin, Melin, Telin, Eleatin, Oenanthin Anetin, Crocin, Megalin, apellé des Grecs μετάλιον, comme dit Sosibius, & de l'vnguét duquel a parlé Epilycus, dict Sagdas, & de plusieurs autres, que ie passeray, n'ayát pas deliberé d'escrire en ce petit Traicté si grand nombre de compositions, & encore moins de parler des bains salés, sulphurés, alumineux, bitumineux, ferruginés, & plusieurs autres: & des composés auecques plantes, & fleurs: ny de ceux qui sont faits pour restorer & remettre sus les personnes, qui sont consumées & extenuées par maladie, remettant ce demeurant aux Médecins. Ains i'ay voulu sommairement escrire de ceux qui estoyent du temps des anciens Grecs, & Rommains: qui les frequenterent pour conseruer la santé, & pour obuier à plusieurs maladies. Car c'est vn reméde singulier pour les gens de lettres, que le bain: si nous voulons croire Galien, au troisiéme liure, qu'il a fait pour entretenir la bonne santé. Pour obuier à toutes ces grandes despenses, Athenæus recite que les Lacedemoniens chaçoyent les védeurs de toutes ces delicates compositions: pource qu'ils perdoyent & consumoyét inutilemét l'huile, comme les teinturiers des laines qui corrompoyent la blancheur: & Pline dit qu'il est cer-

Difference entre les huiles & vnguens.

Huiles, Rosat, Sansucin, Amaracin Melin, Telin, Eleatin, Oenãthin.

Remede singulier pour les gens de lettres, que le bain.

Athenæus.

Pline.

S s

tain que les Rommains n'en firent pas moins, apres la defaite du Roy Antiochus, & que l'Asie fut suppeditée, lannée depuis que la cité de Romme fut fondée, cinq cens soixante cinq : &, alors que Publius Licinius Crassus, & L. Iulius Cesar estoyent Ceseurs, fut faict vn edict que personne ne vendist huiles & vnguens exotiques: ainsi nommerent les estrangéres & peregrines compositions. Or, pour monstrer en quelle reputatiō estoyét à lendroit des bons Empereurs, ceux qui en portoyent, ie reciteray, en passant, les paroles de l'Empereur Vespasian à vn ieune adolescent, bié perfumé : qui le venoit remercier d'vn Magistrat, dont il auoit esté pourueu : auquel il dit, tout fasché : l'aimeroye mieux que tu sentisses les aux : faisant reuoquer les lettres de l'office, qu'il luy auoit donné. En cela le sage Empereur suyuoit la mousche a miel : qui ne peult endurer la senteur, ains picque aigrement ceux, qu'elle sent perfumés. Suyuant aussi l'opiniō de Cicero : qui dit que les odeurs, qui sentent la terre, sont plus gratieuses que celles, qui tiennét de l'odeur du saffran. Par la lecture de ce, que nous auōs dit cy dessus, l'on cōgnoistra les grandes despenses, que firét les Rommains, à bien edifier leurs bains : où ils ne gardérent ny moyen ny mesure. Ce qui se voit par les ruines des thermes d'Antonin, & de Diocletian, à Róme : où se treuuent colomnes de marbre de couleur differentes, & lieux infinis àppropriés à plusieurs vsages : qui estoyent entretenus curieusement par les Anciens : qui se lauoyent quasi tous les iours, en prouoquant la sueur, pour entretenir leur bonne santé. Ce que mōstre Seneque en ses Epistres à Lucille, quád il dit que Scipio

l'Afri

Antiochus.

Edit du têps de Pu. Licinius Crassus L. Iulius Cesar Censeurs.

Respōse de l Empereur Vespasian.

Cicero.

Thermes d'Antonin & de Diocletian. Les Anciens se lauoyét quasi tous les iours. Seneque.

ET ANTIQVES EXER. 139

l'Africain, qui s'eſtoit retiré volontairement à Linterne en vne ſienne maiſon, qui eſtoit conſtruite de pierre quarrée: auoit en ſa ville vn bain eſtroict & obſcur, lequel ne luy euſt point ſemblé chaud, ſans qu'il euſt eſté obſcur:& en ce petit bain l'horreur de Carthage Scipio lauoit ſon corps laſſé, apres qu'il auoit trauaillé tout le iour en ſes œuures champeſtres & ruſtiques. Depuis, les Rommains tournerent les bains en delices, & firent les thermes pour aider à la digeſtiõ crue de l'eſtomac. Qui à fait dire à Pline, chaſtiant vne ſi mauuaiſe façon de faire, que pour ceſte cauſe en ſon temps auoyent ordóné les bains chauds les Medecins: qui auoyent perſuadé aux Rommains que la concoction & digeſtion de la viande ſe faiſoit par ce moyen dedans l'eſtomac: combié qu'au ſaillir des bains ils ſe trouuaſſent ſi mal, qu'ils ſe faiſoyent porter, par trop croire les Medecins, tous vifs en leurs ſepultures. Pour les bons Capitaines & Empereurs Rommains, nés au labeur, furent ordonnez les bains, & non pour les delices, dont vſa depuis le peuple de Romme. Car ils furent à la fin ſi communs, que les Princes ſe lauoyent auecques le peuple: & fut le premier Hadrian: lequel, en ſe lauant vn iour aux bains, & regardant vn vieux ſoldat (qu'il auoit autrefois cógneu en la gendarmerie) qui ſe frottoit le dos contre les murailles, apres auoir entédu de luy que c'eſtoit par neceſſité, luy donna ſeruiteurs & argent par grande liberalité. Vne autrefois pluſieurs gens-d'armes vindrent aux bains, pour ainſi prouoquer la liberalité du Prince: & alors Hadrian leur commáda que chacun frotaſt ſon compagnon, par grand riſée.

Linterne, maiſon ce Scipio l'Africain.

Pline.

Bains ordónés pour les bõs Empereurs.

Hadrian.

S ſ

Nous auons aſſez demeuré ſur les Bains, Thermes, & Lauacres. Nous eſcrirons preſentement des Gymnaſes de la Paleſtre : que les Grecs firent pour exerciter les ieunes gens, les vns à luiter, à ioüer de l'eſpée, à la picque, & les autres à ſauter, à tirer de l'arc, à lancer le dard, à picquer cheuaux, à voltiger, à courir au ſtade, & à toutes autres militaires exercitations. Et pour inciter les ieunes enfans à la vertu, ils faiſoyent dreçer ſtatues aux Gymnaſes, pour la memoire de ceux qui eſtoyent paruenus à la ſommité de ces exercitations & diſciplines : leſquelles ſtatues repoſoyent ſur baſes inſculpées & grauées des inſcriptions & excellence de leurs exercices. En ces Paleſtres deuoyent eſtre mis les ieunes enfans (comme dit Ariſtote, au huitiéme des Polytiques) pour les rendre plus forts & plus robuſtes. Encores Plato ne reprouuoit point que les vierges s'exercitaſſent toutes nues à ietter le Diſque, à courir, à luiter : & fut ſon opinion que non ſeulement les ieunes filles, mais encores les femmes d'aage, luiteroyét auecques les hommes, pour entreprendre, auec la patience de ces labeurs, choſes ardues & difficiles. Ce que Xenophon a monſtré en la politie des Lacedemoniés : qui dit que Lycurgus penſa que les eſclaues ſuffiroyent pour faire les robbes, & accouſtremés, & que les fémes libres (qui vaqueroyent à faire des enfans) exerciteroyent leurs corps comme les hômes. Depuis il ordonna que le combat de force & de courir ſeroit entre les femmes, comme il eſtoit entre les hommes : cuidant que de tous deux les enfans ſe feroyent plus robuſtes & plus forts. Suyuant l'opinion des Grecs, Cicero ne reprouue

Gymnaſes de la paleſtre pour exerciter la ieuneſſe.

Ariſtote au 8. des Polytiques. Plato.

Xenophon.
Lycurgus.

Cicero.

prouue point toutes ces choses, quád il escrit que ceux, qui donnérent la façon de viure aux Republiques de Grece, voulurent fortifier le corps des ieunes hommes, auecques le labeur. Ce que les Spartiates auoyent traduit aux femmes: lesquelles aux autres villes viuoyent serrées dedans les murailles delicieusement. Parquoy Properce, perdu d'impatience d'amour, se plaignát que les filles Rommaines n'estoyent point veuës publiquement, loüe la Palestre Spartiane, auecques vne vehemence d'amour & fureur de ieunesse, tout ainsi:

Properce li.3. eleg.14.

Multa tuæ, Sparte, miramur iura palæstræ,
    Sed mage virginei tot bona gymnasij.
Quòd non infames exercet corpore laudes
    Inter luctantes nuda puella viros,
Cùm pila veloceis fallit per brachia iactus,
    Increpat & versi clauis adunca trochi,
Puluerulentáque ad extremas stat fœmina metas,
    Et patitur duro vulnera Pancratio.
Nunc ligat ad cæstum gaudentia brachia loris,
    Missile nunc disci pondus in orbe rotat,
Gyrum pulsat equis, niueum latus ense reuincit,
    Virgineúmque cauo protegit ære caput.

Pour retourner à nostre propos, les Princes frequentoyent non seulement les Gymnases, pour plaisir & pour congnoistre les bons Athletes, mais aussi pour oüir les disputations des Philosophes, & de ceux qui disputoyent aux autres facultés & disciplines. Parquoy faloit qu'en ces Palestres fussent diuerses habitations, grandes places, & Portiques: (que nous auons nommés galeries) & aux portiques Exedres spatieuses : qui estoyent lieux semblables aux escholes publiques, & mieux aux chapitres des cloistres de noz Religions : & là estoyent sieges ordonnés : où estoyent assis les Philosophes, & ceux qui prenoyent plaisir à disputer. Outre les Exedres se trouuoyent Peristiles quarrés qui estoyent garnis &enuironnés de coulomnes, qui auoyét douze cens piéds de tour) pour se pourmener, que les Grecs nommerent δίαυλοι. L'vn des Portiques, & celuy, qui regardoit sur la region du Midi, estoit double, pour euiter que le vent ne portast la pluie iusques au dedans.

De ce double portique tenoit le milieu l'Ephebeum : qui estoit la place, où les adolescens auoyét sieges pour estudier, comme nous pourrions dire les sieges extrémes des chores ecclesiastiques. Et deuoit auoir ce Portique plus de longueur, la troisiéme partie, que de largeur. Au plus pres estoyent lieux ordonnés pour le seruice de ceux, qui s'exercitoyét en la Palestre : comme le Coricée (qui estoit le ieu de la grosse bale, nommé *Coricum*) & le Conistere : qui seruoit à tenir la poudre de ceux, qui luittoyent à force de bras: & aux Geometriés, pour designer, en estudiant, leurs figures. Entre ces portiques auoit petits bois, iardins, & vergers, plantés en quincunce, ou à la ligne : dont les arbres estoyent Lauriers, Ciprés, Palmes, Myrthes, Pins, Sabines, Ieneures, Cedres, Tamaris, Houx, Boüis, & Oliuiers: qui sont tous arbres qui ne se despouillent point de leurs fueilles, & rendent pour cela les vergiers plaisans: & si donnoyent aux Athletes & à ceux, qui les regardoyér, outre l'ombre, senteur & verdure, confort & consolation.

Portiques. Exedres.

Peristiles.

Diaulon.

L'ephebée.

Coriceü, ieu de la grosse bale. Conistere.

Arbres qui ne se despouillent point de leurs fueilles.

ET ANTIQVES EXER.

tion. Parmy ces arbres se faisoyent pourmenoirs & hipetres ambulatiõs: que les Grecs ont nómées παραδρέμιδις, & que nous pouuons interpreter descouuertes & soubs le soleil: ausquelles l'hiuer (quád le temps estoit cler & beau, & le ciel serein) les Athletes, appelés Xystiques, pour le Xyste, qui estoit couuert, descendoyent pour se pourmener, exerciter, & courir. Apres le Xyste estoit le Stade, lieu de la course: qui estoit faict par telle maniere que chascun, à son plaisir, pouuoit regarder courir les Athletes: qui estoyét (comme dit Iulius Pollux) tous ceux, qui s'exercitoyent au Gymnase de la Palestre.

Apres que nous auons eu congnoissance des habitations diuerses de la Palestre, il faut exposer, à ceste heure, qui estoyent les noms de ces Athletes. Et premierement nous escrirós de ceux, qui de celerité passoyét tous les autres: lesquels les Grecs nommérét δρομεῖς, c'est à-dire Coureurs: qui couroyét legérement & longuement: & si auoyent la force & le pouuoir, en courant, de pousser & retenir leur aduersaire. De ces coureurs les vns estoyent Stadiodromes (pource qu'ils couroyét au stade) & les autres Diaulodromes: qui redoubloyent leur course: c'est à sauoir que, quand ils auoyent couru iusques aux metes, retournoyent, dont ils estoyent partis. Les Dolichodromes couroyent six courses au stade: toutefois il est à presumer que c'estoyent ceux, qui le plus longuement continuoyét vne course: & les Athletes, qui se exercitoyent nus à la luitte, furent nommés Palestiques. Telle coustume de monstrer au Gymnase le corps nud, & de le frotter d'huile, vint des Lacedemoniens: ainsi que nous lisons en Thucidide. Les autres

Hypetres ambulatiõs Paradromides.

Xyste.

Le Stade.

Iulius Pollux.

Dromides.

Stadiodromes. Diaulodromes.

Dolichodromes.

Athletes.

Palestiques.

Thucidide.

aiou

aiouſtérent de la terre auecques l'huile:& telle compoſition fut depuis nommée *Ceroma*: qui ſeruoit pour fortifier les nerfs & les mébres (pource que l'huile mollifie le corps : & luy donne force & vigueur) ſelon Pline qui dit : *Duo ſunt liquores corporibus humanis gratiſsimi , intus vini, foris olei : arborum è genere ambo præcipui, ſed olei neceſſarius*. C'eſt à dire, qu'il y a deux liqueurs gratieuſes pour le corps humain, le vin pour le dedans, & l'huile pour le dehors: l'huile toutefois fort neceſſaire. Encores parlant ledit Pline d'Auguſte Ceſar , qui s'enqueroit de Romulus Pollio ſon hoſte (qui auoit paſſé cent ans) du moyen qu'il auoit tenu, pour garder la vigueur & force de ſon corps : il luy reſpondit, *Intus mulſo, foris oleo*: qui nous fait congnoiſtre, que l'huile de tout temps a eſté meilleur pour les parties exterieures, que pour les interieures. Combien qu'anciennement l'on ſeruoit l'huile à la premiere table, comme l'on fait encores auiourdhuy. Et celuy ſe trouuoit en plus grand' eſtime , qui eſtoit le plus blanc: cóme eſt à preſent entre nous l'huile vierge: duquel a parlé Antiphanes auteur Grec, qui l'a nommé huile Samique. La renommée dure encores de Democritus Abderites qui auoit deliberé de donner fin à ſa longue vieilleſſe:& pour ce faire, iournellement il appetiſſoit ſon máger: parquoy il fut prié de ſes femmes domeſtiques de ne ſe laiſſer point mourir aux iours, qui eſtoient conſacrés à Ceres : ce qu'il accorda, commandát qu'on luy apportaſt vn vaſe plein de miel, qu'il mangea:& par ce moyen prolongea ſa vie iuſques à ce que les Cereales, iours conſacrez à la Déeſſe, fuſſent paſſez. Et interrogé de ſes amis, comme pourroit vn hom

Pline li 14. cha. 22.

Li. 22. cha. 24.
Auguſte Ceſar.

Huile vierge.
Antiphanes.
Huile Samique.
Democritus Abderites.

Ceres.

Cereales.

ET ANTIQVES EXER. 145

vn homme en santé viure longuement : il leur feit responce, s'il vsoit du miel par le dedans, & de l'huile par le dehors. A ce propos seruent les paroles de Themistocles : qui se mit en cholere contre son argentier (qui luy rendoit compte de sa despence) d'vne bien petite somme d'argent, qu'il auoit emplié pour achepter de l'huile : & regardant les assistans, qui s'ébahissoyét bien fort de son espargne, il commença à leur dire, qu'ils auoient mal entendu la cause de son courroux, qui estoit pource que son cuisinier luy auoit fait trop manger de l'huile assés mauuais pour le dedans du corps de l'homme.

Quant aux oliues on les seruoit anciennement à la seconde table : desquelles les vnes estoyent nommées des Grecs δρυπέται, & des Latins *drupæ*, quand les bacques (comme tesmoigne Pline) cómençoyent à noircir. Diphilus a dit qu'elles sont de bien petit nourrissement, & engendrent douleur de teste : & que les noires sont pernicieuses à l'estomach. Les plus saines & les meilleures sont celles, qui ont esté nommées des anciens κολυμβάδες. Les autres qui sont confictes auecques le fenoil, ont esté dictes ἁλμάδες, & celles, qui estoyent pilées dans vn mortier, furent appelées des Atheniens, στέμφυλα, comme recite Athenæus. Quoy que disent les Grecs, les Rommains vserent des oliues depuis le commencement de table iusques à la fin : comme dit Martial,

Hæc, quæ Picenis venit subducta trapetis,
Inchoat, atque eadem finit oliua dapes.

Plusieurs autres especes ont esté nommées de Macrobe & de Pline : comme les Africaines, Liciniénes, Sergianes, Salentines, & Royales. Et certainement de toutes

T t

Vtilité du miel.
Themistocles.

L'huile asses mauuaise pour le dedans du corps humain.
Drypeta olea.
Drupa.
Diphilus.

Colymbades.
Halmades

Stēphyla.
Athenæus.

Martialis in Xeniis.

Oliues Africaines. Liciniénes Sergianes, Salentines & Royales.

les oliues la plus groſſe eſt meilleure pour manger, que la petite, qui eſt plus conuenable pour faire l'huile: comme Columelle l'eſcrit au ſixiéme liure de la choſe ruſtique. A l'oliue firent ceſt honneur les Rommains, qu'ils en coronnerent ceux qui triomphoyent en leurs petis triomphes: & la Grece coronnoit les victeurs à Olympe d'oliuaſtre. Les Atheniens en leurs monnoies accōpagnerent la cheueſche (conſacrée à Minerue) d'vne branche d'oliue: comme plus amplemēt nous en monſtrerons la figure au liure de noz Antiquitez de Romme. Aucuns ont voulu dire que l'huile ſeruoit pour rēdre le corps des Paleſtrites plus lubrique, & pour prendre les bras auecques vne plus grande difficulté: toutefois les Grecs (qui furent les premiers inuenteurs de tous vices) le tournoyent à luxure, en le publiant aux Gymnaſes: & l'huile, qui ſeruoit pour les Athletes, fut a la fin mixtionné de choſes odoriferantes: ſi nous voulons croire Pline: qui dit que aucuns meſtoyent aux Gymnaſes ſenteurs auecques l'huile, mais plus vtiles & de moindre valeur. Apres que les Luitteurs s'eſtoyent faits oindre, ilz eſtoyent arrouſez & couuerts d'vne poudre, ou ſable (qui eſtoit nommé Aphe) pour aider a fortifier le corps. Ce que nous enſeigne Lucain: quand il dit, en parlant du combat d'Hercules & d'Anteus:

Auxilium membris calidas infundit arenas.

Qui nous fait congnoiſtre que les Luitteurs & Pugiles combattoyent auecques la poudre: dōt eſt venu le prouerbe, que l'on diſoit entre les Grecs ἀκονιτὶ νικᾷν, qui veut dire emporter la victoire, ſans s'eſtre mis en beſongne,

Columelle. Oraiſon.

Monnoye des Atheniens, où eſt la cheueſche.

Pline.

Aphé poudre pour les Athletes. Lucain.

Aconiti vicit.

ET ANTIQVES EXER. 147

sans peine & sueur, ne se presentant personne au combat. Ce que nous lisons en Pausanias: qui parle de Dioreus Athlete: qui auoit esté victorieux a Olympe ἀκονιτί, que Pline a interpreté sans poudre, c'est à dire, sans que nul se presentast pour l'attendre, & sans qu'on le mist en peine de prendre la poudre pour faire son deuoir, quand il escrit, au trentecinquiéme de l'Histoire naturelle, qu'Alcimachus auoit peint ou pourtrait Dioxypus: qui estoit demeuré victorieux à Olympe, sans auoir combatu: que les Grecs auoyent dit ἀκονιτί, & a Nemée κονιτί c'est a dire, de force apres auoir cóbatu, pour le nom de la poudre: qui estoit nommée κόνις, dont est venu au Gymnase le nom de Conistere: duquel nous auons faict mentions ci-dessus: qui seruoit pour garder la poudre palestrique: laquelle fut de si grande curiosité aux Anciens, qu'ils la faisoyent venir d'Ægypte: comme recite Tranquillus, quand il monstre l'indignation du peuple de Rome contre Nero: qui auoit fait venir, au temps de la famine publique, vn nauire, chargé de ceste poudre, pour les Athletes de la court. Son vsage nous enseigne Pline: qui escrit, que la difference estoit bien petite de la poudre Puteolane à la plus subtile partie du sable du Nil: non qu'elle seruist pour resister aux ondes de la mer, comme la poudre de Pussol: mais bien pour effeminer les corps des Athletes en la Palestre: & d'Ægypte la faisoit venir à Rome Patrobius liberte de Nero. Leonatus, Craterus & Meleager, Capitaines d'Alexandre le Grand, comme il dit, la faisoyent porter apres eux auecques leur bagage. Les Pyctes ou Plectiques, que les Latins nomment *Pugiles*, combattoyent

Pausanias.

Pline au 35. de l'histoire naturelle.

Alcimachus. Dioxypus.

Coniti.
Conis.
Conistere.

Trāquillus in Nerone.

Pline.
Poudre Puteolane.
Patrobius liberte de Nero.
Leonatus, Craterus, d'Alexandre le Grand.

Pyctes, ou Pugiles.

Tt 2

à coups de poing:&, en frappát leurs aduersaires, comme dit Cicero au second des Tusculanes, ils se plaignoyent en iettant les Cestes, non par faute de coürage, ou pour douleur qu'ils sentissent, mais pource qu'auec le cry & la voix ils auoyent le cueur plus grand, & donnoyent le coup plus véhement. Et, pour venir au combat, ils s'accoustroyent les bras & les mains de Cestes, qui estoyent faicts de cuir de buffle, remplis de plomb par le dedans. De ce combat escrit la façon Virgile, au cinquiéme des Æneides: qui en donnera aux lecteurs la cognoissance, auecques la figure retirée de l'antique, que i'ay fait peindre cy-apres.
⁂

Cicero.

De quelle matiere estoyēt faits les Cestes.
Virgile.

ET ANTIQVES EXER. 149

*COMBAT DES CESTES ENTRE DARES
& Entellus, selon la description de Virgile.*

DES BAINS

Pancratiastes.
Discoboles.

Les Pancratiastes estoyent Luitteurs & Pugiles tout ensemble, & les Discoboles iettoyent vne boule ronde de pierre ou de cuyure, persée par le milieu, appelé le Disque : &, d'autant que celuy qui le iettoit estoit plus fort il le receuoit de plus haut à force de bras. Quant aux Sailleurs, ils portoyent en leurs mains, pour mieux saillir, des Alteres : qui estoyent petites maces, ou boules de plomb, faicts à la façon d'vn cercle, qui auoit la moitié plus de longueur que de largeur : & si auoyent des boucles pour y mettre les mains a l'aise, comme dedans vn bouclier. Le lieu, dont partoyent les Sailleurs, les Grecs le nommerent βάτηρα, & la mesure κανών, & le saut ἐσκαμμένα, c'est a dire fossé : pource que le saut le plus souuét se faisoit a sauter sur vn fossé, pour seruir a l'exercitatió militaire, & pour garder l'ennemy a la guerre, en sautant vn fossé, de se sauuer. Tous ceux, qui s'exercitoient en ces cinq especes de ieux (c'est à sauoir à courir, à luitter, à saillir, à ruer la barre de fer, & aux Cestes) furent nommés des Grecs πένταθλοι, & des Latins *Quinquertiones*, desquels a parlé Pline, en parlant de Myroné, qui auoit fait vn Discobole, Miuerue, les Penthales Delphiques, & les Pancratiastes.

Disque.

Alteres.

Vaptira.
Canon.
Escammena.

Pentathles,
Quinquertiones.
Plise.

Exercitations differentes.

Les autres exercitations furent differentes : car les vnes estoyent lentes, & les autres robustes & legeres tout ensemble. La robuste, de laquelle les Grecs s'exercitoyent violentement sans celerité, fut par eux nomméc ἔυτονον, & la violente σφοδρόν. La valide estoit comme de monter par vne corde à force de bras : & à telle exercitation faisoyent exerciter les ieunes enfans ceux, qui les preparoyent a la force. Car il est certain, si l'on monte

Eutonon.
Sphodron.

monte par vne corde à force de bras, que c'est vne robuste & valide exercitation, outre toutefois la celerité: & si est meilleure celle, qui se faisoit en iettant les Alteres, ou bien de tenir en vn lieu le pié ferme, & à la main vne pomme, qui ne se puisse oster: comme le faisoit Milo Crotoniates, pour monstrer vne grande ostentation de force. Et Soustratus Sicyonius, Athlete Pancratiaste, estoit si fort, que Pausanias recite qu'il fut surnommé Acrochersites: pource qu'en prenant son aduersaire auecques les mains, il le froissoit de telle sorte, qu'auant que de le laisser, il le contraignoit a mourir. Au contraire, les exercitations legeres estoyent sans force & violence: comme τὸ ἐκπλεθρίζειν & πυτιλίζειν, dont πυτιλίζειν se faisoit marchant sur le bout des piés & remuant continuellement les mains, l'vne par deuant en haut, & l'autre par derriere en bas: & τὸ ἐκπλεθρίζειν, quand en la sixiéme partie d'vn Stade appelée πλέθρον, on couroit s'auançant & reculant alternatiuement, sans se tourner ça ny la: & a chasque course on gaignoit quelque auancement, iusques a ce qu'on fust venu au bout. La Pile ou la Paume, la petite Bale, l'Harpastum (qui est la grosse Bale, ou Pelotte) la Sciamachie (qui est vn combat vmbratile, que nous disons le ieu de l'escrime, lequel les Lanistes & Maistres d'espée monstrent & enseignent auiourdhuy par tout le monde) & le Phenis estoyent toutes exercitations legeres: desquelles a parlé Galien, au second liure, qu'il a fait pour garder la bonne santé. Le ieu de Phenis estoit (comme dit Alexandrinus) quand celuy, qui tenoit vne Bale faisoit semblant de la ietter a celuy de ses cõpagnons, qui le regardoit: toutefois

Robuste & valide exercitation.

Milo Crotoniates Sostratus. Sicyonius. Pausanias. Acrochersites.

Exercitatiõs legeres Ecplethrizin. Pytilizin.

Plethrum.

La grosse et petite bale. Sciamachie.

Phenis.
Galien.
Clemens. Alexandrinus.

fois il la iettoit à vn autre : & fut ce ieu nómé Phenis de l'inuenteur (qui estoit nommé Phenestius) ou bien ἀπὸ τ̔ φιναχίζειν, qui signifie deceuoir, pource que ce ieu n'estoit autre chose que de tromper son compagnon. Les exercitations, qui estoyent composées (comme nous auons di.) de la robuste & de la legere, estoyét ietter le Disque (qui est vne grosse pierre ròde & percée au milieu) sauter sans se reposer, & ietter incessamment vne grosse barre de fer. Si ceux qui s'exercitoyent ainsi, se reposoyent, cela faisoit la difference de l'exercitation continuelle à l'interposée: qui nous fait congnoistre la varieté de ces exercices : qui seruoyent les vns pour les os, comme la course : ἀκροχειρισμὸς, & la sciamachie pour les bras & pour les mains. Ceux, qui demandoyent l'exercitation du corps, faisoyent mettre les Alteres deuant eux l'espace d'vne aune. Depuis qu'ils estoyent au milieu, sans remuer les piés d'vne place, en pliant le corps ils les dreçoyét, pour les mettre l'vn en la place de l'autre: & par ce moyen ils exercitoyent tout le corps, auecques ces mouuemens, qui furét tous introduits & trouués des Grecs, pour entretenir leur bonne santé. Les gés de lettres s'exercitoyent à lire à haute voix : que les Latins ont nommé *assa voce*. Pittacus, Roy des Mytileniens, auoit vne estrange façon de s'exercer : qui estoit de tourner vne meule : & tel exercice il trouuoit bon pour sa santé. Les autres tiroyent de l'eaue, & portoyent & couppoyent du bois. Ce que i'ay veu faire souuentesfois à l'vn des plus doctes hommes de nostre Europe. Il ne se treuue chose, qui tant entretienne la bonne santé que l'exercitation. C'est le vray bain que le labeur, qui

Le ieu nōmé Phenis. Phenestius Fenakizin

Varieté d'exercices.

Acrochirismos.

Alteres.

Assa voce. Pittacus Roy de Mytilene.

L'exercitation entretient la bō-ne santé.

ne

ET ANTIQVES EXER.

ne passe pour la sueur: car le labeur trop grand est mauuais. Parquoy suffit à plusieurs personnes le pourmener, aller doucement à pié depuis la ville iusqu'aux champs.

Pour satisfaire aux Lecteurs ie me suis mis au denoir de mettre par escrit les exercitations Gymniques, desquelles vserent les Grecs. car les Romains eurent autres ieux pour passer le temps: comme les Circenses, le ieu de Troye (que nous appellons le tournay) &, pour l'exercitation, Portiques & Deambulations, pour se pourmener. Aussi sans difficulté il n'est chose au monde qui tant maintiéne & garde le corps, que l'exercitation: que Celsus nous enseigne faire auant que de manger, & à celuy, qui moins a trauaillé, plus grande. Au contraire, l'homme, qui est las & fasché, la doit faire moindre, & la prendre plus gratieusement. Car commodement s'exerciter, lire haut, manier les armes, iouër à la paume, courir, se pourmener, & plus tost sous le Soleil qu'à l'ombre, sont toutes choses qui gardent la bonne santé: que les Philosophes ont estimée entre la felicité & biens diuins. Ledit Celsus escrit que l'homme, qui est sain & qui se porte bien, & qui vit en liberté, ne doit point obliger sa vie aux loix des Medecins: & est necessaire qu'il prenne vne differente façon de viure, vne fois demeurant aux champs, l'autre à la ville, à la campagne, aller par eaue, à la chace, se reposer quelquefois, mais le plus souuent s'exerciter. Car il ne se treuue chose, qui tát rende heberé le corps que la paresse, qui haste la vieillesse, & le labeur rend la longue ieunesse. Il profite encores de ne fuir point la diuersité des viandes, desquelles le peuple mange. Il conuient se treuuer aux festins, &

Exercitations gymniques.

Ieux Circenses. Ieu de Troye, ou tournay.

Celsus.

Choses qui gardent la bône santé.

La santé entre les biēs diuins. Ce que dit Celsus de l'homme sain.

La paresse haste la vieillesse, & le labeur rend la longue ieunesse.

V v

d'autresfois s'en retirer:& máger deux fois le iour plus tost qu'vne : combien que Cicero, aux Questions Tusculanes, escrit que Plato souloit reprendre la vie des Italiens : pource qu'ils mangeoyent deux fois le iour. Qui est contre l'opinion dudict Celsus : qui dit que le plus salutaire est de largement disner, & souper sobrement : &, de la meilleure opinion, il s'en faut rapporter aux Physiciens & Medecins.

Cicero Plato reprenoit la vie des Italiens pource qu'ilz mangeoyet deux fois le iour.

FIN DES BAINS ET antiques exercitations.

⁎⁎⁎

TABLE DES CHOSES PRINCIPALES CONTENVES AVX DEVX TRAICTÉS de ce volume.

Bondance de ris au camp du Grand Turc. 45
Ακοντι γυμνω, prouerbe. 147
Accouſtrement de guerre des Auancoureurs au temps de Traian, d'Hadrian & d'Antonin Pie. 13
Accouſtrement de teſte furieux du Port'enſeigne des Romains. 60
Accouſtrement furieux des Trompette des Romains. 93
Affaires de guerre n'ont point d'excuſe. 31
Alteres & leur vſage. 152
Arbaleſte des anciens pour tirer pierres de grand pois 90
Archers à cheual armés à la legere. 58
Armamentaire. 65
Armes des Auancoureurs. 13
Armes peſantes des ſoldats Romains. 17
Armes de la phalange de Macedoine, du temps d'Alexandre le Grand. 18
Armes de Paris Alexandre ſelon Homere. 19
Armes & accouſtremens de guerre du ſoldat ſus la declination de l'Empire de Rome. 23
Armes des Princes & Triaires. 25

Armes des Hastats, garde cueur. 24
Armes des hommes-d'armes Romains. 53
Armes des cheuaux-legers. 55
Armes de la caualerie. 97
Armes de gens-de-pied. 97

B

Baguage des anciens Romains, & qu'est ce qu'ils comprenoyent par tel mot. 67. & 92
Bains ordonnez pour les bons Empereurs. 139
Baptistere. 120
Bardes des cheuaux des Persiens, selon Q. Curse. 53
Belier, machine de guerre, & l'inuention d'iceluy. 86
Bestial à la suitte du camp des Romains. 41
Bon iugement de Xantippus, Capitaine Lacedemonien, touchāt la deffaicte des Carthaginois. 106
Boudoqui, paste de froment. 45
Bouteselle, A cheual, A l'estendard, en vsage au camp des Romains comme auiourdhuy à nous. 76
Buccine de Vegece. 92

C

Catapulte & son vsage. 87
Caualerie des Romains pour la garde des ieunes soldats. 33
Cesar quels soldats choisissoit. 8
Cestes & dequoy estoyent faicts. 148
Ce que dit Celsus pour se maintenir en santé. 153
Ce que montoit par an le payement d'vne legion Romaine. 110
Charge du Tribun. 70
Charge des Aliés. 75
Charge des Hastats. 77

Charge

Charge du Conful en l'armée des Romains, 102
Cheuaux d'elite & voluntaires. 64
Cinnamome trouué aux cabinets de Traian, Hadrian & Antonin Pie Empereur. 132
Commodité des grands pauois des foldats Romains pour paffer vne riuiere. 80
Commodes exercices peur garder la fanté 153
Compofition de l'huile glucin. 131
Coniftere. 147
Conferue de rofes de Naples entre les autres la meilleure. 133
Cotte-d'armes dicte autrement Paludamentum. 66
Couronne quernée. 70
Couftume des Grecs d'impofer le nom à leur enfans. 121
Couftume des Romains à l'election des nouueaux foldats, 7
Courte dague nommée Efpagnole par les Romains. 17
Cuue aux bains des anciens. 116

D

Decimation Romaine. 69
Déeffe Nundina. 121
Delicateffe des foldats d'auiourd'uy. 44
Demande du Trompette aux foldats Romains auant combattre. 62
De quelles viandes vfent les Turcs pour la pouruifion du camp. 46
Defcription de l'efcu Romain. 11
Difference entre les huiles & vnguens. 137
Diligence des Romains pour garder la fanté de leur camp. 33
Diuerfes opinions de l'vfage de l'huile touchant les gymnaftes. 146
Diuerfité d'exercitations des Anciens. 150. 151. 152

Diuersité des morrions qui estoyent en vsage aux Romains. 97
Diuision de l'armée des Romains. 11. & 101
Diuision de la Caualerie des Romains. 31

E

Eaue cuitte auec le miel pour les grands seigneurs Turcs. 47
Edit de ne vendre estrangeres & peregrines compositions. 138
Effects d'eloquence en guerre. 105
Election des soldats Romains. 10
Election & autorité du Tribun. 13 & 75
Enseignes des Romains differentes. 25. & 26
Exercitation belliqueuse de Pompée auec ses soldats. 9

F

Façon de l'enseigne du dragon. 26
Façon des tentes & pauillons des Romains. 36
Faire la tortue en guerre au temps des Romains. 82
Fonditeurs. 13
Fossé du camp de quatre coudées de profondeur, & de pareille largeur. 91
Fornaise du soleil, dicte autrement Heliocaminus. 123

G

Gages de l'homme de-pied du temps d'Auguste Cesar. 108
Galien pour la deuxiéme fois côposa le theriaque pour l'Empereur Seuerus. 133
Gens de cheual du Grand Seigneur portent auec eux viures à l'arçon de la selle. 44
Gymnase de la palestre pour exerciter la ieunesse. 140

Helioga

H

Heliogabalus se lauoit en piscines teinctes de saffran. 121
Huiles de diuerses sortes, fort precieux, & leur composition, desquels les Romains vsoyent aux bains. 131. 132. 133 & 154

I

Iacques de differentes couleurs. 24
Industrie des Turcs pour porter de l'eauë en guerre. 47
Industrie & labeur des Romains à drecer leur camp. 90
Inscription des medailles antiques. 70
Iour lustrique. 121

L

Labrum. 121
La bonne conduitte & bon conseil est trop mieux à la guerre que la hardiesse. 31
La cite de Tyre, colonie des Romains. 86
Le gland vnguentaire s'apporte d'Aethiopie. 174
L'aigle, principale enseigne de la religion Romaine. 109
La loy de Mahomet defent le vin. 45
La langue & la main, instrumens pour ennoblir l'homme. 105
La mousche à miel picque ceux qu'elle sent perfumés. 138
La retraicte se faisoit par les Romains au son de la trompette. 36
La santé entre les biens diuins. 153
La vertu de l'obeissance vient à vne vertueuse nourriture. 107
La vigne anciennement faisoit honneur à la peine, pource que le Centurion battoit le delinquant de serment. 68
Le bon ordre fait la bonne fortune, & de la bonne fortune succedent les heureuses entreprises. 45

Le capitaine des ouuriers, autrement dit Præfectus fabrorum.
65
L'eloquēce d'vn Capitaine sert fort biē aux affaires de guerre. 105
L'eloquence de Germanicus. là mesme
Legion Romaine. 109
Le Pretoire du camp. 91
Le seul huile de Been ne ransist iamais. 134
Le Romain en sa iustice & punition, inuincible. 69
Le soldat Romain beuuoit de l'eaue meslée auec du vinaigre.
41
Le souldat portoit au bout de son haste hardes & farine. 41
Les anciens se lauoyent quasi tous les iours, & pourquoy. 138
Les gendarmes Romains alloyent à cheual sans estriers. 51
Les mains deuise de concorde. 25
Les mulets de Marius. 42
Les Romains à la guerre ne receuoyent point d'excuse, sinon pour l'augure ou pour la santé. 32
Les Tartares à la necessité de la faim font saigner leurs cheuaux, pour viure, & au besoin les mangent. 44
Les Tribuns prenoyent le serment de tous les souldats qui estoyent au camp. 66
Les Tribuns, Centurions & Decurions accompagnoyent le Consul. 75
Les Turcs portent en guerre viures pour trois iours. 44
Le vray cinnamome est auiourdhuy du tout incognu. 132
L'huile asses mauuais pour le dedans du corps humain, selon Themistocles. 145
Liberalité d'Hadrian Emp. vers vn soldat se baignant. 139
Lixes & calons. 66
Loges palissées, nommées des Latins Procestria. 38
L'ordre de la gendarmerie des Romains. 62

L'ordre

L'ordre des Grecs en leurs Phalanges. 102
L'ordre des bataillons des Suisses auiourdhuy encores à la mode des phalanges des Grecs. 102
L'vsage des gymnases. 118
L'vsage des strigiles. 126
L'vsage du vaisseau dict Gutus. 128

M

Machines diuerses de guerre. 10
Maniere des Romains pour commodement se camper. 62.63.64.65.
Marc Aurele vsoit tous les iours du theriaque. 133
Ministres de la religion assistoyent ordinairement au camp des Romains. 49
Monnoye des Atheniens où estoit la chouette. 146
Mot du guet en vsage aux Romains. 67

N

Nerf de l'exercite Romain. 11

O

Office d'vn bon Capitaine. 9
Office des Tribuns & Consuls & leur puissance. 68
Oliues de diuerse sorte & leur vsage. 145

P

Pain de pierre. 45
Palissemens, fossé & closture du camp des Romains. 33
Pancratiastes & discoboles. 150
Paresse haste la vieillesse, & le labeur rend la longue ieunesse. 153
Peine irremissible de celuy qui auoit failli à faire le guet. 67
Picques longues des Grecs. 18

Pile,

Pile, sa longueur & grosseur. 13
Piscines. 121
Plato reprenoit les Italiens pource qu'ils mangeoyent deux fois le iour. 154
Poix des medailles d'or d'Auguste Cesar. 110
Police & bon ordre du camp des Turcs, & peine rigoureuse des transgresseurs d'icelle. 66
Polybe estoit du temps de Scipio l'Africain. 17
Port'enseigne de l'aigle. 25
Port'enseigne de l'image du Prince. 25
Portiques & exedres. 142
Prouerbe en usage aux anciens à la derniere desesperation de tous affaires. 102

Q

Qualités requises à un bon soldat. 8
Qualités requises à un bon Lieutenant general d'une armée. 106
Quarante & quatre legions stipendiées par auguste Cesar. 110
Quatre portes au camp Romain. 77
Questeur, tresorier & receueur general des guerres quel doit estre. 108.
Quels soldats demandoit Pyrrhus Roy des Epirotes. 8

R

Recompense de ceux qui auoyent fait acte de vertu en guerre par les Romains. 69. & 70
Religion des Romains auant que combattre, de faire sacrifices. 49
Remede singulier pour gens de lettres, que le bain. 137
Responce de l'Empereur Vespasian à un icune adolescent perfumé. 138
Reprehension de Vegece contre les soldats de son temps. 23

Sarices

S

Sarices estoyent bastons de 18 pied de long. 18
Scipio l'Africain diligent à faire en tout temps exerciter ses soldats. 9
Serment du soldats Romain. 12.&66
Soldats eleuz pour la garde du General de l'armée. 97
Soude de l'infanterie & Caualerie des Romains. 107
Stibades pour auoir l'ombre. 122
Strigiles. 126

T

Thermes d'Antonin & Dioclesian Empereur. 138
Trenchées du camp des Romains. 36
Trois sons de trompette en vsage aux Romains pour faire deloger le camp. 92

V

Vases sur l'hypocauste des bains. 118
Velites. 12
Vertu plus duisante à la guerre que la compagnie. 9
Victoire des Carthaginois contre les Romains. 105
Voie Quintaine qu'est ce. 64
Vsage de diuers huiles & vnguens. 136
Vtilité du miel. 142

Z

Zagaie à la genette. 24
Zetes exagones, & octagones. 122

FIN.

Lightning Source UK Ltd.
Milton Keynes UK
UKOW07f0823260515

252278UK00011B/383/P